METZGER · FEUERSTEIN-PRASSER · SIEMONS

# BETER · BAUHERREN · PIONIERE

FRANZ METZGER · KARIN FEUERSTEIN-PRASSER · HANS SIEMONS

# BETER BAUHERREN PIONIERE

## DAS ORDENSLEBEN UND DIE GROSSEN KLÖSTER IM ABENDLAND

MIT EINEM NACHWORT VON
ELMAR SALMANN OSB

echter

Die Deutsche Bibliothek – CIP-Einheitsaufnahme

Metzger, Franz : Beter, Bauherren, Pioniere : das Ordensleben
und die großen Klöster im Abendland / Franz Metzger ; Karin Feuerstein-Praßer ;
Hans Siemons. Mit einem Nachw. von Elmar Salmann – Würzburg : Echter, 2001
ISBN 3-429-02325-4



Gestaltung und Layout:
Felix Kunkler, Düsseldorf

Umschlagabbildung:
Kreuzgang in der Abtei von Charlieu, Frankreich
(Foto: W. Richner)

Lithos, Druck und Bindung:
Druckerei Theiss GmbH, A-9400 Wolfsberg
ISBN 3-429-02325-4

# INHALT

# Zu diesem Buch

Klosterbauten gehören zweifellos zu den eindrücklichsten Zeugnissen der abendländischen Kunst- und Kulturgeschichte – seien es die Abteikirchen, deren Stein gewordenes Gotteslob von der strengen Nüchternheit und Wucht der Romanik bis zum sinnenfrohen Überschwang des Rokoko reicht, seien es die Klosteranlagen, deren Größe, Erhabenheit und Strukturen den wohl geordneten Kosmos der ursprünglichen Gemeinschaft durch alle Stürme der Geschichte bewahrt haben. Solche Klöster – ob sie nun weiterhin von Nonnen und Mönchen bewohnt und betreut werden oder ob sie museal umgewidmet wurden – zählen zu den »Highlights« kulturbeflissener Besucherwege, und mit diesem Buch möchten wir auch zu solchen Besuchen einladen. In den knapp zwei Dutzend Klosterporträts stellen wir unseren Leserinnen und Lesern herausragende Zentren des monastischen Lebens vor und möchten ihnen Einblicke in die historische, spirituelle und künstlerische Bedeutung dieser Monasterien vermitteln.

Verständlich wird diese Bedeutung auf vielen Ebenen aber nur vor dem Hintergrund der Geschichte des abendländischen Mönchtums, und diese Geschichte bildet den roten Faden unserer Darstellung. Die »Abkehr von der Welt« mag das Grundprinzip des monastischen Lebensentwurfs gewesen sein, doch haben die Männer und Frauen hinter den Klostermauern immer wieder und nicht selten dramatisch in den Lauf der abendländischen Geschichte eingegriffen, wie sie auch selbst von vielerlei Ver- und Entwicklungen dieser Geschichte betroffen waren.

Der benediktinische Grundsatz des »Ora et labora« hat sich dabei in großer Flexibilität den sich verändernden Umständen angepasst. Im frühen und hohen Mittelalter wurden die Insassen der Klöster zu Bauherren des Abendlands – im wörtlichen wie im übertragenen Sinne. Sie hatten als Pioniere zu wirken, sowohl was die Vermittlung der neuen christlichen Glaubenslehre betraf wie ganz handfest bei der Erschließung dichter Wälder, weiter Sumpfgebiete und anderer Wildnisse. Doch auch in späteren Zeiten sorgte die spirituelle Konzentration über diese Welt hinaus dafür, dass Mönche und Nonnen den geschärften Blick für die Nöte und Bedürfnisse in dieser Welt behielten. Das galt ebenso für die predigenden »Bettelmönche« in den aufstrebenden Städten des Mittelalters wie für mystisch geprägte Gemeinschaften in Zeiten des Umbruchs. Die »Soldaten Jesu« des Ignatius von Loyola fanden dann ebenso neue Antworten auf die Fragen ihrer Zeit, wie es viele Ordensneugründungen des 19. Jahrhunderts in der Industriegesellschaft taten.

Auch in der Geschichte des abendländischen Mönchtums haben sich Blütezeiten mit Perioden schwerer Krisen abgewechselt, aus denen sich dank der Rückbesinnung auf die vor nunmehr anderthalb Jahrtausenden entwickelten Grundprinzipien immer wieder ein Weg fand.

In ihrer Gesamtheit und mit all ihren verschiedenen Facetten gewährt diese Historie einen ebenso spannenden wie aufschlussreichen Einblick in die allgemeine Geschichte des Abendlands, die ohne das Wirken der Beter, Bauherren und Pioniere im Ordensgewand nicht vorstellbar und nicht verständlich wäre.

Nürnberg, im Januar 2001 *Franz Metzger*

DICAT
EADWINUS FAMA PER SECULA VIVUS · INGENIUM CUIUS LIBRI DECUS IND
ICAT HUIUS · QUEM TIBI SEQUE DATUM MUNUS DEUS ACCIPE GRATUM
MEA LITTERA CLAMAT LITTERA · TE TUA SCRIPTURA QUEM SIGNAT PICTA FIGURA

# Abkehr von der Welt

## Die Nachfolge Christi im monastischen Leben

»Wer Vater und Mutter mehr liebt als mich, ist meiner nicht wert; und wer Sohn oder Tochter mehr liebt als mich, ist meiner nicht wert; und wer nicht sein Kreuz nimmt und mir nachfolgt, ist meiner nicht wert. Wer sein Leben findet, der wird es verlieren; und wer sein Leben verliert um meinetwillen, der wird es finden.« Diese Worte Jesu über die radikalen Konsequenzen, die von seiner Nachfolge gefordert werden – überliefert bei Matthäus (10, 37 f.) und Lukas (14, 26 f.) –, stellten für die Gläubigen stets eine gewaltige Herausforderung dar.

Vergleichsweise wenig Probleme hatten damit noch die frühen Christen, vor allem in den Zeiten der Unterdrückung und Verfolgung durch den römischen Staat: Die Chance, um Jesu willen das Leben zu verlieren, war damals ebenso wörtlich zu nehmen, wie sie allgegenwärtig war. Die Befreiung des Christentums aus den Katakomben unter toleranteren Herrschern des 3. Jahrhunderts und dann endgültig seit Kaiser Konstantin beraubte die Christenheit der Gelegenheit, mit dem Blut Zeugnis abzulegen – und so ist es nicht überraschend, dass andere Formen des Glaubenszeugnisses, allen voran die asketische Abwendung von der Welt, zur selben Zeit ihre erste und gleichzeitig weit verbreitete Ausformung fanden. Musste der sicherste Weg, den Forderungen Christi Folge zu leisten – die, wörtlich genommen, ja zunächst die radikale Trennung von allen familiären Bindungen beinhaltete –, nicht darin bestehen, alle bestehenden Bande aufzulösen bzw. neue gar nicht erst einzugehen? Die Ehelosigkeit, der freiwillige Verzicht auf zweigeschlechtliche Partnerschaft und Nachkommen, wurde somit zum ersten Kennzeichen einer eigenen, herausgehobenen Gruppe der Nachfolger Jesu und zum verbindenden Charakteristikum aller monastischen Lebensformen – »monachus« bedeutet ja auch nichts anderes als »der alleine Lebende«.

*Als Träger und Bewahrer antiker Bildung wurden die Mönche zu den »Vätern des Abendlands«. (Klosterschreiber aus einem englischen Psalter, Mitte des 12. Jahrhunderts, Trinity College, Cambridge.)*

Über das »Wie« und »Wo« des selbst gewählten »anderen« Lebens gab es allerdings bald höchst unterschiedliche Vorstellungen und Konzepte. Radikale Denker unter den frühen Asketen dehnten den Begriff der »Angehörigen«, denen man die Liebe zum Gottessohn vorzuziehen habe, auf alle »Brüder und Schwestern« des Menschengeschlechts aus. Sich von ihnen loszusagen bedeutete also, ohne Kontakt zu den Mitmenschen in völliger Einsamkeit zu leben. Und war der Ort dieser Einsamkeit von besonders harscher Art, so konnte man damit auch seine Abkehr von nahezu allen materiellen Gütern bekunden, die den übrigen Menschen die Existenz erst »lebenswert« erscheinen lassen. Nächst dem Märtyrertod erschien die Existenz als Eremit in lebensfeindlichen Wüsteneien als glaubensstärkste Annäherung an das »Verlieren« des eigenen Lebens. Und die Wüsten, wie sie im Nahen Osten oder in Nordafrika zu finden waren, besaßen zudem die zusätzliche spirituelle Anziehung, dass Jesus selbst sich dorthin zurückgezogen hatte, bevor er sein öffentliches Wirken begann. Seine Nachfolger in der Spätantike wählten den Rückzug allerdings für die Dauer ihres nun völlig Gott zugewandten Lebens...

Der erste historisch überlieferte Eremit des Christentums hieß Antonius und lebte zwischen 250 und 355 n. Chr. in Ägypten. Wie uns Athanasius, der ihn persönlich kannte, berichtet, verkaufte bzw. verschenkte er als Zwanzigjähriger seine gesamte irdische Habe und zog sich in die Wüste zurück, wo er über 80 Jahre in Gebet und Entsagung lebte. Allerdings nicht lange allein und ungestört –

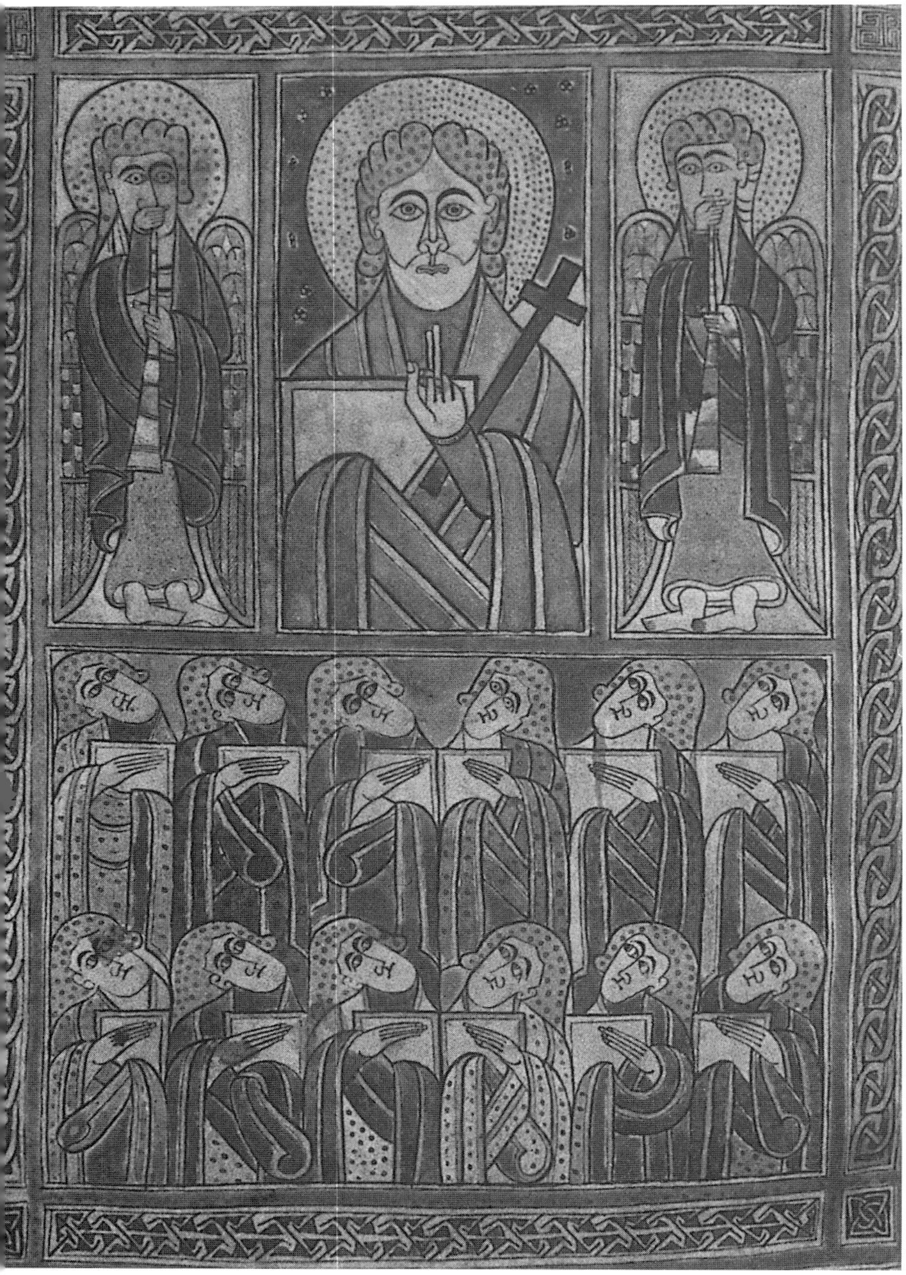

*Mönche von der irischen Insel trugen wesentlich zur Christianisierung des Abendlands bei. (Jüngstes Gericht aus einem irischen Evangeliar, um 750.)*

sein Vorbild zog bald Nachahmer an, die sich im Umfeld in eigenen Höhlen und Klausen niederließen, und diese Ansammlung frommer Männer lockte wiederum zahlreiche Pilger an, die sich in der Wüste Trost und Rat erhofften. Die damit verbundenen organisatorischen und logistischen Probleme verlangten von den Eremiten eine gewisse Zusammenarbeit und ein Gemeinschaftsdenken; den Schritt zum ersten Kloster vollzog dann Pachomius, der gegen 320 in Tabenissi am Nil die Zellen einiger Einsiedler mit einer Mauer umgab und so die Insassen zu einer Gemeinschaft vereinigte. Er gilt damit als Begründer des Koinobitentums (»Koinobiten« bedeutet wörtlich »die Zusammenlebenden«). Das räumliche Zusammenleben erforderte nun auch gewisse Regeln, denen sich der asketische Individualismus unterzuordnen hatte. Die Zeiten für Gebet, Gottesdienst und Arbeit wurden koordiniert, die Erfüllung der – bescheidenen – irdischen Bedürfnisse gemeinsam organisiert, was dem einzelnen Koinobiten wiederum mehr Zeit für das Gebet ließ. Der Name »Mönch« war für diese Lebensform eigentlich nicht mehr angemessen; er setzte sich aber dennoch durch, da im Leben des Klosterinsassen noch wesentliche Aspekte der Askese des Einsiedlers erkannt wurden. Und allmählich wurde gerade das Zusammenleben in einem abgeschlossenen Raum (»claustrum« = Kloster) zum Charakteristikum des Mönchtums.

Diese Bewegung war, trotz der bislang verwendeten männlichen Wortformen, keineswegs ein nur von den Männern getragenes Phänomen im frühen Christentum. Dass die Anfänge des Nonnenwesens – »Nonne« bedeutet ursprünglich »Hebamme« oder »Kindermädchen«, also die Bezeichnung einer gewöhnlich unverheirateten Frau, die wichtige Akte des Helfens verrichtet – vergleichsweise dürftig belegt sind, liegt zum Teil daran, dass christliche Frauengemeinschaften an vorhandene Vorbilder

*Die Weltabgewandtheit im abgeschlossenen »claustrum« suchte der Künstler J. Knab im 19. Jahrhundert mit dem Bild »Im Klosterhof« zu vermitteln.*

nahtlos anknüpfen konnten. Gemeinschaften von aus religiösen Gründen jungfräulich lebenden Angehörigen des weiblichen Geschlechts kannte auch die Antike; das bekannteste Beispiel sind wohl die Vestalinnen Roms.

Das Koinobitentum breitete sich von Ägypten aus jedenfalls rasch im östlichen Teil der christlichen Welt aus, wobei es allerdings auch noch weiterhin Anhänger eines streng eremitischen Lebens gab – bis hin zu extremen Formen der Askese, wie sie die »Säulensteher« praktizierten oder Einsiedler, die sich einmauern oder in Felsschächte abseilen ließen. Für die weniger radikal veranlagten Frommen bot die Gemeinschaft hinter Klostermauern aber doch wesentliche Vorteile wie spirituelle Geborgenheit und den Zusammenhalt der Gemeinschaft. Und wenn man sich auf diese Weise doch wieder »Brüder« bzw. »Schwestern« zulegte, so konnte man dafür zusammen dem anderen Gebot Christi viel besser Folge leisten, nämlich dem der Nächstenliebe...

Diese mit der Verbreitung des Mönchtums immer vielfältigeren Aktivitäten verlangten natürlich nach Organisation und Regelung. Im Orient schuf der aus Caesarea stammende Kirchenlehrer Basilius d. Gr. (ca. 330–379) das Regelwerk, das das Mönchtum der orthodoxen Kirche bis heute prägt. Als der streitbare Alexandriner Bischof Athanasius 335 nach Trier verbannt wurde, hatte er einige Mönche in seinem Gefolge, die die Idee ihrer Lebensweise im westlichen Reichsteil bekannt und rasch populär machten. Andere bedeutende Kirchenlehrer wie Ambrosius von Mailand, Martin von Tours oder Hieronymus griffen die Bewegung auf und förderten sie in ihrem Einflussbereich. In seiner nordafrikanischen Diözese entwickelte der große Kirchenlehrer Augustinus (354–430) ein Regelwerk für eine Gemeinschaft von mönchisch lebenden Geistlichen, die zum lange wirkenden Vorbild für solche Vereinigungen wurde. Zum eigentlichen Begründer des abendländischen Mönchtums wurde allerdings ein Italiener – ein Nachfahre der alten Römer also, der auf seine Weise auszog, ein spirituelles »Weltreich« zu errichten. Angefangen hat aber auch er als Einsiedler in wilder Einsamkeit – als »monachus«...

# Fossanova

## AM STERBELAGER DES HEILIGEN THOMAS

Als sich die Brüder des heiligen Bernhard aus dem burgundischen Clairvaux am Fuß der kalkgrauen Lepini-Berge, die am Rand der Pontinischen Sümpfe liegen, im frühen 12. Jahrhundert niederließen, suchten sie nicht nur religiöse Einsamkeit, sondern eine kolonisatorische Aufgabe. Aus der gesundheitsgefährdenden, moskitoverseuchten mittelitalienischen Landschaft sollte eine »fossa nova« – ein urbar gewordener »neuer Graben«, ein landwirtschaftlich nutzbares Tal – werden. Und »fossa nova« nannten die burgundischen Zisterzienser auch ihr Kloster, das sie 1133 von den Benediktinern übernahmen. Mit der geübten Hand erfahrener Bauern zogen sie Entwässerungsgräben durch die fieberschwangere Sumpflandschaft. Bald grünte das Tal. Eukalyptus und Korkeichen wurden groß, Nadelbäume machten sich breit, das Zisterzienserkloster steht heute in einer bewaldeten Landschaft. 1187 begannen die landwirtschaftlich so erfolgreichen Mönche mit dem Bau eines neuen Klosters. Aus dem Land der Gotik, aus dem sie kamen, brachten sie den neuen Stil mit nach Italien. Noch heute streiten Kunstgelehrte darüber, ob Fossanova nicht überhaupt der Beginn der neuen architektonischen Epoche in Italien war. 20 Jahre lang bauten die Zisterzienser an ihrem Wehrkloster mit Türmen und Zinnen, ehe Papst Innozenz III. am 19. Juni 1208 dem Gotteshaus die Weihe erteilte. Fossanova wurde das Pilgerziel vieler frommer Besucher – auch von Mönchen und Bauleuten, die ein ähnliches Kloster in der Umgebung planten: Casamari in der Ciociaria, in Valvisciolo zwischen Norma und Sermoneta; auch die Domherren von Sezza, Siena und Orvieto sahen in Fossanova ein Modell ihrer Planungen.

Das Kloster im ehemaligen Sumpfgebiet von Latium machte Geschichte; der Konvent wuchs und wuchs. In einer römischen Urkunde wird ein Patrizier erwähnt, der die handwerkliche Geschicklichkeit der Zisterzienser rühmte und den Abt von Fossanova um die zeitweilige Entsendung der »Grauen Brüder« für seine Bauprojekte ersuchte. Vater Abt bedauerte jedoch, dem Bittsteller nicht im vollen Umfang entsprechen zu können, indem er dem Herrn antworten ließ: »Ich kann nur 300 (!) Mitbrüder entbehren.« Fast ein halbes Jahrtausend lang wirkten die Brüder des hl. Bernhard segensreich als Mönche und kultivierende Bauern an diesem Ort – bis die Revolutionsheere auch dieser geistlichen Stätte ein Ende setzten. Die Mönche wurden vertrieben. Aus der Kirche wurde ein Büffelstall. Papst Leo XII. (1823–1829) versuchte die Abtei Fossanova mit neuem Leben zu erfüllen. Er siedelte Kartäuser aus Trisulti an. Auch sie konnten den endgültigen Verfall nicht mehr aufhalten. In den 1920er Jahren siedelten sich die »Servi della Carità« (Diener der göttlichen Liebe) an mit dem Ziel, eine landwirtschaftliche Mustersiedlung aufzubauen. Auch dieser Versuch scheiterte. Die äußerlich nur wenig versehrte Abtei dämmerte dahin. 1936 wurde sie von Franziskaner-Konventualen übernommen, die bis heute dort leben.

Streng wie die Regel des zisterziensischen Reformordens war auch die architektonische Konzeption der Abtei. Auffällig ist die Klarheit der frühgotischen Formen – ohne Figurenschmuck außen und innen, das hohe Mittelschiff mit dem achteckigen Vierungsturm, den eine Laterne krönt. Der rheinische Schriftsteller Ludwig Mathar, der Fossanova in den 1920er Jahren besuchte, beschreibt seinen Eindruck: »Diese gewaltigen Hallen, das breittragende Mittelschiff, die bis zur Laterne aufflammende Vierung, das tief ausgebaute Chor – das ist kein wuchtig getürmter Stein, das ist freudiger Glanz, heiterer Klang, das ist Sonne, warme schattenlose Sonne.« Und Mathars literarischer Kollege Kasimir Edschmid schließt sich an: »Die Linien der Kathedrale bewegen sich nach einem fein durchgeführten

*Südliches Seitenschiff der ehemaligen Abteikirche von Fossanova.*

Gesetz in die Höhe. Sie beginnen mit einem zarten romanischen Schwung und erheben sich mit großartigen Arkaden in der Gotik, die nichts Finsteres hat, sondern nur Beseligung erweckt.«

Vom lichtdurchfluteten Mittelschiff sahen die Besucher in den letzten Jahrzehnten nur wenig. Mit Blenden verkleidete Fenster ließen keinen Sonnenstrahl mehr durch. Noch immer aber legt die gesamte Anlage Zeugnis von der genialen Planung der Abtei ab. Der Kreuzgang, um den sich die übrigen Klostergebäude gruppieren, besitzt an drei Seiten romanische Säulen der ersten, noch von den Benediktinern besiedelten Abtei aus dem 8. Jahrhundert. Die vierte Seite öffnet den Weg in eine maurisch beeinflusste Ädikula mit schönen Doppelarkaden, eine von den Römern her bekannte Kammer für ein Postament der Hausheiligen. Die Arkaden umschließen hier eine Wasserschale, die die Mönche morgens und nach der Feldarbeit zur Säuberung benutzten. Von den übrigen Klostergebäuden sind noch der Kapitelsaal und das Refektorium (hinter der Ädikula) erhalten. An der Südseite des Speisesaals befinden sich eine in die Arkaden eingebaute Treppenarchitektur und eine »Rednertribüne«. Hier stand ein während der Revolutionswirren verschwundenes Lesepult mit vorzüglichen Intarsien der Cosmaten, einer berühmten Künstlerfamilie aus Rom, die vom 12. bis 14. Jahrhundert eine Reihe bedeutender Persönlichkeiten hervorbrachte.

Über ein kleines, vielstufiges Treppenhaus, im Norden hinter dem Garten, gelangt der Besucher in das Pilgerhaus. Hierhin verschlug es im Frühjahr 1274 einen berühmten Wanderer, der, aus seinem neapolitanischen Kloster kommend, müde und krank auf dem Weg zum II. Konzil von Lyon war. Der kranke Wanderer war der in der ganzen abendländischen Welt bekannte Thomas von Aquin, den seine Schüler »Doctor angelicus« nannten. Thomas stammte von jenseits der Volsker Berge aus einem alten Adelsgeschlecht in Rocca Secca bei Aquino. Gegen den Willen seines Vaters war er Dominikanermönch geworden. In Köln, Paris, Rom und Neapel hatte er gelehrt, und nun wollte er die Bitte Papst Gregors X. erfüllen, auf dem Lyoner Konzil die vom Westen getrennten Griechen wieder für die römische Kirche zu gewinnen. Thomas spürte, dass er das Ziel seiner Reise nicht mehr erreichen würde, obwohl er vom Abt und seinen Brüdern aufopferungsvoll gepflegt wurde. »Hier ist für alle Zeit der Ort meiner Ruhe«, sagte der bis dahin Ruhelose und gewährte den Mönchen eine letzte Bitte: Thomas erläuterte ihnen das Hohe Lied, nachdem sie die Auslegung des hl. Bernhard dazu kennen gelernt hatten. Doch der Todkranke gelangte nur bis zum sechsten Kapitel, dann schloss er – am 7. März 1274 – für immer die Augen.

Im Sterbezimmer – heute eine Kapelle – ziert ein Hochrelief, das im Stil des Bernini den Tod des später kanonisierten Gottesgelehrten darstellt, den Altar. Haupt und Blutreliquie des Heiligen, die ursprünglich in der Klosterkirche aufbewahrt wurden, befinden sich jetzt im nahen Dom von Piperno. Bei allem Respekt vor dem großen Kirchenlehrer erlaubten sich die Mönche von Fossanova dennoch einen kleinen Spaß mit ihm. Vor der Vierung in der Kirche ist der Fußabdruck eines Maultiers sichtbar. In einer beigefügten Inschrift heißt es: »Un pedale del mulo di San Tommaso d'Aquino« (eine Fußspur des Maulesels des hl. Thomas).

**Konzerte in der Infermeria**

*Die Abtei von Fossanova liegt in der Nähe der Schnellzugstation Fossanova-Priverno auf der Strecke Rom – Neapel bei Frosinone. Von dort erreicht man auf einer Nationalstraße nach 24 Kilometern Priverno. Von hier aus ist die Abbazia di Fossanova ausgeschildert.*

*Um dem völligen Verfall der Klostergebäude entgegenzuwirken, begann man Mitte der 1980er Jahre mit Restaurierungsarbeiten. Solange sie andauern, bleiben sämtliche Klostergebäude geschlossen, bis auf die Infermeria, die ehemalige Krankenstation. Erst in jüngster Zeit erinnerte man sich wieder an den schönen, mit hohen Fenstern ausgestatteten Raum. In ihm finden zur Sommerszeit Konzertveranstaltungen statt.*

*Fossanova; Langhaus nach Osten.*

℟. Placebo dño ps.
Dilexi qm exaudiet
dominus uocem
orationis mee.
Quia inclinauit aurē suam

# I.

# Vater des Mönchtums

## Leben und Werk Benedikts von Nursia

### Auf der Suche nach Gott

Als seine alte Kinderfrau wegen eines zerbrochenen Siebs in Tränen ausgebrochen war, soll Benedikt das erste seiner vielen Wunder gewirkt haben: Er zog sich mit den Scherben in seine Kammer zurück, und als er nach inbrünstigem Gebet schließlich wieder herauskam, da war das Gefäß heil, ohne die geringste Spur eines Bruches...

In späteren Jahren häuften sich solche Wundertaten, und Benedikt erwies sich als wahrer Heiliger, indem er wiederholt dem Teufel trotzte, bisweilen die Zukunft voraussagte – einschließlich des eigenen Sterbetages – und selbst Tote wieder zum Leben erweckte. Doch während uns der Heilige Benedikt durch derlei spektakuläre Begebenheiten wohl bekannt ist, bleibt das Leben des Menschen Benedikt im Vergleich dazu reichlich schemenhaft. Kein schreibender Zeitgenosse scheint von ihm und seinem Werk Kenntnis genommen zu haben, was angesichts der Zeitläufte – des Zusammenbruchs des Weströmischen Reichs und des Zerfalls von Italien im erbitterten Kampf zwischen Byzanz und barbarischen Germanen – nicht verwundern kann. Seinen ersten »Biographen« fand Benedikt erst ein halbes Jahrhundert nach seinem Tod: Papst Gregor der Große (590–604) berichtete in seinem 593/94 entstandenen vierbändigen Werk »Dialoge« über die Heiligen seiner italienischen Heimat; ein ganzes Buch davon widmete er dem »Vater der Mönche«. In Gregors Lebensbeschreibung darf man freilich keine kritische Biographie im modernen Sinne sehen. Nach dem literarisch-religiösen Verständnis der Zeit musste der Mensch Benedikt hinter dem prophetischen Gottesmann zurücktreten. Doch Gregor bleibt der wichtigste Zeuge, will man den Lebensweg des Mönchsvaters rekonstruieren:

Geboren um 480 in der kleinen Stadt Nursia (heute: Norcia, Provinz Perugia), wuchs Benedikt als Spross einer alteingesessenen sabinischen Bürgerfamilie auf. Seine engste Vertraute, neben der geliebten Amme, war offensichtlich seine (Zwillings?-)Schwester Scholastika, die ihr Leben schon in jungen Jahren Gott gewidmet hatte. Ansonsten ist über Benedikts Kindheit und Jugend nichts bekannt. Um 500 treffen wir Benedikt als Student in Rom an, wo er wohl Grammatik, Rhetorik und Rechtswissenschaft studiert haben dürfte. Die Weltstadt am Tiber muss auf den Heranwachsenden aus der ländlichen Provinz großen Eindruck gemacht haben, auch wenn sie ihre Glanzzeit längst hinter sich hatte: Von Vandalen und Goten geplündert, war sie ihres Rangs als Kaisersitz beraubt und zur Provinzstadt im Ostgotenreich herabgesunken, der nur die wachsende Autorität ihres Bischofs politisches Ansehen bewahrte. Aber noch standen die gewaltigen Monumente einer 1200-jährigen Geschichte, drängten sich Menschen aus allen Landen des ehemaligen Imperiums zwischen Foren, Thermen, ehemaligen Tempeln und neuen Kirchen.

*Das siebenfache gemeinsam gesungene Gotteslob prägte den Tageslauf nach der Regel des heiligen Benedikt. (Mönche beim Chorgebet in einer Handschrift des 15. Jahrhunderts.)*

Dennoch hielt es Benedikt nicht lange in der verblühenden ehemaligen »Herrin des Erdkreises«. Wie Gregor zu berichten weiß, verließ er die Stadt, ohne sein Studium abgeschlossen zu haben. Über seine Beweggründe läßt sich nur spekulieren; es ist jedoch anzunehmen, dass sich Benedikt, der später das »Gottsuchen« als seinen eigentlichen »Beruf« nennen sollte, inmitten des turbulenten Treibens in der Großstadt fehl am Platze fühlte, dass er keine Freunde fand, weil er dem Lebensstil seiner

Studiengenossen, den üblichen Zerstreuungen und Lustbarkeiten, nichts abgewinnen konnte. Fröhlichkeit und Ausgelassensein sind offenbar nie seine Sache gewesen. In seiner berühmten Regel kann man später lesen: »Possen, müßige und zum Lachen reizende Reden verbannen wir aus dem Kloster und verdammen sie allerorts, und wir gestatten nicht, dass ein Jünger dazu den Mund öffnet.« So wird auch Benedikt das Schicksal so manches anderen späteren Heiligen geteilt und seine Zeit in Rom als Einzelgänger und Außenseiter verbracht haben. Jedenfalls war ein ganz auf Gott ausgerichtetes Leben für den ernsthaften jungen Mann unter diesen Umständen nicht möglich. Um seinem Schöpfer wirklich näher zu kommen, sah Benedikt nur die Möglichkeit, den eingeschlagenen Weg zu verlassen und der Welt den Rücken zu kehren. Aufschlussreicher als der weitere äußere Lebensgang ist daher die innere Entwicklung, die der »Gottsuchende« in der Folgezeit durchschritt: Stufenweise wird er sich vom »normalen« Leben lösen und die verschiedenen Formen monastischen Lebens durchlaufen, bis er endlich zu seiner wahren Berufung und Erfüllung findet. Es wird ein weiter und beschwerlicher Weg...

Die erste Station war das Örtchen Enfide (heute: Afile), etwa 50 Kilometer östlich von Rom auf halber Höhe der Berge gelegen. Hier fand Benedikt Aufnahme in einer der Asketengemeinschaften, wie sie in diesen wirren Zeiten vielerorts anzutreffen waren: eine Gruppe gläubiger Menschen, die sich aus dem Weltgetriebe zurückgezogen hatten und eine religiöse Familie bildeten, ohne eine Klostergemeinschaft zu sein. Lesung, Gebete und geistliche Unterredung bestimmten zwar ihren Tageslauf, doch gehörten Frauen bzw. Ehemänner selbstverständlich dazu, und persönlicher Besitz war ebenfalls gestattet.

Benedikts Aufenthalt in Enfide war nur kurz, und er zog bald weiter. Gregor nennt als Grund für den plötzliche Aufbruch den gewaltigen Rummel, der um die Person des Heiligen eingesetzt haben soll, nachdem die Geschichte mit dem so wunderbar wieder zusammengefügten Sieb bekannt geworden war. Wahrscheinlicher ist anzunehmen, dass Differenzen mit seinen Glaubensbrüdern und -schwestern ausschlaggebend waren; sie dürften nach Benedikts Geschmack allzu weltlich gewesen sein. Auf der Suche nach Gott wollte er sich fortan von keinem Menschen mehr ablenken lassen!

### Der Weg der Dornen

Benedikts folgender Lebensabschnitt war dementsprechend durch eine völlige Abkehr von der Welt geprägt, von Einsamkeit, harter Zucht und Entsagung, wie es der Ägypter Antonius in der ersten Hälfte des 4. Jahrhunderts vorgemacht hatte, als er in der Wüste ein Eremitendasein fristete. In dem nicht weit von Enfide gelegenen Subiaco, einem wilden, zerklüfteten Bergtal, fand Benedikt den gewünschten »Ersatz« für die Wüste und damit die ideale Umgebung für sein Vorhaben. Wie uns Gregor berichtet, hat ein Mönch namens Romanus dem unbeirrbaren Weltflüchtling unter einem steil abfallenden Felsen eine Höhle gezeigt, die dem jungen Einsiedler fortan als Aufenthalt diente. Als »Heilige Höhle« (»Sacro Speco«) ist sie in die Geschichte des Benediktinerordens eingegangen. Der aus einem nahe gelegenen Kloster stammende Romanus scheint in der Folge Benedikts einzige Verbindung zur Welt gewesen zu sein, und auch diese bestand nur darin, dass der ältere Mönch ab und zu ein Körbchen mit Brot an einem Seil in die Höhle hinabließ...

Ansonsten sah Benedikt keinen Menschen – und er wollte auch keinen sehen. Er ernährte sich von dem, was er in der näheren Umgebung fand, hauptsächlich Kräuter und Beeren; ansonsten war er den ganzen Tag in Gebet und Meditation versunken. Je näher er damit seinem Gott kam, desto weiter entfernte er sich von allem Weltlichen. Als eines Tages Hirten dem Mann mit dem struppigen Haar und dem zottigen Fell, das ihm als Kutte diente, begegneten, hielten sie ihn zunächst für ein wildes Tier!

Die selbst gewählte Einsamkeit ist Benedikt aber nicht leicht gefallen; die üblichen Anfechtungen blieben auch ihm nicht erspart. Wie aus Gregors »Dialogen« zu erfahren ist, kämpfte der junge Eremit einen ständigen Kampf mit Gott und mit sich selbst. Tapfer bemühte er sich, das »schöne Geschlecht« aus seinen Gedanken zu verbannen, das ihm in seinem früheren Leben offenbar keineswegs gleichgültig gewesen war. Die verführerischen Erinnerungen wollten einfach nicht verschwinden, und höchst sinnliche Verlockungen suchten den Asketen in seiner unwirtlichen Höhle heim. Mehr als einmal trug er sich mit der Überlegung, seinen Begierden nachzugeben und die Bergeinsamkeit zu verlassen. Doch gerade in dem Augenblick, als sein Entschluss feststand und er sich zum Gehen wandte, fiel sein Blick auf ein dichtes Gestrüpp aus Brennnesseln und Dornen. Auf diese Weise »von Gott erleuchtet«, wie es jedenfalls Gregor interpretierte, zog Benedikt sein Gewand aus und warf sich nackt in die spitzen Dornen und brennenden Nesseln und wälzte sich so lange darin, bis er, am ganzen Körper verwundet, jede Lust in Schmerz verwandelt hatte. Mit dieser drastischen Therapie soll es ihm gelungen sein, sich ein für allemal von sämtlichen Anfechtungen zu befreien.

Drei Jahre lebte Benedikt in radikaler Strenge und Abgeschiedenheit, genau so, wie er es sich gewünscht hatte. Doch allmählich kamen ihm Zweifel, ob diese Art des vollständigen Weltverzichts wirklich gottgefällig war. Entfremdete er sich nicht in seinem Bemühen, Gott in völliger Einsamkeit näher zu kommen, immer weiter von der Kirche, von der Gemeinschaft der Gläubigen? Glich er, der

*Mit der Ordensregel gab Benedikt der Mönchsgemeinschaft eine Grundlage, die alle nachfolgenden Zeiten überdauerte. (Nach einer Handschrift des 12. Jahrhunderts.)*

verwahrloste Asket, nicht einem verdorrten Ast am Weinstock Christi? Der standhafte Eremit war nachdenklich geworden. Inzwischen war er etwa dreißig Jahre alt und im Umland von Subiaco längst kein Unbekannter mehr. Im Gegenteil – von immer weiter her machten sich Hirten und Landleute auf den Weg zur kargen Grotte, um den unbeugsamen Weltflüchtling zu sehen. Und Benedikt beschloss, sich in Zukunft dem Kontakt zu anderen Menschen nicht mehr zu entziehen.

Eines Tages erschienen auch einige Mönche aus dem nahen Kloster von Vicovaro vor der Höhle: Ihr Abt war gestorben, und sie baten Benedikt, dieses Amt zu übernehmen. Der Eremit lehnte ab, denn er befürchtete, dass beide Seiten zu unterschiedliche Lebensweisen und Vorstellungen hatten, um miteinander auszukommen. Als die frommen Brüder aber auf ihrem Wunsch beharrten, gab er schließlich nach, wobei er allerdings unmissverständlich klar machte, dass er als Abt ein sehr viel strengeres und frömmeres Leben verlangen würde als das, das sie bislang geführt hatten. Tatsächlich kam es so, wie es Benedikt vorhergesehen hatte: Spannungen und heftige Zusammenstöße blieben nicht aus, und schon bald wurde deutlich, dass die Gegensätze unüberbrückbar waren. Benedikt war kein Mann des Ausgleichs und der Kompromisse, und die Mönche machten sich zusehends Vorwürfe, den unbequemen Einsiedler an ihre Spitze berufen zu haben. Sie dachten immer lauter darüber nach, wie sie ihren Abt wieder loswerden könnten, doch Benedikt zeigte sich nicht bereit, seinen Platz freiwillig zu räumen. Schließlich tauchte die Idee auf, ihn gewaltsam zu beseitigen, und eines Tages mischte man Gift in den Wein des Abtes. Laut Gregors Bericht zersprang das Glas, bevor Benedikt es an den Mund setzen konnte. In blitzschneller Erleuchtung habe er den teuflischen Plan durchschaut und das Kloster umgehend verlassen.

Ein Gutes hatte dieses schlimme Erlebnis, sollte es sich tatsächlich so abgespielt haben, aber doch: Es machte deutlich, wie dringend die Neuorganisation des wild gewachsenen Mönchtums im Abendland war! Benedikt kam zu dem Schluss, dass für den Mönch das Eingebundensein in eine durch eine feste Regel zusammengehaltene Gemeinschaft unumgänglich war. Diese theoretische Erkenntnis musste nun noch in die Tat umgesetzt werden.

Nachdem er Vicovaro verlassen hatte, kehrte Benedikt zwar nach Subiaco zurück; das einsame Höhlenleben nahm er aber nicht wieder auf, vielmehr schickte er sich an, die Klostergemeinschaft nach seinen Vorstellungen zu realisieren. Dies suchte er offenbar zunächst als »spiritus rector« bestehender oder auch neuer Mönchsgemeinschaften zu erreichen; es wird berichtet, dass er um 520 die Oberleitung über zwölf kleine Klöster im Raum von Subiaco innehatte. Von seinem Ideal war er aber allem Anschein nach noch immer weit entfernt. Die Schwierigkeiten mit den Mönchen blieben ihm treu; einmal mehr ist bei Gregor von einem Giftanschlag die Rede und auch davon, dass Benedikts Widersacher nicht einmal vor gemieteten Dirnen zurückschreckten, um sein Werk zu sabotieren. Für Benedikt war damit die Zeit gekommen, Subiaco erneut zu verlassen, und dieses Mal für immer. Für die Vollendung seines großen Plans brauchte er einen Neuanfang!

### Die Mutter aller Klöster

Mit seinen eifrigsten Anhängern zog Benedikt zum Monte Cassino, einem 520 Meter hohen Hügel über der antiken Stadt Casinum, etwa auf halbem Weg zwischen Rom und Neapel gelegen. Hier fand sich der ideale Platz für eine Klostergründung: Der Hügel lag nicht allzu weit von einer großen Straße entfernt und war doch abgelegen genug, dass die Mönche vom Weltgetriebe getrennt waren. Das felsige Plateau bot zudem ausreichend Platz für eine selbstgenügsame Klosteranlage.

Benedikt war inzwischen 50 Jahre alt, hatte die verschiedenen Formen monastischer Lebensweise selbst durchlebt und durchlitten und besaß somit alle notwendigen Erfahrungen für einen neuen Ansatz. Man schrieb wohl das Jahr 529, als er auf dem Monte Cassino die Mutter aller abendländischen Klöster gründete. Im selben Jahr hatte Kaiser Justinian die berühmte Philosophenschule von Athen geschlossen, die 800 Jahre zuvor von Platon gegründet worden war – ein symbolträchtiges Zusammentreffen, das es geradezu anbietet, den Einschnitt zwischen Antike und Mittelalter auf dieses Jahr zu datieren: Jetzt ging die geistige Führung endgültig von der klassischen Philosophie auf die Lehre des Christentums über, und doch waren es gerade die Klöster nach der Regel des heiligen Benedikt, die dem Abendland wesentliche Traditionen der antiken Kultur durch die folgenden Jahrhunderte retteten…

Über das Aussehen der ersten Klosteranlage, die Benedikt eigenhändig mit seinen Ordensbrüdern erbaut haben soll, haben wir keine Kenntnisse – sie wurde bald nach Benedikts Tod von den Langobarden zerstört; Italien ging harten Zeiten entgegen. Immerhin retteten die Mönche, die sich nach Rom flüchten konnten, etwas höchst Wichtiges aus den Trümmern: die von Benedikt verfasste Klosterregel! Am Ende seines Lebens (jedenfalls nach 534) hat der Gründer von Montecassino seine vielfältigen Erfahrungen in einer »Klosterverfassung« für seine Mönche formuliert; diese Regel wurde für die meisten Klöster des Abendlandes richtungweisend, ja zum »Grundgesetz« des abendländischen Mönchtums überhaupt. Sie ist und bleibt mit dem Namen Benedikts aufs Engste verbunden, auch wenn seine alleinige und persönliche Autorschaft nicht unumstritten ist und er mit hoher Wahrscheinlich die ältere »Magisterregel« als Grundlage benutzt hat.

»Regel« (»Ordo«) heißt sie – so begründete es Benedikt –, »weil sie das Leben derer, die ihr gehorchen, regelt«. Die 73 Kapitel befassen sich mit dem Leben in der Gemeinschaft, der »Schule für den Dienst des Herrn«, wobei Benedikt bei allem Idealismus maßvoll zu bleiben versuchte und auch menschliche Schwächen in Betracht zog. An der Spitze und im Mittelpunkt der Mönchsgemeinschaft steht der Abt. »Abba« ist das hebräische Wort für »Vater«, und nach dem Willen Benedikts sollte der Abt auch der Vater seiner Mönchsfamilie sein. Ihm unterstand sowohl die Gesamtleitung des Klosters als auch die Führung jedes einzelnen Mönchs. Der Abt war der Stellvertreter Christi im Kloster, geistlicher Vater, Lehrer, aber auch der »pater familias« der altrömischen Tradition mit der umfassenden Herrschaftsbefugnis über alle, die unter seinem Dach wohnten. Benedikts Regel gab dem Abt also eine große Macht; sie ermahnte ihn aber auch gleichzeitig zu verantwortungsbewusstem Handeln.

Der Abt wurde von allen Mönchen gewählt und musste in wichtigen Fragen auch den Rat der Gemeinschaft einholen. Die Entscheidungen lagen aber allein bei ihm, und die Mönche hatten ihm widerspruchslos und demütig zu gehorchen. Die Klosterverfassung war also strikt monarchisch. War ein Kloster sehr groß, so konnte sich der Abt durch Mitarbeiter (»Offiziale«) unterstützen lassen. In diesem Fall sollte er »Dekane« ernennen, die die ihnen jeweils zugewiesenen Zehnergruppen von Mönchen zu betreuen hatten. Diese Aufteilung der abgetretenen Vollmacht sollte die Gefahr einer Spaltung innerhalb des Klosters möglichst gering halten. Weitere Amtsträger im Kloster mit eigenen Verantwortungsbereichen waren der Küchenmeister, der Novizenmeister – zuständig für die Klosterkandidaten –, der Gastpater, der Krankenbruder und schließlich der Pförtner als die »Schlüsselfigur« zur Welt außerhalb des Klosters. Alle diese Amtsträger wurden vom Abt bestimmt und blieben ihm unmittelbar unterstellt.

Ein weiterer wesentlicher und zukunftsweisender Punkt in der Regel Benedikts war die Rolle von Diakonen und Priestern. War bislang das Laienkloster das Ideal gewesen, so entwickelte Benedikt auch hier eigene Vorstellungen: In seine Gemeinschaft konnten auch Geweihte, Priester und Diakone, eintreten, und der Abt konnte geeignete Mönche zur Weihe vorschlagen. Dahinter stand das Verlangen nach auch liturgischer Selbständigkeit der Klostergemeinschaft: Die Mönche brauchten sonntags nicht mehr den Gottesdienst in der nächsten Pfarrei zu besuchen; das Kloster bildete eine selbständige Eucharistiegemeinde. Als solche war sie dann direkt dem für die Spendung der Priesterweihe – und die Disziplin der Kleriker – zuständigen Ortsbischof unterstellt. (Diese Zuständigkeit barg viel Zündstoff für die Zukunft des abendländischen Mönchtums, wenn sich die Bischöfe bei ihren Eingriffen in das Klosterleben von ihren eigenen kirchenpolitischen – oder auch höchst weltlichen – Vorstellungen leiten ließen. Spätere Ordensgründer und -reformer versuchten das Problem mit verschiedenen Ansätzen zu lösen. Die für die Grundidee des Mönchtums erfolgreichsten waren die Beförderung des Abtes zu einem selbst weiheberechtigten Glied der Kirchenhierarchie oder die direkte Unterstellung eines Klosters oder eines ganzen Ordens unter den Papst in Rom.)

Neu waren auch die Gelübde, die Benedikt von den Mitgliedern seiner Gemeinschaft verlangte – im Abendland war dies bislang nicht üblich gewesen. Benedikt hielt es dagegen für angebracht, dass jeder Bewerber eine Probezeit, ein Noviziat, durchlief und dabei die Anforderungen, die an einen Mönch gestellt wurden, erleben konnte. Blieb er bei seinem Entschluss, so musste er sich schriftlich verpflichten, fortan in Armut, Keuschheit und Gehorsam zu leben; die höchste Demut bedeutete für den Mönch, dem Abt jederzeit und ohne Zögern zu gehorchen. Wer seinem Abt gehorcht, gehorcht Gott…

Vom Augenblick des Gelübdes an durfte der Mönch ohne Einwilligung des Abtes das Klostergelände nicht mehr verlassen – die »stabilitas loci«, die Gebundenheit an einen Ort, wurde eines der Kennzeichen des klassischen, benediktinischen Mönchtums. Was den Mönch an diesem einen Ort erwartete, war nicht unbedingt eine Idylle: Er wohnte nun sein Leben lang in demselben einen Raum mit seinen Mitmönchen zusammen; später wurden »Dormitorium« (Schlafsaal) und »Refektorium« (Speisesaal) wenigstens baulich getrennt. Im Schlafraum brannte die ganze Nacht hindurch eine Lampe; die Mönche lagen bekleidet und gegürtet in ihren Betten, getreu dem Auftrag der Bibel, allzeit bereit zu sein, dem Herrn zu folgen.

Jahrein, jahraus sah der Mönch dieselben Gesichter und musste schweigend und demütig mancherlei Schwächen seiner Mitbrüder – oder auch des Abtes – selbst ertragen, seine eigenen jedoch ständig unterdrücken. Vertraulichkeiten und Freundschaften waren verpönt, die persönliche Armut hingegen ein heiliges Gut. Wie es bei den urchristlichen Gemeinschaften der Fall gewesen war, so sollte auch bei den Mönchen im Benediktinerkloster »alles allen gemeinsam« sein. Kein privates Eigentum war ihnen gestattet, »weder Buch noch Tafel, noch Griffel«. Einziges persönliches Besitztum war die Kleidung, die zu Benedikts Zeiten derjenigen der armen, arbeitenden Bevölkerung entsprach. Den speziellen monastischen Charakter gewann die »Mönchskutte« erst, als sich die Mode weiterentwickelte, die Klöster aber auf der traditionellen Kleidung beharrten. Das einzige Zeichen, das den Mönch zunächst nach außen hin kennzeichnete, war die Tonsur.

**»Bete und arbeite!«**

Wollte der Mönch seinem einzigen Ziel, der Annäherung an Gott durch die Lösung von allem Körperlich-Weltlichen, möglichst nahe kommen, so musste er sich der Ordensregel bedingungslos unterwerfen. Die bekannteste Maxime darin lautete – und lautet bis heute: »Ora et labora – bete und arbeite!« (Diese griffige Formulierung findet sich allerdings nirgends wörtlich in der Regel.) Als praktische Ausprägung dieser Maxime war das Tagwerk der Mönche genau in Zeiten des Gebets, der (körperlichen) Arbeit und des Studiums eingeteilt. Der »Stundenplan« war von Benedikt bis ins Einzelne festgelegt, und er prägte das Bild des klösterlichen Alltags während der seither vergangenen 1400 Jahre.

Geweckt wurden die Mönche um zwei Uhr morgens; im Winter etwas später, im Sommer früher. (Die Zeit wurde in Benedikts Tagen – und noch lange danach – nach dem Stand der Sonne gemessen; während der Nacht verwendete man primitive »Uhren«, z. B. Kerzen, die in einer bestimmten Zeit abbrannten.) Die Mönche, die ohnehin in ihren Kleidern schliefen, hatten da unverzüglich aufzustehen und mussten sich beeilen, »einander zum Gottesdienst zuvorzukommen, jedoch mit allem Ernst und Anstand«. Zum nächtlichen Gottesdienst, der »Matutin«, sammelten sie sich in der Kapelle, wo sie etwa eineinhalb Stunden lang biblische Lesungen, Gebete und Psalmen aufsagten oder sangen. Zum Tagesanbruch wurde das Gotteslob, die »Laudes«, gebetet. Der helle Tag gehörte den körperlichen Arbeiten und dem Studium heiliger Schriften; kurze Pausen brachten die Stundengebete der »Prim« (gegen sechs Uhr),

*Aus derselben Handschrift stammt die Darstellung, wie ein Novize als Zeichen der Aufnahme in die Klostergemeinschaft die Tonsur erhält.*

*Charakteristikum einer Klosterkirche wurde das Chorgestühl, in dem die Mönche ihren Platz für den Gottesdienst und das Chorgebet fanden. (Aus einem englischen Psalter des 15. Jahrhunderts.)*

der »Terz« (gegen neun Uhr), der »Sext« (gegen zwölf Uhr) und der »Non« (gegen drei Uhr nachmittags). Die »Vesper« vor dem Sonnenuntergang und die »Komplet« vor dem Zubettgehen beschlossen den Gebetszyklus des Mönchstags. Benedikt drang nachdrücklich darauf, dass die Mönche etwa eine halbe Stunde nach Dunkelheit schliefen – im Winter also bereits gegen fünf Uhr.

Mit den Mahlzeiten seiner Söhne verfuhr der Mönchsvater recht sparsam: Bis Mittag – in der Fastenzeit bis Sonnenuntergang – durfte nichts gegessen werden. Von Mitte September bis Ostern gab es nur eine Mahlzeit am Tag, in den Sommermonaten zwei, der längeren Tage wegen. Brot bildete die Grundnahrung, ergänzt durch Hülsenfrüchte, Eier in verschiedener Zubereitung, Käse, Fisch, Obst und Gemüse. Ein Viertelliter Wein pro Mönch war gestattet, nicht jedoch das Fleisch von vierfüßigen Tieren. Während der Mahlzeit las ein Mönch fromme Texte vor, ansonsten aber hatte tiefes Schweigen zu herrschen...

Jeder Mönch hatte täglich zwischen drei und acht Stunden körperlich zu arbeiten – auf den Feldern und in den Werkstätten des Klosters, in der Küche, im Haushalt, bei der Vervielfältigung von Handschriften. Mönche, die ein Handwerk gelernt hatten, sollten ihre Fähigkeiten »bescheiden« in den Dienst der Gemeinschaft stellen. Zweck der Arbeit war zweierlei: Zum einen galt Untätigkeit als »Feind der Seele«, zum andern sollten die Mönche nicht von milden Spenden leben, sondern von der Arbeit ihrer Hände. Wollte Benedikt seine Gründung unabhängig von weltlicher Beeinflussung machen, dann musste das Kloster wirtschaftlich autark sein. Die Arbeit war also nicht nur eine asketische Übung, sie besaß einen eigenständigen Wert und war überaus nutzbringend. Das Benediktinerkloster glich einem Miniaturstaat mit eigenem Oberhaupt, mit einer festen Hierarchie, mit eigener Verfassung und geregeltem Wirtschaftsleben. Selbst das »Strafrecht« fehlte nicht; es begnügte sich freilich im allgemeinen mit geistlicher Buße für den Mönch, der sich verfehlt hatte.

Einfache Kost, ein rigider Tagesablauf, absoluter Gehorsam und die strenge Bindung an den einmal gewählten Ort – dem modernen Menschen mag so viel Askese um eines Ideals willen kaum erträglich scheinen. Und dennoch erwies sich die benediktinische Ordensregel als eine der fruchtbarsten und dauerhaftesten Leistungen, die je ein einzelner Mensch erbracht hat. Geholfen hat bei diesem Erfolg sicher auch der historische Glücksfall, dass Papst Gregor d. Gr. (590–604) die Regel vom Monte Cassino allen Klostergründern in seinem Einflussbereich empfahl – und zum Einflussbereich des Bischofs von Rom gehörte zusehends das gesamte Abendland. Allerdings hätte Gregor, ein Mann von ungewöhnlichem strategischem Weitblick, diese Empfehlung sicher nicht ausgesprochen, wenn er nicht von der inneren Stimmigkeit der Regel Benedikts überzeugt gewesen wäre.

Tatsächlich ist die Wirkung des »Ora et labora« gar nicht hoch genug einzuschätzen: Es waren die Mönche in ihren einfachen, schwarzen Kutten, die dem allmählich christlich werdenden Abendland das Ethos auch der körperlichen Arbeit vermittelten, das der Antike völlig fremd und auch in der heidnisch-germanischen Welt nicht eben hoch entwickelt gewesen war! Arbeit wurde durch das Vorbild der Klöster vom Fluch des bedauernswerten Sklaven oder einfachsten Mannes zum Teil des Gottesdienstes...

Allerdings wäre die Welt nicht das, was sie ist, wenn sich nicht auch im frömmsten und genialsten Konzept der Haken finden ließe, an dem der Teufel mit seinen kontraproduktiven Kräften ansetzen kann. Es wurde unvermeidlich, dass das straff geführte Mönchskloster mit seinem hoch moti-

*Die Abtei Montecassino, das »Mutterkloster des Abendlands« in einer Darstellung des 19. Jahrhunderts.*

vierten, hoch qualifizierten Personal eine wirtschaftliche Dynamik entfaltete, der vor allem seine agrarische Umwelt auf die Dauer nicht Paroli bieten konnte. Benedikt glaubte sicher durch die Abgeschiedenheit seiner Gründungen (auf Montecassino folgte noch Terracina) solcher Gefahr begegnen zu können, und in seinen Tagen waren die Zeiten so hart, dass die größtmögliche Dynamik gerade ausreichte, um das Überleben zu sichern. In besseren Zeiten übersprang die ökonomische Ausstrahlung der Klöster aber rasch die Streifen von Ödland und Wildnis, die sie zwischen sich und die »Welt« zu legen suchten. Und auch der Vorstoß in die abgelegensten und wildesten Gegenden half in späteren Jahrhunderten nur kurz, da den entschlossenen Pionieren in der Kutte die weltlichen Siedler nur allzu gern folgten. Die Geschichte des benediktinischen Mönchtums wurde so immer wieder vom Kampf gegen den eigenen Erfolg geprägt, von der Flucht vor dem Reichtum, der eine gleichermaßen paradoxe wie logische Folge des Gelübdes der individuellen Armut wurde. Die Idee und das Ideal des hl. Benedikt haben die vielen Krisen, die sich vor allem aus diesem »Haken« ergaben, überstanden und wurden mit stets neuer Kraft wieder geboren – genau so, wie das Kloster von Montecassino mehrfach zerstört wurde, zuletzt 1944 im Zweiten Weltkrieg, und doch immer wieder aus den Trümmern neu erstand.

Benedikt von Nursia starb zwischen 555 und 560; ein Teil seiner Gebeine ruht noch heute in der von ihm begründeten Klosterkirche. Anlässlich der Weihe der Kirche nach dem jüngsten Wiederaufbau im Oktober 1964 wurde dem »Vater des Mönchtums« eine ganz besondere und höchst zutreffende Ehre zuteil: Papst Paul VI. ernannte Benedikt zum »Schutzpatron Europas«…

# Sant'Ambrogio in Mailand

## Die Abtei des heiligen Ambrosius

Als der Beamtensohn Ambrosius (wahrscheinlich 339 in Trier geboren) 374 zum Bischof von Mailand gewählt wurde, hatte er nicht einmal die Taufe empfangen. Ambrosius war noch Katechumene und zuvor römischer Statthalter von Liguria und Aemilia gewesen. Mailand, das alte römische Mediolanum, war damals (von 292 bis 402) Mit-Hauptstadt des Weströmischen Reiches und daher ein Mittelpunkt der spätantiken Welt.

Als Bischof Ambrosius 397 starb, galt er als einer der größten Prediger seiner Zeit. Der hl. Augustinus verdankte ihm seine Bekehrung zum Christentum (387). Sein starker Einfluss auf die Liturgie ist noch heute spürbar im ambrosianischen Messformular der Erzdiözese Mailand. Die katholische Kirche verehrt Ambrosius als ältesten der vier großen abendländischen Kirchenväter.

Als Grabeskirche der Mailänder Märtyrer Gervasius und Protasius gründete Bischof Ambrosius 386 die heutige Basilika Sant' Ambrogio, in deren Krypta er neben den beiden Märtyrern bestattet ist. Vom ersten Bau blieb nur eine dem hl. Satirus geweihte Kapelle übrig, die später nach dem hl. Viktor (San Vittore in ciel d'oro) benannt wurde. Der hl. Satirus war der leibliche Bruder des bischöflichen Gründers Ambrosius. Der Kuppelbau enthält stark restaurierte Mosaiken, die Szenen aus dem Leben des hl. Ambrosius darstellen. Die jetzige Basilika stammt aus dem ersten Drittel des 12. Jahrhunderts, nachdem bereits im 8. und 9. Jahrhundert ein erster Umbau erfolgt war. Aus dieser Zeit stammt noch der rechte der beiden asymmetrisch erbauten Türme, während der linke gleichzeitig mit der gesamten Kirchenanlage entstand. Die Basilika ist ein klassisches Beispiel des romanisch-lombardischen Stils.

Der Besucher betritt die Kirche über einen Vorhof (Atrium), wie ihn die antike Tempelanlage an dieser Stelle besaß. Schmale, zur Innenseite offene Pfeilerhallen rechts und links des Vorhofes mit Fresken und Mosaiken führen auf die Backsteinfassade der Basilika zu. Ausdrucksstarke Kapitelle mit Tierköpfen schmücken die Pfeiler – Symbole der Hoffnung und der Ängste, die die frühe Christenheit bewegten. Die Feierlichkeit des Ortes ist geblieben wie zur Zeit der Kaiser, Könige und Fürsten, die hier ihren Einzug hielten. So berichten die Führer, die die Besucher durch das Gotteshaus begleiten, noch heute von dem glanzvollen Besuch des »Mohren« Ludovico Sforza, der in goldenem Mantel mit seinem Hofstaat in den Vorhof einritt, als er zum Herzog von Mailand ausgerufen worden war. Durch alliierte Fliegerbomben trug das Atrium 1943 schwere Schäden davon. Mittlerweile sind die Spuren des letzten Krieges getilgt und der alte Zustand wieder hergestellt.

Eine reine Mönchsabtei ist Sant'Ambrogio nie gewesen. Rund vierhundert Jahre nach dem Tod des Gründers siedelte 783/84 der damalige Mailänder Erzbischof Pietro zwar Benediktiner an, aber schon wenige Jahre später (791) ließen sich in der Abtei auch weltliche Kanoniker nieder, was in der Folgezeit – z. B. wegen der Nutzung des Altars oder des Glockenläutens – zu Auseinandersetzungen führte. 840 siedelten die Mönche in den südlichen Glockenturm um. Die Kanoniker bezogen 1128 den Nordturm. Erst Papst Coelestin II. (1143/44) konnte den Streit der Kleriker untereinander schlichten. 1494 lösten Zisterzienser aus Chiaravalle die Benediktiner in Sant' Ambrogio ab. Die Revolutionsheere Napoleons vertrieben die Mönche, und mit der Säkularisation von 1798 kam auch das Ende für die Kanoniker. Aber schon kurze Zeit später kehrten die Zisterzienser zurück, die bis 1866 verblieben. 1921 zog dann die Katholische Universität »del Sacro Cuore« in die ehemaligen Konventsgebäude ein.

Der feierlich-ernste Charakter der Klosteranlage blieb trotzdem unberührt. Ein weit gespannter Frontgiebel, unterbrochen von doppelgeschossigen Arkaden, empfängt den Besucher, ehe er in das breit hingelagerte Mittelschiff tritt. Die Portale mit Szenen aus dem Leben des hl. Ambrosius stammen aus dem 9. Jahrhundert.

Über den Seitenschiffen befinden sich ausgebaute Emporen für den Aufenthalt der Frauen während des Gottesdienstes. Ein Tonnengewölbe deckt das breite Mittelschiff, an dessen fünftem Pilaster sich die rechteckige Marmorkanzel mit spätromanischen Skulpturen, darunter ein Abendmahlsrelief, befindet. Unter der Kanzel wurde der frühchristliche Sarkophag des römischen Feldherrn Stilicho (†408), der aus vandalischem Geschlecht stammte, aufgestellt.

Prunkstück der Basilika aber sind Chor und Apsis mit der achteckigen Kuppel. Auf vier Porphyrsäulen ruht ein Altarbaldachin aus dem frühen 12. Jahrhundert mit dreieckigem Giebel und vergoldetem byzantinischem Stuckrelief: ein thronender Christus mit Petrus und Paulus, auf der rechten Seite St. Benedikt mit zwei Mailänderinnen. Von besonderer Schönheit ist der Hochaltar mit dem von Erzbischof Engelbert II. (835) gestifteten Paliotto (Antependium), aus vergoldetem Silberblech getriebenen Reliefs, von Silberfäden und Steinen umrahmt. Dieses karolingische Kunstwerk des aus Deutschland stammenden Meisters Volvinius ist in Italien einmalig. Das Apsismosaik zeigt Christus zwischen den Märtyrern Gervasius und Protasius und Augustinus, links Benedikt bei der Bestattung des hl. Martin von Tours. Eine Marmorkathedra aus vorromanischer Zeit schließt die Apsis in der Rundung ab. Sie steht zwischen geschnitztem Chorgestühl, das bereits die Renaissance ahnen läßt. Rechts neben der Apsis befindet sich die barocke Mönchssakristei, ursprünglich die Familienkapelle des vornehmen Mailänder Geschlechts der Della Croce. Beim Bombenangriff 1943 wurde auch das Gewölbefresko von Tiepolo, das die Glorie des hl. Benedikt darstellte, zerstört. Zwei Rundbilder vom selben Maler, die das Martyrium des hl. Viktor und die Seefahrt des hl. Satirus zeigen (1737), wurden an diese Stelle übertragen.

Kein Geringerer als Bramante war der Architekt der Vorhalle an der Nordflanke der Ambrosius-Kirche. 1492 errichtete er sie als Teil des Kreuzgangs für den Kanonikerkonvent – eine tonnengewölbte Kolonnade hinter Arkaden auf hohen Säulen. In ihrer Mitte befindet sich eine monumentale Portalhalle mit einem Kuppelgewölbe. Im rechten Winkel dazu steht das ehemalige Konventsgebäude der Kleriker, die Canonica. Heute birgt es das Museo di Sant' Ambrogio.

### Das Ambrosius-Museum

*Das Museo di Sant'Ambrogio am rechten Ende des Klostergartens enthält in den Sälen des ersten Stocks neben sakralen Geräten unter anderem ein Stuckmedaillon des hl. Ambrosius, flämische Bildteppiche, das Leichentuch des Heiligen (reine Seide) sowie das Bett, in dem der hl. Ambrosius angeblich starb.*

*Das Museum ist dienstags geschlossen, an anderen Tagen empfiehlt sich eine Anmeldung im Sekretariat.*

*Sant'Ambrogio in Mailand; Vorhalle.*

*Sant'Ambrogio in Mailand; Adler vom Ciborium (Altarbaldachin).*

# St. Gallen

## Eine Architekturskizze, die Geschichte machte

Zum Schönsten, was die Schweiz besitzt, gehört die Stiftsbibliothek von St. Gallen, »der prachtvolle Prunksaal«, wie ein Chronist das architektonische Meisterwerk beschreibt. Unter den Schätzen, die sie birgt, befindet sich auch ein einzigartiges architekturgeschichtliches Dokument: der so genannte Idealplan des Klosters St. Gallen. Läge er nicht in einer der Vitrinen des Bibliotheksaales zur ständigen Betrachtung aus, kein interessierter Besucher fände ihn dort, wohin ihn 1461 ein Bibliothekar des Klosters eingeordnet hatte: Der mit roter Tinte auf Pergament gezeichnete Idealplan einer frühbenediktinischen Klosteranlage gelangte schon zwischen 820 und 870 ohne eigentliche Zweckbestimmung in das Materialdepot des Skriptoriums. Die Rückseite des Pergaments schien einem Klosterbruder jener Zeit geeignet für die Aufzeichnung einer Biographie des heiligen Martin von Tours. Sinn und Zweck des Klosterplans gerieten in Vergessenheit – zeitweilig galt er sogar als Illustration zur Martinsvita –, sodass er im Bücherverzeichnis des Klosters unter den »Passionalia Sanctorum« in der hagiographischen Abteilung der Bibliothek auftauchte. Der aus fünf zusammengenähten Stücken Kalbspergament bestehende Plan hat eine Größe von 77 mal 112 Zentimetern. In schwarzer Tinte ist der Adressat deutlich erkennbar: »Haec tibi, dulcissime fili Cosberte, de positione officinarum paucis exemplata direxi – Ich habe dir, liebster Sohn Gozbert, diese bescheidene Kopie der Anordnung der Klostergebäude geschickt…«. Und der Absender, Abt Haito von der Reichenau (†836), fügt hinzu: »… damit du daran deine Findigkeit übest und in jeder Weise meine Anhänglichkeit erkennest«. (Abt Haito war Gründer der Baseler Kathedrale und gehörte zum engen Beraterkreis Karls des Großen.)

Gozbert war der dritte der großen Äbte in der damals 200-jährigen Geschichte des Klosters von St. Gallen. Gallus, einer der irischen Mönche, die im frühen 7. Jahrhundert auf dem Weg nach Italien waren, erkrankte im Bezirk Arbon (Thurgau). Wieder gesund, kam er in die dortige Wildnis an der Steinach, gründete eine Klause und sammelte 12 Mitbrüder um sich, die um eine Holzkapelle ihre

*Blick auf St. Gallen; links die Stiftskirche.*

hölzernen Zellen errichteten. Als Gallus 650 starb, bestattete man ihn in einem Erdgrab hinter dem Altar. Abt Othmar, der aus Rätien stammende zweite bedeutende Klostervorsteher, lebte mit seinen Getreuen noch streng nach der columbanischen Ordensregel. Um 720 ersetzte Abt Othmar diese durch die neue benediktinische. Aber er geriet in die Auseinandersetzungen zwischen den irischen Zuwanderern, die weiter ihrer columbanischen Regel anhingen, und den übrigen Mönchen, die das Ordensstatut des heiligen Benedikt von Nursia angenommen hatten. Unter Othmar entstand die erste Steinkirche (719). Von der Holzkapelle des Klostergründers Gallus kamen bei den Ausgrabungen zwischen 1964 und 1967 noch Reste zum Vorschein.

Über St. Gallen I und St. Gallen II sind wir einigermaßen gut unterrichtet, obwohl archäologisch nur geringe Funde vorliegen. In der Heiligengeschichte von Gallus und Othmar (auch er wurde zur Ehre der Altäre erhoben) findet sich eine Reihe von Hinweisen auf die ehemaligen Klosteranlagen. Zum Beispiel über das Gallusgrab –

zunächst zwischen Altar und Außenwand der Kirche, später in einem Sarkophag.

Im Übrigen ist in den frommen Legenden vom Altar und von den Schranken (cancelli) die Rede, jenen Trennwänden zwischen Presbyterium und dem Laienbereich, die auch noch im Inneren der Gozbert-Basilika vorhanden waren. Es muss trotz innerer klösterlicher Spannungen – die Vielzahl irischer Inschriften in St. Gallen deutet nach wie vor auf einen regen Kontakt zur heimatlichen Insel hin – eine Blütezeit des Klosters gewesen sein. Denn schon damals verfügte das Kloster über »Wohnungen für Arme« und ein Spital für Aussätzige. Letzteres läßt sogar auf ein reges Wallfahrtswesen schließen.

Mit der »renovatio Romani imperii« knüpfte Karl d. Gr. an römische Vorbilder an. Das sollte auch in der Architektur gelten. Der St. Galler Idealplan (eine Kopie des verloren gegangenen Originals) ist ein Beweis dafür. Dass auch merowingische Einflüsse vorhanden sind, z. B. die Türme, ist deutlich erkennbar. Sichtbar aber ist auch, dass römische Lager- und Kastellvorstellungen bei der Konzeption der idealen karolingischen Klosteranlage Pate gestanden haben. Wenngleich, wie aus der oben zitierten Widmung hervorgeht, die Adresse eindeutig war, konnte es keine speziell für St. Gallen oder für einen anderen bestimmten Klostertyp angefertigte Konstruktionszeichnung sein, denn der Konstrukteur des Klosterplans kannte weder die St. Galler Geländeverhältnisse noch die eines anderen Klosters. Auffällig ist, dass der Plan keine Ummauerung vorsieht, obwohl jede Klosteranlage des Mittelalters eine solche besaß.

Mit 102 Metern (300 Fuß), dem karolingischen Normalmaß im Kirchenbau, war die Hauptkirche nach Plan nur drei Meter kürzer als die spätere barocke Stiftskirche am gleichen Ort. Die dreischiffige Säulenbasilika sah einen Doppelchor vor mit einem Querhaus im Osten – im Westen fehlt ein solches. Die Eingänge befinden sich an den Westenden der Kirchenschiffe. Im Inneren sollte die Kirche, entsprechend der Liturgie, in den Presbyteriumsbereich mit Schranken an der Vierung und in den Katechumenen- bzw.

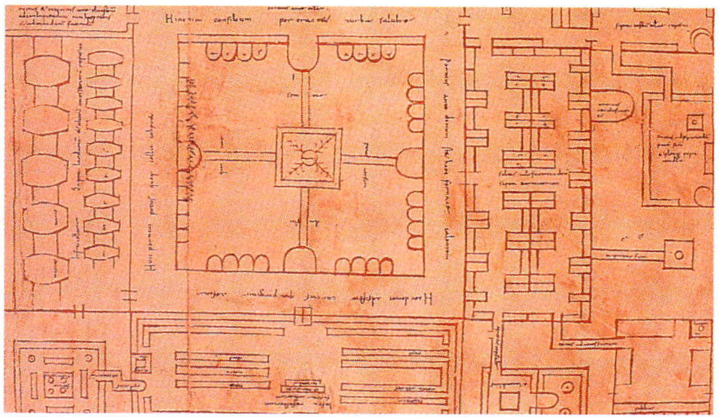

*In der Stiftsbibliothek von St. Gallen wird der berühmte, um 820 entstandene Idealplan einer Klosteranlage aufbewahrt.*

*Caspar Härtli hat 1562 in seinem Graduale, das ebenfalls zu den Schätzen der Stiftsbibliothek gehört, die Begegnung des heiligen Gallus mit dem Bären dargestellt.*

*Die St. Galler Stiftsbibliothek zählt nicht nur durch ihre kostbaren Originale, sondern auch durch ihre Architektur zu den herausragenden Zeugnissen der Klosterkultur.*

*Die barocke Stiftskirche ist ein eindrucksvolles Gemeinschaftswerk bedeutender Könner ihrer Zeit: der Vorarlberger Baumeister Peter Thumb und Johann Michael Beer, des Bildhauers und Malers Johann Christian Wenzinger sowie des Bildhauers und Stuckateurs Joseph Anton Feuchtmayr.*

Laienbereich (mit Baptisterium) unterteilt werden. Die Chorbänke (formulae) für den Mönchskonvent standen noch nicht um den Altar wie in späterer romanischer Zeit, sondern diesem frontal gegenüber. Die Vielzahl der Nebenaltäre im Kircheninneren entsprach der Notwendigkeit, möglichst vielen Mönchspriestern zur gleichen Zeit eine Zelebrationsmöglichkeit zu geben.

Der Hochaltar über dem Grab des heiligen Gallus war dem Klostergründer und der Gottesmutter geweiht. Die beiden Altäre an den Chorbögen wurden den Ordensstiftern Columban und Benedikt gewidmet. In der Ostapsis wurde der heilige Paulus, im Westen – nach römischer Sitte – St. Petrus verehrt. Die übrigen Altäre standen in den Querschiffarmen (zwei), im Mittelschiff (zwei), in den Nebenschiffen (je vier) und auf den beiden Türmen (diese waren den Engeln gewidmet). Ideengeschichtlich zeigt der St. Galler Klosterplan erstmals anstelle eines frühchristlichen Kirchenpluralismus (der Vielzahl von Kultstätten) den Universalismus der mittelalterlichen Kirchenvorstellung: Mönchskirche, Baptisterium, Pfarrkirche und Heiligenmausoleum am gleichen Ort.

Für Abt Gozbert (816–837), den Empfänger des Plans, war es eine Frage des Prestiges, unter welchem Kirchendach die Leichname der großen karolingischen Äbte ruhen sollten. Er kannte die Großbauten Karls d. Gr., vor allem das Münster von Mittelzell auf der Reichenau. Auch St. Gallen sollte ein Prachtbau werden. 830 wurde der Grundstein gelegt, 839 feierte man bereits die Einweihung der neuen Klosterkirche. Baumeister waren Mitglieder der St. Galler Ordensgemeinschaft: Winihart, Isenrich und Ratger.

Während bis zur archäologischen Bestätigung Bildwerke und Chroniken nur einen begrenzten Eindruck von der dritten Klosteranlage vermittelten, lieferten die Ausgrabungen von 1964 bis 1967 genauere Ergebnisse. So entstand der Ostteil der Gozbert-Basilika genau nach Plan. Im Westen finden sich im Anschluss an die Hauptkirche weitere kleine, räumlich von einander getrennte Kirchen – das Helmhaus und die Othmarskirche aus dem 9. Jahrhundert. Beide Kirchen waren durch Türen miteinander verbunden. Das Helmhaus war eine offene Totengedenkhalle, in der die Äbte und der St. Galler Adel bestattet lagen. Im Obergeschoss befand sich eine Kapelle, die dem heiligen Michael geweiht war. (Im 15. Jahrhundert diente das Obergeschoss als Schulstube.) Die Othmarskirche hatte ihr Sanktuarium nach Westen gerichtet und fungierte praktisch als Doppelchor der Gozbertkirche, obwohl beide Kirchen architektonisch von einander getrennt waren. Abt Immo (967 bis 984) nahm noch einmal eine Neugestaltung der Othmarskirche vor. Über deren Aussehen sagen jedoch die St. Galler Quellen nichts aus. 1623 schließlich wurden Helmhaus und Othmarskirche abgebrochen.

Für die Gozbert-Kirche selbst war der ideale Klosterplan die verbindliche Grundlage; Grundriss war eine dreischiffige Basilika ohne Querhaus. Die Nebenschiffe besaßen daher die gleiche Länge wie das Hauptschiff, hatten jedoch nur dessen halbe Breite. Im Inneren war die Abteikirche ein sechsjochiges Langhaus. Die Distanz von Joch zu Joch betrug jeweils fünf Meter. Vermutlich besaß die Kirche keine Apsis. Wie aus den Funden bei der Krypta hervorgeht, schloss eine schlichte Mauer die Ostseite ab. Ansonsten folgt die Gozbert-Basilika auch im Inneren dem Idealplan. Strukturelle Details sind noch in der jetzigen barocken Stiftskirche feststellbar – so die Abmessung in der Breite für das Mittelschiff und die Seitenschiffe oder die jetzigen vier Hauptpfeiler der Rotunde, die die vier Hauptpunkte des Gozbertschen Langschiffs waren.

### Die St. Galler Stiftsbibliothek

*Die barocke Stiftsbibliothek von St. Gallen zählt zu den schönsten Bibliotheksbauten der Welt. Sicher ist sie der glanzvollste Prunkraum in der Schweiz und enthält neben 100.000 Bänden und 2.000 handgeschriebenen und gemalten Texten, vornehmlich aus dem 8. und 9. Jahrhundert, eine Abschrift des Nibelungenliedes und den Idealplan der Klosteranlage. Diese einmalige architekturgeschichtliche Kostbarkeit ist auch in einer der Vitrinen zu betrachten. Vor dem Besuch der Stiftsbibliothek sollten sich Interessierte beim Obermesner anmelden.*

Fater unseer thu
pist in himile uuihi
namun dinan
qhueme rihhi
din uuerde uuillo din
so in himile sosa in erdu.
prooth unseer emez
hic kip uns hiutu oblaz
uns sculdi unseero
so uuir oblaz
em uns scul
dikem enti ni
unsih firleiti in khoro

# II.
# Väter des Abendlands
## Das Mönchtum zwischen Antike und Mittelalter

### Askese und Gelehrsamkeit

Als Benedikt von Nursia das Kloster Montecassino gründete, beabsichtigte er lediglich, gemeinsam mit seinen Mönchen Gott durch Gebet und Kontemplation näher zu kommen, auch wenn dies in streng geregelter Form geschehen sollte. Mönch sein – das bedeutete für ihn den völligen Verzicht auf alles, was man »in der Welt« üblicherweise zu schätzen pflegte: Genuss und Lust, Reichtum und Ehre, Freundschaft und Familienleben, aber auch jegliches Mitwirken in Staat und Gesellschaft. Von Bedeutung war einzig und allein das Seelenheil der Klosterbrüder, ihr Leben für Gott. Jeden Gedanken an die Wirkung seiner Abtei nach außen, an Mission, Seelsorge und Gelehrsamkeit im Rahmen der allgemeinen Wissenschaft, hätte Benedikt weit von sich gewiesen. War er nicht selbst »wissend unwissend« geblieben, als er seine eigenen Studien vorzeitig beendet und damit auf den »Ballast« weltlicher Bildung verzichtet hatte? Dass es dann doch ganz anders gekommen ist, dass das abendländische Mönchtum aus der meditativen Abgeschiedenheit hervortrat und zum Schöpfer einer neuen, christlichen Kultur wurde, das hat der »Vater der Mönche« nicht ahnen können...

Um die Ursprünge dieser bis dahin unbekannten Seite des Mönchtums zu finden, müssen wir den Ärmelkanal überqueren und uns an den äußersten Rand des europäischen Kontinents begeben, nach Irland. Abseits von den großen Strömen der europäischen Geschichte gelegen, war die »grüne Insel« nie von den Römern erobert worden, und sie kam auch erst verhältnismäßig spät, im Laufe des 5. Jahrhunderts, mit dem Christentum in Berührung. Die Christianisierung des Landes wurde dann im Wesentlichen das Werk des hl. Patrick (ca. 385 bis 460) und seiner Schüler. Dreißig Jahre lang hatte Patrick alle Energie darauf verwendet, die keltischen Inselbewohner von der Segenskraft des Christentums zu überzeugen, und dabei couragiert dem erbitterten Widerstand der alten Priesterkaste der Druiden getrotzt. Seine leidenschaftliche Beharrlichkeit und die offensichtliche Festigkeit seines Glaubens überzeugten die Menschen; Patrick gründete zahlreiche Mönchs- und Nonnenklöster als Zentren seiner Missionstätigkeit, und diese Klöster wurden Geburtsstätten einer reichen Kultur, von Kunst und Gelehrsamkeit...

Anfangs hatte es danach freilich nicht ausgesehen. Die irischen Mönche praktizierten eine ausgeprägte Askese, hausten in Einzelzellen und kamen nur zum Gebet zusammen. Ihr ungeschriebenes Gesetz war es, den nahöstlichen Eremiten an Selbstzucht und Enthaltsamkeit gleichzukommen, sie in der Härte der Arbeit aber sogar noch zu übertreffen. Doch bereits die »zweite Generation« irischer Mönche rückte von dieser orientalischen Tradition wieder ab. Man hatte erkannt, dass der christliche Glaube nur dann eine Chance hatte, den endgültigen und dauerhaften Sieg davonzutragen, wenn er mit der alten, einheimischen Kultur und Gelehrsamkeit in Wettstreit trat – Irlands geistiges Leben war ja weder von Völkerwanderungsstürmen noch von römischen Einflüssen durchbrochen worden.

Seinen Vertretern, Männern hoher Gelehrsamkeit und Meistern des machtvollen Wortes, galt es nun entgegenzutreten. Und so begann man nun in den Mönchsgemeinschaften zu lernen: zunächst Latein, die Sprache der Liturgie und der Heiligen Schrift, schließlich auch Griechisch. In den eigens

*»Fat unsar...«, das Gebet des Herrn in Althochdeutsch, wie es auf diesem St. Galler Pergament überliefert ist, ist ein Zeugnis für das missionarische Wirken der Benediktiner.*

*Im Codex 985 der Stiftsbibliothek von St. Gallen ist das Wirken des heiligen Gallus in der Bildsprache des Mittelalters festgehalten.*

dafür eingerichteten Schreibräumen, den Skriptorien, wurden Handschriften kopiert; es wurden Schulen für Geistliche und Laien gegründet. Schon bald blühte in Irland die Kunst des Schreibens ebenso wie die des Buchschmucks. Ein grammatikalisch einwandfreies Latein, metrische Versübungen und philosophische Kenntnisse gehörten bald zum gängigen Bildungsgut. Die irischen Klöster waren somit nicht mehr nur Stätten des Gebets und der Askese; sie waren regelrechte »Eliteschulen« geworden, deren Absolventen sich schon bald anschickten, auch den Menschen auf dem europäischen Festland nicht nur den christlichen Glauben, sondern auch eine neue Bildung zu bringen!

Hatte Benedikts Regel die »stabilitas loci« vorgeschrieben, also das Verbleiben der Mönche in ihrem Kloster, so verfolgten die frommen Brüder in Irland ein anderes Ideal, nämlich das der »peregrinatio«, was man mit dem Paradoxon »Weltflucht in die Welt hinein« interpretierend übersetzen könnte: Der Verzicht auf die Heimat erschien ihnen als die höchste christliche Daseinsform. Wie ihr Vorbild, der Erzvater Abraham, einst ausgezogen war, um Gott in der Fremde zu dienen, so begannen die irischen Mönche, als Pilger durch die Welt zu ziehen. Während sich die einen von ihnen auf den unwirtlichen Felseninseln im Atlantik niederließen, auf den Hebriden, den Orkneys, ja selbst auf Island und Grönland, zog es andere auf den Kontinent, in das noch junge Frankenreich, um dort all denen, die nach wie vor »im Irrtum des Heidentums befangen … im Schatten des Todes irrten«, den christlichen Glauben nahe zu bringen.

Fürwahr keine leichte Aufgabe, die sie sich da gestellt hatten! Doch die irischen Mönche, die seit dem 6. Jahrhundert in immer größerer Zahl durch das Frankenreich zogen, waren von einer unerschütterlichen spirituellen Begeisterung beseelt. Wirkten sie schon rein äußerlich recht Furcht einflößend – bärtig, mit lang herabwallenden Haaren, gehüllt in schwarze Mäntel aus grobem Stoff, in der Hand einen knorrigen Wanderstock – so erwiesen sie sich auch sonst als recht raue Gesellen: Zornig verhöhnten sie die alten Götter, verfluchten den Teufel und alle Dämonen und wurden niemals müde, die überlegene Macht und Stärke des Christengottes zu preisen. Gewiss sind diese struppigen Gesellen häufig wenig feinfühlig vorgegangen und haben ihre eigenen Methoden angewandt, die nicht immer mit den Sitten und Gebräuchen des Festlands übereinstimmten, an dem die römische Zivilisation doch nicht ganz spurlos vorübergegangen war. Doch diese irischen Mönche wurden während der folgenden drei, vier Jahrhunderte ein bedeutender Faktor der abendländischen Missions- und Klostergeschichte. Mit einem Namen ist das große Missionswerk besonders eng verknüpft: mit Columban dem Jüngeren (ca. 545–615), der zum ersten Erneuerer der fränkischen Kirche wurde.

**»Ihr müsst alle Tage fasten…«**

Als junger Mann war Columban in das berühmte irische Kloster Bangor eingetreten, wo er Griechisch und Latein gelernt und neben der Heiligen Schrift auch Werke antiker Dichter studiert hatte. Als er etwa vierzig Jahre alt war, reichte ihm das ruhige, kontemplative Leben aber nicht mehr. Wie so viele andere vor ihm erwirkte auch Columban von seinem Abt die Erlaubnis, das Wort Gottes auf dem Kontinent zu verkünden. Im Jahr 591 überquerte er mit zwölf Gefährten den Kanal, um sich von nun an mit unbändiger Tatkraft und machtvollen Worten seiner neuen Aufgabe zu widmen. Freilich war dieser Enthusiasmus auch erforderlich, denn was Columban da auf dem Festland vorfand, war zwar dem Namen nach ein christliches Volk; ein entscheidender innerer Gesinnungswandel war aber in den meisten Fällen nicht mitvollzogen worden. Viele getaufte Christen hielten noch an Wotan & Co. und den alten heidnischen Kulten fest; schließlich hatten sie den neuen Glauben nur deshalb angenommen, weil es ihre Stammesführer so von ihnen gefordert hatten. Auch König Chlodwig († 511) der Begründer des Frankenreichs, hatte sich 497 oder 498 nicht aus wirklicher Bekehrung heraus taufen lassen, sondern weil es die politische Opportunität gebot. Und auch seine Nachfolger aus der bald berüchtigten Merowinger-Dynastie boten ihren Gefolgsleuten selten genug ein frommes und nachahmenswertes Beispiel. So wurde zwar seit Chlodwigs Zeit überall das Christentum gepredigt, doch es dauerte noch bis weit ins 8. Jahrhundert hinein, bis die Menschen auch wirklich vom neuen Glauben überzeugt waren.

Das lag unter anderem auch daran, dass die einheimische Geistlichkeit nur sehr bedingt dazu geeignet war, das Seelenheil der Menschen zu fördern. Die lateinische Bibel konnte kaum einer von ihnen lesen – wenn er überhaupt lesen konnte –, und auch die christlichen Werte hatten sie kaum verinnerlicht, rekrutierte sich der niedere Klerus doch auch aus Waffenbrüdern, Weiberhelden und Trunkenbolden… Da mussten schon härtere und unbeugsamere Streiter Christi kommen, um in dieser Lage mutig die Stimmen zu erheben und den Menschen ins Gewissen zu reden!

Columban war, wie es scheint, aus dem rechten Holz geschnitzt: ein strenger Asket und gewaltiger Bußprediger, der mit der Wucht eines alttestamentlichen Propheten auf seine Zuhörer wirkte. Von der Bretagne her kommend, wirkte er zwei Jahre in Burgund, wo er in den damals noch kaum erschlossenen Vogesenwäldern drei Klöster als Zentren seiner Mission gründete: Annegray, Fontaines und Luxeuil, alle drei in abgelegenen Talschluchten gelegen. Columban selbst nahm seinen Sitz in Luxeuil, dem er auch vorstand und für das er eine Regel verfasste, die zwar auf dem Vorbild des Benedikt von Nursia basierte, aber ungleich härter gefasst war: »Ihr müsst alle Tage fasten, alle Tage beten, alle Tage lesen!« Und damit nicht genug: »Ein Mönch muss beim Zubettgehen so müde sein, dass er schon auf dem Weg zum Lager einschläft!« In der Praxis sah das so aus, dass die Glocke alle drei Stunden – Tag und Nacht – zum Lobpreis Gottes läutete. Sieht man von den wenigen Stunden Schlaf einmal ab, so war die Zeit zwischen den Gebeten mit Lesungen aus den Evangelien und mit harter körperlicher Arbeit in der autarken Klosterökonomie ausgefüllt. Zur gemeinsamen Mahlzeit rief die Glocke nur einmal am Tag, und zwar gegen Abend. Man lebte ausschließlich von Wasser, Brot und Gemüse; jeglicher Fleischgenuss war ebenso verpönt wie das Trinken von Wein, das Benedikt seinen Mönchen in Maßen zugestanden hatte. (Nun, Benedikt kam ja auch aus dem Weinland Italien, wo der vergorene Traubensaft zur Alltagskost gehörte.) Auch die Strafen bei Verstößen gegen Columbans Regel waren wesentlich härter; gewöhnlich bestanden sie aus Peitschenhieben: z. B. sechs Hiebe für den Mönch, der beim Singen hustete oder beim Gottesdienst lächelte. Wer sich gar beim vertraulichen Gespräch mit einem weiblichen Wesen erwischen ließ, der bekam die Peitsche gleich 200mal zu spüren!

Trotz dieser, wie es uns heute erscheint, unmenschlichen Strenge seines Klosterlebens strömten Columban immer neue Novizen zu; die meisten kamen aus reichen und vornehmen Familien. Auch wenn sich die grimmige Strenge Columbans nicht dauerhaft im Abendland etablieren konnte, hat der Ire in den zwei Jahrzehnten seines Wirkens doch viele Menschen mit seinem Glauben ansprechen können, auch und vor allem aus der fränkischen Oberschicht. Durch Columban und seine Schüler angeregt, gründeten fränkische Große im Lauf des 7. Jahrhunderts über 50 Klöster und streiften sich bisweilen selbst die Mönchskutte über. In den Ardennen entstanden so Stablo und Malmedy, in Lothringen Remiremont, Montiérender in der Champagne, Corbie und Péronne in der Picardie und schließlich Saint-Denis bei Paris, um nur einige zu nennen.

Das war alles in allem ein ungewöhnlicher Erfolg, und der Mann aus Irland hätte mit sich und seinem Wirken mehr als zufrieden sein können. Aber Columban, der sich zeit seines Lebens nicht gescheut hatte, den Mund aufzumachen, wenn ihm etwas nicht passte, ja sogar dem Papst zu widersprechen wagte, war kein ruhiger Lebensabend vergönnt. Nachdem er sich mit König Theuderich von Burgund (596–613) überworfen hatte, indem er ihn – nicht zu Unrecht – der Vielweiberei bezichtigte, wollte der Herrscher den lästigen Kritiker umgehend in seine Heimat zurückschicken. Columban kam der schmachvollen Ausweisung zuvor, indem er Luxeuil bei Nacht und Nebel verließ und sich nach vielen Umwegen schließlich bis Italien durchschlug. Dort gründete er 613 im Nordapennin noch das Kloster Bobbio, in dem er zwei Jahre später starb.

Um zur allgemein anerkannten Richtschnur des kontinentalen Ordenslebens zu werden, dafür war Columbans Regel zu streng. Sie wurde daher auch nach und nach durch den Einfluss der Benediktinerregel gemildert und schließlich von dieser verdrängt, die sich als die »goldene Mitte« zwischen dem übermenschlichen Asketentum der irischen Mönche und der chaotischen Vielfalt der selbständigen Regeln erwies, die damals im Frankenreich gebräuchlich waren. Denn wenn Benedikt seinen Mönchen auch die »stabilitas loci« vorgeschrieben hatte, so verließen sie Montecassino doch schon bald nach seinem Tod, um, nach einem Umweg über die Irland vorgelagerte große Insel Britannien, einen besonders tiefen Einfluß auf die Kultur des Abendlands zu gewinnen...

**Lernen, um zu lehren**

Im Jahr 589 wurde Montecassino von den Langobarden geplündert und weitgehend zerstört. Die Mönche hatten rechtzeitig fliehen können, und sie gingen nach Rom, wo sie in Papst Gregor I. dem Großen (590–604) einen rückhaltlosen Bewunderer des Benedikt von Nursia und seiner Klosterregel fanden. Dieser Papst gab den Mönchen dann auch einen Auftrag, der in ihren »Consuetudines« gar nicht vorgesehen war: zu missionieren, und zwar bei den Angelsachsen! Auf der britischen Hauptinsel waren die ersten Spuren des Christentums mit dem Zusammenbruch der Römerherrschaft wieder untergegangen, nachdem große Teile des Landes im 5. Jahrhundert von den germanischen Angeln, Sachsen und Jüten erobert worden waren. Die Bekehrung der neuen Engländer geschah nun auf die persönliche Initiative Gregors hin, der 596 vierzig Benediktinermönche über den Kanal schickte. Eine besondere Ausbildung oder Gelehrsamkeit erschien ihm für diese Mission freilich nicht nötig, da dachte er ganz wie der von ihm bewunderte Benedikt. Schließlich, so meinte der Papst, sei der Heilige Geist nicht den Regeln der Grammatik unterworfen. Doch die Benediktiner, die den Schutz der Klostermauern verlassen hatten und nun in der Fremde das Wort Gottes verbreiten sollten, machten ganz andere Erfahrungen: Wollten sie das Christentum lehren, so mussten sie zuvor selbst erst einmal lernen!

Nach römischen Brauch erforderten Mission und Seelsorge priesterliche, lateinische Bildung, schließlich war Latein die Sprache der Liturgie und der Bibel. Die Angeln und Sachsen waren zwar ein raubeiniges Volk, aber durchaus aufgeschlossen Neuem gegenüber, intelligent und lernbegierig, und ganz fremd war ihnen der christliche Glaube auch nicht. Und so richteten auch die »Missionsbenediktiner« in ihren Klöstern Schreibstuben ein,

*Beda Venerabilis, der gelehrte angelsächsische Mönch, in der Darstellung aus der Schedelschen Weltchronik von 1493.*

kopierten Handschriften und lernten alle Künste und Wissenschaften, soweit sie für den Dienst der Kirche und für die Liturgie notwendig waren, also Kalligraphie, Musik, Malerei und Chronologie, die Kenntnis des Kalenders. Mit diesem Rüstzeug versehen, waren die Benediktiner aus Italien schon besser auf ihre Aufgabe vorbereitet. Was die Vorgehensweise bei der Mission betraf, so hatte Gregor klugerweise darauf gedrungen, dass die Verkündigung des Christentums behutsam und in möglichster Anpassung an Landessitten und bestehende Volksbräuche erfolgen sollte. Gleichzeitig war aber darauf zu achten, dass der enge Kontakt mit Rom stets gewahrt blieb. Damit unterschied sich die Missionierung der Angelsachsen deutlich von den Methoden, wie sie die irischen Mönche bei den Germanenstämmen auf dem Kontinent anwandten, und gewiss war sie deshalb auch so erfolgreich.

Nicht lange, da bildete sich eine Gruppe junger Einheimischer, die die Verbreitung des Christentums in der engen Anbindung an Rom begeistert unterstützten. Angeführt wurde sie von Wilfred (634–709) und Benedikt Biscop (628–690), die Klöster in Ripon, Hexham, Wearmouth und Jarrow als Pflanzstätten lateinischer Kultur errichteten. Benedikt Biscop widmete sich dabei vor allem der religiösen Kunst und der gelehrten Bildung. Von seinen zahlreichen Reisen nach Rom und anderswo auf dem Kontinent brachte er reiche Schätze nach England zurück: Handschriften, Gemälde, Reliquien und Ornate, aber auch »menschliche Schätze« in den Personen von Architekten, Glasmachern und Goldschmieden, Bildhauern und Malern. Benedikts berühmtester Schüler wurde Beda Venerabilis (»der Verehrungswürdige«, 673–735), der wohl bedeutendste Gelehrte seiner Zeit, Verfasser der ersten Geschichte Englands und zahlreicher anderer Schriften aus allen damaligen Wissensgebieten.

Die kulturellen Errungenschaften der angelsächsischen Klosterschulen fanden bald den Weg zurück über den Kanal, da die Benediktinermönche der Insel die Tradition, mit der das Christentum zu ihnen gekommen war, fortzuführen suchten. Aus ihren Klöstern kamen dann die großen Organisatoren der fränkischen Landeskirche. Vor allem zwei angelsächsische Mönche wurden zu den Wegbereitern des weltgeschichtlichen Bundes zwischen fränkischem Königtum und römischem Papsttum: Willibrord und Bonifatius.

Während das Kernland des Frankenreichs dank Columbans entschiedenem Auftreten und seiner Einflussnahme auf die merowingischen Großen weitgehend vom Christentum durchdrungen war, sah es in Randgebieten wie Friesland, Hessen oder Thüringen noch ziemlich heidnisch-finster aus. Der raschen Ausdehnung des Merowingerreichs unter den Nachfolgern Chlodwigs hatte das Christentum nicht recht folgen können. Dabei übte der christliche Glaube damals eine gewaltige Faszination auf die Menschen aus. Nur so ist es zu erklären, dass die meisten Germanenstämme, die während der Völkerwanderung in das Römische Reich vorgestoßen waren, den neuen Glauben so rasch und in der Regel aus freien Stücken annahmen. Warum sich andere Stämme hingegen heftig weigerten, den Christengott anzubeten, erklärt sich aus politischen Gründen: Das Christentum war die Religion der fränkischen Eroberer, seine Annahme war gleichbedeutend mit der Anerkennung der Oberhoheit des Frankenkönigs und dem Verlust der Unabhängigkeit. Und so hielten Friesen, Hessen oder Thüringer mit grimmiger Entschlossenheit an ihren alten Riten, Sitten und Gebräuchen fest. Diese Verknüpfung von Gläubigkeit und Politik machte nun den angelsächsischen Missionaren ihre Aufgabe doppelt schwer. Sie wurden misstrauisch als Agenten der fremden

Königsmacht beäugt, auch wenn sie versuchten, sich möglichst an die vorgefundenen Verhältnisse anzupassen.

Auch Willibrord musste sich mit diesem Problem auseinander setzen, als er die Friesen, die entlang der Nordseeküste siedelten, von der Macht des Christengottes zu überzeugen suchte. Willibrord war als Kind dem Benediktinerkloster Ripon zur Ausbildung übergeben worden, einer Gemeinschaft, die sich durch besondere Verbundenheit mit Rom auszeichnete. Als 20-Jähriger siedelte er in ein irisches Kloster über, dessen strengere Disziplin der religiösen Auffassung des jungen Mönchs angemessener schien. Zwölf Jahre verbrachte er dort, aber selbst die strenge Klosterzucht der Iren genügte Willibrord offensichtlich nicht. Wie so viele andere irische Mönche beseelte auch ihn das Ideal der »Heimatlosigkeit um Gottes willen«. 690 überquerte er die Nordsee und landete bei den Friesen an der Rheinmündung.

Willibrord hatte Glück: Das südliche Friesland war soeben von den Franken erobert worden, sodass bessere Umstände für eine Missionstätigkeit gegeben waren als im »freien« Friesland. So konnte er in Utrecht einen Bischofssitz gründen – ein kleiner Trost für die ernüchternde Erfahrung, dass sein Wirken bei den freien Friesen völlig ergebnislos blieb. Und dann war auch im Süden sein ganzes Werk praktisch über Nacht ausgelöscht worden: Nach dem Tod Pippins des Mittleren (714) jagte der Friesenherzog Radbod die verhassten Franken samt ihren Missionaren wieder aus dem Land; die Kirchen wurden zerstört, die alten Riten wieder aufgenommen. Willibrord, der jahrzehntelang keine Mühe gescheut hatte, um den störrischen Friesen das Christentum zu bringen, stand vor den Trümmern seiner Arbeit. Resigniert zog er sich in das 706 von ihm gegründete Kloster Echternach bei Trier zurück; dort ist er 739 auch gestorben. Bis dahin hatte allerdings ein anderer Angelsachse die Nordsee überquert, der mit mehr Fortüne – und mit mehr Geschick – Entscheidendes bewegen konnte...

**Die Saat geht auf**

Nichts deutete freilich auf einen solchen Erfolg hin, als Bonifatius im Jahr 716, von London kommend, bei Durstede an Land ging. In Friesland zeigte man dem angelsächsischen Missionar deutlich die kalte Schulter, und noch im selben Jahr kehrte Bonifatius in seine Heimat jenseits des Kanals zurück. Er hatte seinen Plan freilich nur aufgeschoben, aber nicht aufgehoben, denn wenn ihm auch die fanatische Entschlossenheit eines Columban fehlte, so war er doch von nicht geringerem Missionseifer erfüllt. Drei Jahre später startete Bonifatius einen neuen Versuch, diesmal in Thüringen. Hier, in den ausgedehnten Wäldern Mitteldeutschlands, hatte sich der alte Glaube besonders hartnäckig behaupten können, und erneut kam der eifrige Verkünder des Christentums mit seinen schönen Worten nicht recht weiter. Schon trug er sich mit dem Gedanken, die widerborstigen Germanen einfach ihrem heidnischen Schicksal zu überlassen, als er noch im gleichen Jahr 719 vom Tod des aufsässigen Friesenherzogs Radbod erfuhr. Diese Nachricht muss Bonifatius wie ein Wink des Himmels erschienen sein, eröffnete sie ihm doch just in dem Moment neue Möglichkeiten, als er resigniert aufgeben wollte.

Tatsächlich war dies der Wendepunkt: Nachdem er sich päpstlicher Unterstützung versichert hatte und 722 von Gregor II. zum Bischof geweiht worden war, ging Bonifatius mit neuem Elan ans Missionswerk, zunächst in Friesland, dann wieder im hessisch-thüringischen Raum. Mittlerweile wurde seine Arbeit auch von zahlreichen weiteren Benediktinern aus England unterstützt, und der fränkische Hausmeier Karl Martell, der »starke Mann«

des Merowingerreichs, verschaffte ihm staatliche Rückendeckung, indem er ihm 923 mit einem Schutzbrief ausstattete. Auch er war schließlich an der Christianisierung der Randgebiete des Frankenreiches sehr interessiert, wenn auch aus politischen Gründen. Denn während die Großen der einzelnen Stämme in der Regel rasch geneigt waren, den christlichen Glauben anzunehmen, der ihnen eindeutige macht- und wirtschaftspolitische Vorteile brachte, war das »einfache Volk« sehr viel schwerer von der Segenskraft des Christengottes zu überzeugen. Für Bonifatius bedeute dies, dass er ab und zu ausgefallene Methoden anwenden, ja einmal gar zur Axt greifen musste.

Die Episode um die Donar-Eiche gehört zu den bekanntesten Anekdoten aus Bonifatius' Leben: Die mächtige, alte Eiche stand seit Menschengedenken beim heutigen Geismar in Nordhessen. Der vom Volk als heilig verehrte Baum war dem germanischen Gott Donar geweiht und stellte ein bedeutendes Heiligtum dar. Wer den Baum auch nur anrührte, so hieß es, werde unverzüglich vom Blitzstrahl des rotbärtigen Gottes gerichtet. Bonifatius überlegte: Wollte man seinen Worten schon keinen Glauben schenken, dann eben seinen Taten! Entschlossen griff er zur Axt und fällte eigenhändig die heilige Eiche. Die unbegreifliche Tatsache, dass die erwartete göttliche Rache ausblieb, verblüffte die Menschen dermaßen, dass viele in ihrem alten Glauben unsicher wurden und sich nun doch dem offensichtlich stärkeren Christengott zuwandten.

Dies war nicht nur für Bonifatius selbst ein wichtiger Durchbruch. Schließlich war seine Missionsreise ins Frankenreich kein vereinzeltes geistliches Abenteuer, sie war vielmehr Teil eines weitsichtig geplanten Entwicklungsprogramms, gesteuert von einem Dreierbündnis zwischen den angelsächsischen Missionaren, dem Papsttum, zu dem die Mönche engen Kontakt hielten, und den fränkischen Hausmeiern, die die eigentliche Macht im Reiche ausübten. Aus diesem Bündnis entstand wenige Jahrzehnte später das Karolingerreich.

Eingeleitet wurde diese neue Ära nicht zuletzt durch die Gründung zahlreicher Männer- und Frauenklöster, die in rascher Folge entstanden. Sie dienten nicht nur als Kraftfelder für die weitere Ausbreitung des christlichen Glaubens, sie wurden auch zu Zentren des geistigen Lebens, zu Ausstrahlungspunkten der christlichen Kultur: Ohrdruf in Thüringen, Fritzlar und Fulda in Hessen, südlich davon Amöneburg, Tauberbischofsheim, Kitzingen und Ochsenfurt; schließlich folgten St. Gallen in der Schweiz, Hersfeld im Norden von Fulda, Benediktbeuern und Tegernsee in Oberbayern, Kremsmünster in Österreich, Lorsch in Südhessen, Corvey im Sachsenland…

*Mit dem Fällen der Donareiche bei Wetzlar demonstrierte Bonifatius die Überlegenheit des Christengottes. (Darstellung des 19. Jahrhunderts.)*

Diese Klöster glichen längst nicht mehr den schlichten Anlagen eines Benedikt von Nursia; sie bestanden nun aus einem gewaltigen Komplex von Kirche und Wohnhäusern, Werkstätten, Lagergebäuden, Schreibstuben und anderem mehr. Und wie es bereits in den britischen Benediktinerklöstern der Fall gewesen war, so zog die Gelehrsamkeit nun auch in die fränkischen Abteien ein. Der neue Typus christlicher Kultur, wie er im 7. Jahrhundert in den angelsächsischen Klöstern entwickelt worden war, trat nun seinen Siegeszug auch auf dem Kontinent an.

Dort hatte es zwar mit dem Untergang des Römischen Reichs keinen völligen Zerfall von Kultur und Wissenschaft gegeben, doch unübersehbar hatte sich die Laienwelt dem geistigen Leben weitgehend entfremdet. Abgesehen von Italien – und vielleicht von England – bestand sie ganz überwiegend aus Analphabeten, und auch die einfachsten Formen kultureller Betätigung, das Schreiben und Lesen, waren zum Monopol des Klerus geworden.

Die Mönche mussten also zwangsläufig zum Träger und Schöpfer einer Kultur werden, die dann auch monastisch geprägt war.

Das »Skriptorium« gehörte zum festen Bestandteil der fränkischen Benediktinerklöster. Ob in Fulda oder St. Gallen, in Lorsch oder in Corvey – überall waren Mönche damit beschäftigt, Bücher zu kopieren; und nicht nur die Heilige Schrift oder die Werke der Kirchenväter, sondern auch die Klassiker der Antike wurden wieder und wieder abgeschrieben. Gelehrte Mönche verfassten bisweilen auch eigene Schriften, die ebenfalls in den Schreibstuben vervielfältigt wurden. Wir haben es dieser fleißigen Kopierarbeit der frühmittelalterlichen Mönche zu verdanken, dass uns so viel aus dem Schatz antiker Literatur und Wissenschaft erhalten geblieben ist.

*Die Schreib- und Kopierstuben der Klöster blieben bis zur Erfindung des Buchdrucks die wichtigsten Multiplikatoren des Wissens. (Holzschnitt aus L. Brandis: »Rudimentum Noviciorum«, Lübeck 1475.)*

Die Buchkunst war allerdings nur eine Disziplin von vielen. Man hat errechnet, dass sie etwa nur zwei Prozent des klösterlichen Arbeitspotentials in Anspruch nahm. Neben dem Skriptorium gab es Ateliers für Architekten, Goldschmiede und Elfenbeinschnitzer, für Seidenweber und Teppichwirker, Freskenmaler und Mosaikkünstler. Insbesondere Goldschmiedearbeiten und Elfenbeinschnitzereien waren im Frühmittelalter hoch geschätzt. Ein besonders schönes Beispiel der damaligen Goldschmiedekunst ist der im österreichischen Kremsmünster aufbewahrte – und wohl auch dort entstandene – Kelch des Bayernherzogs Tassilo III.

Im Vordergrund stand bei all diesen Arbeiten freilich nicht die Kunst an sich, vielmehr entsprangen all diese Werke dem Bedürfnis nach religiöser Erbauung. Die ästhetische Gestaltung stand in untrennbarem Zusammenhang mit dem Lobpreis Gottes, und der Betrachter der Kunstwerke sollte mit dem Gefühl von Gottes Größe und Erhabenheit erfüllt werden. Ihm zu Ehren – und nicht zur Freude des Betrachters – wurden die Manuskripte in solch exquisiter künstlerischer Form hergestellt, wurden sie nicht nur sorgfältig geschrieben, sondern auch noch mit Initialen und Miniaturen verziert. In geduldiger Arbeit schweigender Mönche entstanden die Prachthandschriften, oft in Gold und Purpur, die uns heute noch faszinieren. Die abendländische Kultur war zur christlichen Kultur geworden. Und wie es einst der hl. Augustinus gelehrt hatte, bestand fortan das Ziel der Wissenschaft darin, dass der Mensch die Botschaft Gottes besser verstehen lerne…

Doch sind wir damit der Zeit ein wenig vorausgeeilt. Diese Entwicklung hat auf dem Kontinent nördlich der Alpen schließlich erst mit Bonifatius begonnen. Doch sie schritt jetzt rasch voran: Nach dem Tod Karl Martells (741), dessen Unterstützung seiner Arbeit noch eher halbherzig gewesen war, konnte sich Bonifatius nun zunehmend des Beistands der Herrschenden versichern. Die neuen Hausmeier Pippin und Karlmann standen seinem Werk erheblich aufgeschlossener gegenüber, schließlich war Pippin selbst in der Abtei von Saint-Denis erzogen worden. Diese günstigen Voraussetzungen nutzte Bonifatius, um sein weit reichendes Reformprogramm für die fränkische Kirche durchzuführen. 743 wurde zum ersten Mal seit 80 Jahren wieder eine Synode im Frankenreich einberufen, d. h. eine Versammlung der Bischöfe und Äbte zur gemeinsamen Regelung anstehender Fragen.

Für Bonifatius eröffnete sich damit die Aussicht auf die organisatorische Konsolidierung seines Reformwerks. Vieles war geschehen, doch viel blieb noch zu tun; als Instrument dafür nutzte Bonifatius eine ganze Reihe lokaler Reformsynoden. Ein zweites Instrument wurde die Errichtung neuer Bistümer, um die kirchliche Organisation zu festigen. Die neue Bistümer wurden dem nunmehr zum Erzbischof ernannten Bonifatius unterstellt, und da der Metropolit sich auch weiterhin in allen wichtigen Fragen mit dem Papst beriet, stellte er einen engen Kontakt zwischen der fränkischen Kirche und Rom her. Für die Angelsachsen war dies von Anfang etwas Selbstverständliches gewesen; die Franken erlebten die enge Bindung als etwas völlig Neues.

Freilich musste die Tatsache, dass die Einheimischen im Eifer der Kirchenreform weitgehend von den Angelsachsen auf die Seite gedrängt wurden, früher oder später Kritik auslösen. Tatsächlich begannen die fränkischen Geistlichen sich heftig der angelsächsischen Bevormundung zu widersetzen, die sie in Bonifatius und seinen Landsleuten verkörpert sahen. Die Zeit der großen Erfolge war für den »Apostel der Deutschen«, wie Bonifatius gern genannt wird, damit vorbei. Nun war es an den Franken, die Reform aus eigener Kraft weiterzuführen, ohne »geistliche Kolonialherren«. Allmählich hatte sich nämlich auch in ihren Reihen eine Gruppe durchgesetzt, die die Forderung nach religiöser Erneuerung von sich aus aufgriff. Unter der Leitung von Chrodegang, Bischof von Metz, und Fulbert, Abt von Saint-Denis, fanden weitere Reformsynoden statt, sodass die Neugestaltung der Landeskirche in einen unauffälligeren und behutsamen, gleichwohl aber stetigen Prozess überging. Die Zeit der Trunkenbolde und Analphabeten im Priesterrock ging auch im Frankenreich ein für alle Mal ihrem Ende entgegen.

Als nicht minder beständig erwies sich die von Bonifatius angebahnte enge Verbindung mit Rom, auch wenn Pippin zunehmend auf die Vermittlung der Angelsachsen verzichtete und selbst mit dem Papst in Korrespondenz trat. Die fränkische Kirche wurde so zu einer Rom verbundenen Landeskirche, die zwar fest in der Hand des weltlichen Herrschers blieb, gleichwohl aber von der Autorität des Papstes beeinflusst wurde. Einen ersten Höhepunkt erlebte das Dreierbündnis zwischen Reformmönchen, Papst und Herrscher im Jahr 751 mit der Empfehlung des Papstes Zacharias, den machtlosen Merowingerkönig Childerich III. abzusetzen und stattdessen den Hausmeier Pippin zum König zu wählen. Mit dieser Krönung wurde im Frankenreich eine neue, die karolingische Ära eingeläutet, eine Ära, die ohne die angelsächsischen Mönche und Missionare wohl niemals Wirklichkeit geworden wäre. Der bedeutendste unter ihnen, Bonifatius, hat, auch wenn die Geschichte über ihn hinwegzugehen begann, diesen bedeutsamen Schritt noch miterleben dürfen. Drei Jahre später wurde er auf einer Seelsorgereise von Wegelagerern erschlagen – natürlich im noch immer widerborstigen Friesland...

**Glaube und Bildung**

Unter Pippins Sohn, Karl dem Großen (768 bis 814), erfuhr die Bedeutung der Benediktinerklöster als Kraftzentren der christlich-monastischen Kultur noch eine weitere Steigerung. Der Frankenkönig beschloss nämlich eine allgemeine Bildungsreform – nicht nur, weil ihn die Primitivität seiner Zeitgenossen entsetzte, sondern weil er genügend gebildete Männer brauchte, um sein Reich effektiv verwalten zu können, also Männer, die mehr als lesen und schreiben konnten. Nahezu pausenlos führte Karl Kriege, um seinem Reich in sicheren Grenzen eine gewisse Einheitlichkeit der Regierung – und auch des Glaubens – aufzuzwingen. Schließlich beherrschte er ein Gebiet, das von der Oder bis zum Atlantik, von der Nordsee bis zu den Pyrenäen reichte.

An seinen Aachener Hof rief Karl die gebildetsten Männer seiner Zeit aus allen Teilen Westeuropas zusammen, Männer wie Petrus von Pisa, den Langobarden Paulus Diaconus und insbesondere den Angelsachsen Alkuin, der gewissermaßen als »Kultusminister« fungierte und unter dessen Federführung ein systematisches Programm für die geistige Erziehung von Karls Untertanen entwickelt wurde. Da Lesen und Schreiben aber nahezu das Monopol des Klerus waren, war die Kirche auch die einzige Institution, die Karls Wünsche in die Tat umsetzen konnte; die wichtigsten Träger der Bildungsreform mussten so die Benediktinerklöster werden.

In einem Brief forderte Karl die Bischöfe und Äbte seines Reiches auf: »Wir ermahnen euch daher, das Studium der Wissenschaft nicht zu vernachlässigen!« Und auf der Aachener Synode von 789 wurde beschlossen, in jedem Kloster eine Knabenschule einzurichten. Der Elementarunterricht umfasste Lesen und Schreiben, Singen und die einfachen Formen des Rechnens. Wer diese Lektionen erfolgreich absolviert hatte, durfte mit dem Lateinstudium beginnen, um die Bibel und die Heiligen Schriften lesen und deuten zu können.

Auch wenn die unteren Schichten naturgemäß wenig Neigung zeigten, dieses Bildungsgebot anzunehmen, so war die Zahl der karolingischen Klosterschüler doch beachtlich. Viele gut ausgebildete Geistliche sind aus diesen Schulen hervorgegangen; sie waren sowohl im Stande, den Gottesdienst liturgisch korrekt zu feiern, wie auch Verwaltungsurkunden zu schreiben und zu redigieren. Damit wurden die Benediktinerklöster freilich nicht nur zu Inseln des religiösen und geistigen Lebens, sie wurden auch Hochburgen fränkischer Macht! In der Rolle der Klöster als staatlicher Kulturträger lag ohnehin eine Gefahr der Verweltlichung, die das Wesentliche und Ursprüngliche des Klosterlebens bedrohte: die Entsagung, die Demut, die Abgeschiedenheit. Benedikt hätte seine Klöster nicht mehr wieder erkannt!

Sein Namensvetter Benedikt von Aniane (750 bis 821) bemühte sich daher schon seit den 770er Jahren um die Hebung der Klosterzucht im Frankenreich. Auf der Aachener Reformsynode unter Karls Sohn und Nachfolger, Ludwig dem Frommen (814–840), erreichte Benedikt schließlich zweierlei:

zum einen die Einführung einer verbesserten und ergänzten Benediktinerregel (siehe dazu auch das folgende Kapitel), zum anderen eine klare Neuregelung der inzwischen eingetretenen Vermischung von »Mönchen« und »Klerikern«.

Bereits auf den Reformsysnoden des Bonifatius war den Weltgeistlichen das Zusammenleben mit Frauen untersagt worden. Die Kleriker wurden somit in eine quasi monastische Lebensform gedrängt und waren immer weniger von den Mönchen zu unterscheiden, zumal sich Letztere auch um die Seelsorge kümmerten. In den Klöstern empfing eine stetig wachsende Anzahl von Mönchen die Weihe, die ursprünglich als Berufung ins Priesteramt galt, das wiederum auf die Seelsorge und den Dienst in der Gemeinde ausgerichtet war. Doch nun ließen sich immer mehr Mönche weihen, ohne einer Gemeinde verpflichtet zu sein. Die Weihe war also nicht mehr nur »Arbeitserlaubnis«, sie versetzte den Geweihten gewissermaßen in eine göttliche Sphäre und hob ihn so über seine Mitmenschen hinaus. Wie sehr sich in karolingischer Zeit die ursprüngliche Laiengemeinschaft des Klosters in eine Klerikergemeinschaft verwandelte, veranschaulichen die Aufzeichnungen des Pariser Klosters St-Germain-des-Prés: Dort gab es kaum noch Mönche, die bis zu ihrem Tod die Weihen nicht empfangen hatten.

Die Forderung, für den Klerus einen eigenen »ordo canonicus« einzurichten, war erstmals von Chrodegang von Metz erhoben worden, der für den Klerus seiner Bischofsstadt eine Vorbild gebende Kanonikerregel schuf: Mit der Verpflichtung zum gemeinsamen Dormitorium und Refektorium lebten auch seine Weltgeistlichen wie die Mönche. Nur ihr persönliches Eigentum behielten sie zur lebenslangen Nutznießung, wenngleich ihnen natürlich nahe gelegt wurde, darauf zu Gunsten der Kirche zu verzichten.

*Karl der Große wurde ein wichtiger Förderer der klösterlichen Bildungsarbeit, wie sie auch seine Palastschule prägte. (Nach einer Zeichnung von A. de Neuville.)*

Chrodegangs Regel gewann Modellcharakter, als Ludwig der Fromme (814–840) den Gedanken aufgriff und den »ordo canonicus« für alle Kleriker verbindlich machte. Nun wurde klar zwischen »Mönchen« und »Kanonikern« unterschieden: Wer Mönch sein wollte, der sollte sich ganz der Benediktinerregel verpflichten, das Gelübde ablegen, sich aus Welt und Seelsorge zurückziehen, sich zum lebenslangen Verbleib im Kloster bekennen und allem Eigentum entsagen. Auch die Kanoniker sollten sich, wenn auch mit Abstrichen, einer einheitlichen Norm in Liturgie und Lebensführung unterstellen. Bei der Frage des persönlichen Eigentums richtete man sich nach dem Vorbild Chrodegangs. Eine lebenslange Bindung wurde aber nicht gefordert, und wer lediglich die niederen Weihen empfangen hatte, der durfte sogar heiraten. Die Durchsetzung dieser Bestimmungen erwies sich allerdings als recht kompliziert, und wie weit sie im 9. Jahrhundert tatsächlich befolgt wurden, lässt sich nicht mehr feststellen.

Trotz dieser »Spaltung« befand sich das abendländische Klosterwesen mit den Aachener Reformgesetzen auf einem Höhepunkt seiner Entwicklung. Die ursprünglich am Rand der Kirche lebende und zu ihr in kritischer Distanz stehende Asketengemeinschaft, die sich gleichwohl immer selbst als Kern der Christenheit betrachtet hatte, nahm nun eine zentrale Stellung in der Kirche ein: Der Klerus war mönchisch geworden, und die Mönche wurden klerikal, weil fast alle die Weihe empfingen. Die betenden und (körperlich) arbeitenden Klosterbrüder Benedikts gehörten nun der Vergangenheit an: Wer jetzt noch ohne Weihe ins Kloster eintrat, der war gewissermaßen ein Kuttenträger »zweiter Klasse«. In diese Zeit fällt nämlich auch das Aufkommen der Laienbrüder (bzw. -schwestern in den Nonnenklöstern), die zwar ebenfalls streng asketisch lebten, aber nie unter die Mönche aufrücken durften. Ihnen waren sowohl der Chordienst wie das aktive und passive Abtswahlrecht verwehrt. Die Aufgabe der Laienbrüder bestand darin, alle zur Erhaltung des Klosters notwendigen Arbeiten auf dem Acker, in der Küche und in den Werkstätten zu verrichten und daneben die Verbindung des Klosters zur Außenwelt herzustellen.

Im Gegensatz zum Laienbruder musste jeder Mönch über ein gewisses Maß an gelehrter Bildung verfügen. Für die Liturgie war zumindest eine Grundkenntnis des Lateinischen erforderlich, das nunmehr jeder Mönch lernen musste, wobei Erwachsenen das Lernen naturgemäß viel schwerer fiel als Kindern und Jugendlichen. Das Kloster war also an möglichst jungem Nachwuchs interessiert, denn es gab viele lateinische Schreibarbeiten zu erledigen, nicht nur im Skriptorium, sondern auch für die Reichsverwaltung.

Es gab aber auch noch einen weiteren Grund: Das Ideal des Mönchspriesters, wie es sich in karolingischer Zeit durchsetzt, erforderte ebenfalls möglichst junge Aspiranten, denn die nun geforderte Keuschheit schien nirgends besser gewährleistet als im Kloster. Wer abgeschieden von der Welt aufwachse, so wurde immer wieder betont, der lerne den Unterschied zwischen Mann und Frau gar nicht erst kennen. So waren Männer- wie Frauenklöster mehr und mehr daran interessiert, möglichst Kinder als Nachwuchs zu gewinnen, was in früheren Zeiten eher die Ausnahme gewesen war. Während im »alten« Mönchtum die im Kloster aufwachsenden Kinder eher »mitliefen« und ihre Erziehung durch ihr Mitleben in der Gemeinschaft erhielten, entwickelte nun das karolingische Kloster seine eigene Pädagogik, die darauf abzielte, den Klosterkindern eine neue, nicht mehr »weltliche« Natur zu verleihen: Ein monastischer Lehrer, der als Vater und Mutter zugleich zu fungieren hatte, betreute jeweils zehn bis zwölf junge Zöglinge.

Mit »wohlwollender Strenge« hatte er die Kinder anzuleiten und sie nahezu lückenlos zu beaufsichtigen. Als erstes musste dem Nachwuchs das benediktinische »ne quis nimis« (»nichts allzu sehr«) zu Eigen werden. Die Klosterkinder durften weder zu laut lachen noch zu schnell laufen, erst recht nicht übermäßig essen und trinken und vor allem keine unbeherrschten Emotionen zeigen, seien es nun Wut, Trauer oder Freude. Alles hatte beherrscht und in geordneter Formation zu geschehen, wo immer sie aßen, standen, gingen, sangen oder beteten. Leichte Arbeiten, etwa in der Schreibstube, oder die Mitwirkung am Gottesdienst waren gleichfalls Bestandteil dieser karolingischen Klosterpädagogik.

Die Anforderungen an den Unterricht stiegen bald an, und das galt gleichermaßen für die Männer- wie für die Frauenklöster. Die Ausbildung wurde umfassender, und das galt ebenso für die Klosterschüler wie für die »externen« Söhne und Töchter der Großen. Bis zum Aufkommen der Universitäten im 12. und 13. Jahrhundert waren die Klosterschulen die hohen Schulen des Abendlands, und zwar für alle Wissensgebiete. Die berühmtesten fanden sich in St. Gallen, Tours, St-Riquier, Reichenau, Lorsch und in Fulda, wo der angesehenste Lehrer des frühen Mittelalters wirkte, Hrabanus Maurus, ein Schüler Alkuins: Um 780 in Mainz geboren, war er selbst in der Fuldaer Klosterschule erzogen worden, die damals aber bestenfalls »Mittelklasse« war. In Fulda war er auch als Mönch in den Benediktinerorden eingetreten. Sein Abt erkannte die große Begabung des jungen Mönchs und schickte ihn nach Tours, wo inzwischen Alkuin Abt geworden war, nachdem er um Abberufung von seinem aufreibenden »Ministerposten« gebeten hatte. Einen besseren Lehrer hätte Hrabanus nicht finden können, und zurück in Fulda machte er seine Klosterschule rasch zur berühmtesten des Frankenreichs. Er errichtete die umfangreichste Bibliothek des 9. Jahrhunderts und verfasste selbst zahlreiche Schriften, darunter eine Realenzyklopädie, also ein Nachschlagewerk für alle Wissensgebiete. In sämtlichen Fragen der Heiligen Schrift, des Rechts und der religiösen Literatur galt Hrabanus als die überragende Autorität im Frankenreich; nicht zu Unrecht wurde er »praeceptor Germaniae«, »Lehrer Deutschlands«, genannt. Er und andere Schüler Alkuins wie Einhard, Angilbert von St-Riquier oder Adalhard von Corbie reichten ihr Wissen wiederum an ihre Schüler weiter, und so blieben die großen Klöster auch nach dem Zerfall des Frankenreichs blühende Inseln geistigen Lebens.

Durch ihr Bündnis mit der klösterlichen Mönchskultur gelang es Karl dem Großen und Ludwig dem Frommen, die großen kirchlichen Reformpläne in die Tat umzusetzen, die so viel dazu beitrugen, die geistige Einheit der abendländischen Christenheit zu schaffen. Allen inneren und äußeren Zerfallserscheinungen zum Trotz blieb dieses Werk der kulturellen und geistigen Einigung die Grundlage der späteren Entwicklung des Mittelalters. Der »Vater der Mönche« hatte nicht voraussehen können, dass er einst zum »Vater der Väter des Abendlands« werden würde…

# Reichenau

## Gelehrte Mönche und Prinzenerzieher

Als der Wanderbischof St. Pirmin mit 40 seiner Getreuen die Insel Reichenau im Bodensee in Besitz nahm, war sie ein wüstes, unbewohntes Eiland, obschon erste Glaubensboten wie die irischen Mönche Columban und Gallus (†650) bereits im 7. Jahrhundert die Reichenau kurzzeitig zu ihrem Standquartier erkoren hatten. Die fränkischen Hausmeier Pippin II. und Karl Martell machten aus der Insel einen fränkischen Stützpunkt. Bischof Pirmin und die Seinen standen unter königlichem Schutz, als sie an der Stelle des heutigen Mittelzell ihr Kloster bauten. Sie rodeten das Land, machten den Boden urbar und bewiesen, dass sie nicht nur mit dem Evangelium unter dem Arm segensreiche Arbeit in der neu gewonnenen Heimat leisten konnten. Pirmins Gemeinschaft sah zunächst als vornehmliche Aufgabe die Christianisierung des hier ansässigen Volksstammes der Alemannen und die langsame Verschmelzung der fränkischen Oberschicht mit der Urbevölkerung an.

Geistige und geistliche Zentren wie die Reichenau gab es im damals frühmittelalterlichen Germanien nur wenige. Außer dem Kloster Fulda und St. Gallen gewann keine klösterliche Nierderlassung den Rang der Reichenau. Walahfried Strabo (809–849), einer der größten Gelehrten dort, schrieb an Papst Gregor IV.: »Dieser Ort unseres Wirkens nimmt den ersten Rang in diesem Teil der Erde ein. Eine nicht geringe Zahl von Ordensleuten ist darin vereinigt. Die Fülle ihrer geistigen Weisheit nährt die Lande ringsum mit reichlicher Lehre.« Damals hatte das Kloster bereits die höchste Blüte seines Bestehens erreicht, 700 Mönche lebten auf der Insel, daneben 500 Zöglinge der klostereigenen Schule.

Karl d. Gr. hatte das Kloster mit besonderen Privilegien ausgestattet. Auch ein Besuch auf der Reichenau, den der Kaiser mit seiner Gattin Hildegard unternahm, ist nachgewiesen. Karls Sohn Pippin wurde sogar von Abt Waldo (786–806) erzogen. Den Beziehungen zum fränkischen Hof verdankte Waldo sicherlich auch den Bischofssitz von Pavia. Hochgeehrt starb er als Abt des Klosters Saint-Denis, wo später eine Reihe französischer Könige gekrönt wurden. Der auch im Kapitel über St. Gallen erwähnte Abt Haito I. (806–823), von Herkunft her ein Alemanne, galt gleichfalls als Freund des Frankenkaisers. Ihm wurde die Gesandtschaft an den Hof von Byzanz übertragen, wo er die Anerkennung des nachrömischen, fränkischen Reiches Karls d. Gr. erreichte. Karl machte Haito schließlich auch zum Bischof von Basel.

*Insel Reichenau, Münster Mittelzell; Pietà von 1350.*

Als Politiker von besonderen Graden erwies sich Abt Walahfried Strabo, der Erzieher des späteren Westfranken-Königs Karls des Kahlen, eines Enkels Karls d. Gr. Walahfried gelang u. a. die Aussöhnung zwischen seinem ehemaligen Zögling Karl und dem König des ostfränkischen Reiches, Ludwig. Als Walahfried nach Abschluss der Versöhnungsfeierlichkeiten auf dem Heimritt in sein Reichenauer Kloster war, ertrank er in der Loire. Mit Haito III. (888–913) gelangte der politisch einflussreichste Abt an die Spitze des Klosters. Haito war gleichzeitig Erzbischof von Mainz und als solcher Erzkanzler des Reiches. 895 begleitete er Arnulf von Kärnten zur Kaiserkrönung nach Rom. Außerdem wurde er Vormund des letzten Karolinger-Sprosses, Ludwigs des Kindes.

Hervorragende Kalligraphen schufen zu dieser Zeit einmalige Kunstwerke in der Buchmalerei. Auch in den übrigen Kunstarten zeigten sich die Reichenauer Mönche als Meister. Gleiches gilt für die Kirchenmusik. Das noch heute gesungene »Salve Regina« entstand auf der Reichenau. Walahfrieds Todesvisionen seines Lehrers Wetti (»Visio Wettini«) gestaltete er zu einer der größten Dichtungen des Bodenseeraums. Bekannt aus der Feder Walahfrieds wurden außerdem die Gallus- und Othmars-Legende sowie sein Lehrbuch über Gartenkultur, »Hortulus«. Von der

Reichenau her bezog auch der deutsche Minnesang wichtige Impulse. Doch mit Fälschungen kannten sich die Reichenauer Mönche ebenso gut aus. Zeitgenössische Chronisten behaupten gar, dass die Reichenau im 11. und 12. Jahrhundert eine richtige Fälscherschule unterhalten habe. So wurde eine Reihe von Urkunden als Fälschungen entdeckt, darunter diejenigen aus angeblich karolingischer Zeit, die die Unabhängigkeit des Klosters von der staatlichen Gewalt beweisen sollten. Auf diese Weise hatten die Mönche illegal u. a. das Privileg erworben, kostenlose Holzlieferungen aus dem Umland zu erhalten. Das Holz diente als Brennmaterial für das Heizen der Badeöfen.

*Die Kulturlandschaft der fruchtbaren Insel Reichenau ist seit dem frühen Mittelalter von den Klöstern geprägt. In der Bildmitte Kloster Mittelzell.*

Abt Heinrich der Lahme (1013–1054) war der letzte bedeutende Klostervorstand jener Blütezeit, die unter den Karolingern begonnen hatte. Obwohl an jeder Bewegung gehindert – er saß mit versteiften Gliedern in einem Tragsessel und brachte bei gelähmter Zunge nur gebrochene Worte hervor – galt er als vielseitiger Wissenschaftler, u. a. als Historiker, Astronom, Mathematiker und Komponist. Außerden schrieb er mit jungen Mitbrüdern eine Weltchronik, die er 1048 abschließen konnte. Zu dieser Zeit zählte das Kloster Reichenau 125 Orte zu seinem Herrschaftsbereich; sein Besitz erstreckte sich von Nordbaden bis zum Comer See und vom Elsass bis zur mittleren Donau.

Mit dem 12. Jahrhundert begann der Niedergang des Klosters. Die einstige Schule, ausschließlich vom jungen Adel besucht und als »Schule des Reiches« bisher in hohem Ansehen, fand keinen Nachwuchs mehr. Im Jahre 935 drückten 96 junge Klosterbrüder die Schulbänke, 1414 waren es nur noch zwei. Als während des Konstanzer Konzils (1414–1418) einige »Väter« die Reichenauer Abtei besuchten, fanden sie nur noch leere, verwahrloste Räume vor. Schon Abt Ekkehard von Brandenburg hatte 1367 begonnen, Teile des Klosterbesitzes zu verpfänden. Lehnsleute, die ursprünglich vom Reichenauer Kloster abhängig waren, nutzten nunmehr als freie Bauern die Gelegenheit und handelten den noch verbliebenen Mönchen Stück für Stück ihres Landbesitzes ab; das Kloster verarmte. Abt Werner von Roseneck (1385–1402) brachte nicht einmal mehr die Kosten für ein eigenes Mittagessen auf. Er ließ sich vom Leutpriester nach Niederzell einladen und verköstigen. Auch mit der Bildung der Klosterinsassen war es nicht mehr weit her. Rosenecks Nachfolger, der Abt Friedrich Graf von Zollern, konnte weder lesen noch schreiben. 1470 legte Abt Marcus von Knöringen sein Amt nieder; aus der großen Abtei wurde ein Priorat. Mit dem Verfall des Klosters endete auch die Rivalität zum Bistum Konstanz, das lange im Schatten der Reichenau gestanden hatte. Die Ländereien der Abtei fielen an das Konstanzer Bistum. Die endgültige Auflösung der Abtei verfügte Papst Benedikt XIV. im Jahre 1757. Was der Zahn der Zeit von den entvölkerten Klostergebäuden übrig gelassen hatte, zerstörten schließlich die Revolutionstruppen am Ende des Jahrhunderts. 1810 bot die einstmals so ansehnliche Abtei ein Bild des Jammers. Die meisten Gebäude und Kapellen waren abgebrochen

*Als 1447 der eindrucksvolle Ostchor von Mittelzell geweiht wurde, war die monastische Glanzzeit der Reichenau schon vorüber.*

oder geplündert, die Kunstwerke gestohlen oder vernichtet. Von der Klosterbibliothek, die unwiederbringliche Codices und Inkunabeln besaß, existierten noch 4.000 Bände, die jedoch mittlerweile in alle Welt verstreut sind.

Erhalten blieben lediglich die romanischen Kirchen, von denen Mittelzell die bedeutendste gewesen war. Erste Anfänge des der Gottesmutter und dem heiligen Petrus geweihten Gotteshauses stammen aus dem 9. Jahrhundert. Trotz vielfacher Veränderung lässt die Basilika mit ihren zwei Querschiffen, von denen das westliche – wie in vielen romanischen Kirchen – auch den Raum des Kaisers enthielt, heute noch die Bedeutung des einstigen geistlichen Zentrums ahnen, vor allem auch durch den niedrigeren Westturm und den hohen gotischen Chor. Viel schlichter, aber umso eindrucksvoller ist die dem heiligen Georg geweihte Kirche von Oberzell. Die romanische Säulenbasilika, deren Bau zwischen 888 und 913 datiert wird, erhielt die Westapsis um 1000 und die Chorhalle im 11. Jahrhundert. Die gotische Vierung entstand im 15. Jahrhundert. Von hohem kunsthistorischem Rang sind die ottonischen Wandmalereien im Mittelschiff (10. Jahrhundert): neun großformatige Bilder, die die Wundertaten Christi darstellen. Für vier Millionen Mark konnte 1988 eine sorgfältige Restaurierung der Fresken abgeschlossen werden. Anders als die späten Nachfahren und ihre Zeitgenossen verfuhren die Reichenauer Mönche mit ihrem Abt Witijewo (985 bis 997). Sie setzten ihn ab, weil sie Bildschmuck in Oberzell für »reine Verschwendung« hielten. Heutiges Publikumsinteresse findet aber auch ein weiteres Fresko (14. Jahrhundert) auf der linken (Frauen-)Seite am Choraufgang: Vier Teufelchen halten das gespannte Fell einer Kuh, hinter dem schwatzhafte Frauen zu sehen sind. Ein fünftes Teufelchen versucht, das Frauengeschwätz auf dem Fell schriftlich festzuhalten – doch vergeblich, denn dieses »geht auf keine Kuhhaut«…

Niederzell ist die jüngste der drei Reichenauer Kirchen. Sie war das Zentrum der ehemaligen Abtei. Kaiser Otto III. ließ hier neben der Kirche 995 eine prächtige Pfalz errichten – mehrere zweigeschossige Gebäude mit verschiedenen

*Die damalige Ansicht der Klosteranlagen von Mittelzell hat dieses Votivbild von 1738 festgehalten.*

*An die Bedeutung der Reichnau als ein Zentrum von Bildung und Kunst erinnern noch viele kostbare Handschriften wie dieses Evangeliar aus dem 10. Jahrhundert.*

*Insel Reichenau: Mittelschiff von St. Georg in Oberzell, 888–913, mit Fresken »Wundertaten Christi« aus der 2. Hälfte des 10. Jahrhunderts.*

Wirtschaftstrakten. Nur ein Brunnen blieb davon übrig. In einer zeitgenössischen Chronik wird berichtet, dass der König an einen Lehnsmann das sogenannte »Froschlehen« übertrug, »so oft die Mönche es verlangten«. Danach hatte der Lehnsmann »in der Nachtzeit in einem klosternahen Teich zu stehen und die quakenden Bewohner desselben mit einer langen Stange auf die Köpfe« zu schlagen. »Dies wurde«, so heißt es weiter in der Chronik, »namentlich angeordnet, damit die Könige ruhig schlafen konnten.«

Nachdem die Klostergebäude 1822 abgerissen waren, wurde 1825 auch die Pfalz geschleift. An die ehemalige Königsburg erinnert heute nur noch das Lokal »Kaiserpfalz«. Von den Klostergebäuden geht die einschiffige Basilika auf die Mitte des 8. Jahrhunderts zurück. Im 15. Jahrhundert erhielt sie einen gotischen Chor, auch in der Folgezeit gab es einige bauliche Veränderungen – so die Stuckierung der einstigen Flachdecke und die Vergrößerung der Fenster zur Barockzeit. Doch der romanische Grundcharakter der Anlage blieb erhalten, die zwei Querhäuser, das westliche mit der Kaiserloge in der so genannten »Markusapsis«. Auch hier ist das klassische mittelalterliche Spannungsverhältnis unverkennbar: Rote und graue Sandsteinbögen trennen den weltlichen Herrscher vom Allerheiligsten im Chorbereich. Zwischen 1964 und 1970 wurde auch Niederzell restauriert. Der Kostenaufwand betrug drei Millionen Mark.

### Die Insel im Bodensee

*Erst 1848 wurde die Reichenau mit dem Festland verbunden. Pappeln säumen die Zufahrt auf die fruchtbare Insel. Auf der Reichenau (einst »richen Ow«) leben rund 3.000 Menschen. Dank günstigen Klimas, eines sehr fruchtbaren Bodens und infolge entsprechender Bodenbearbeitung wird auf der Reichenau viermal im Jahr Gemüse und Obst geerntet, insgesamt 15 Millionen Kilogramm. Den Weinbau betrieben bereits die Mönche des Klosters. Die Insel Reichenau hat drei Feiertage mehr als das sie umgebende Bundesland Baden-Württemberg: das Markus-Fest (25. April), das Heilig-Blut-Fest nach Pfingsten und Mariä Himmelfahrt am 15. August.*

*Saint-Benoît-sur-Loire; Inneres des Langhauses nach Osten.*

# Fleury/Saint-Benoît-sur-Loire

## Die letzte Ruhestätte des heiligen Benedikt

Die Mönche, die sich um die Mitte des 7. Jahrhunderts im Tal der Loire niederließen, fanden dort einen Platz vor, der zu Zeiten der Gallier eine Kultstätte der Druiden gewesen war. Hier, in der Nähe des heutigen Châteauneuf-sur-Loire, ahnte niemand, dass sich das bescheidene Benediktinerkloster zu einem geistlichen Zentrum allerersten Ranges entwickeln würde. Denn als sich im damaligen Westreich der Karolinger die Kunde verbreitete, dass in Fleury bedeutende Reliquien des Ordensgründers Benedikt von Nursia und seiner Schwester Scholastika aufbewahrt würden, setzte ein Pilgerstrom ein, der das ganze Mittelalter über anhielt. Skeptische Zeitgenossen, die nicht glauben konnten, dass gerade Fleury Aufbewahrungsort so heiliger Reliquien sein sollte, wurden darauf verwiesen, dass das Mutterkloster des Benediktinerordens, Montecassino, mehrfach von Sarazenen verwüstet worden sei; die Reliquien der Heiligen seien daraufhin nach Fleury gebracht worden.

Bekannt in der ganzen abendländischen Welt wurde Fleury, das sich nun Saint-Benoît-sur-Loire nannte, schon zu Zeiten Karls d. Gr. durch seine Klosterschule. Abt Theodulf hatte sie gegründet; ihr wissenschaftlicher Ruf war zu jener Zeit gewaltig. Neben der Theologie wurden die »freien Künste« wie Grammatik, Rhetorik, Logik, Arithmetik, Geometrie, Musik und Astronomie gelehrt. Außerdem lernten die Klosterschüler dort die Grundregeln des Ackerbaus, verschiedene Handwerke, aber auch Medizin und Bildende Künste. Das Skriptorium barg eine Sammlung wertvoller Handschriften.

Die Mönche von Saint-Benoît erkannten sehr bald die Bedeutung der cluniazensischen Ordensreform. Den neuen Geist nahm die Abtei begeistert auf. Doch bei den Normannenstürmen blieb auch das Kloster im Tal der Loire nicht verschont. Mehrmals im 9. und 10. Jahrhundert wurden Teile der Abtei zerstört. Tatkräftige Äbte wie Albon und Gauzelin aber behoben nicht nur die Schäden, durch bauliche Erweiterungen und Verschönerungen trugen sie auch zum wachsenden Ansehen des Klosters bei. Die Chronik der Abtei verzeichnet für diese Jahre »glückliche Zeiten«. Bemerkenswert waren die guten Beziehungen zum französischen Hof. König Philipp I. (1060–1108) bestimmte Saint-Benoît-sur-Loire zu seiner Grabstätte – er ist der einzige König Frankreichs, der nicht in Saint-Denis bestattet ist.

Die engen Beziehungen zum Pariser Hof schufen aber auch Abhängigkeiten, die die Krone für sich nutzte. So nahm sich der König das Recht, auch Äbte seiner Wahl, so genannte Kommendataräbte, einzusetzen, die er mit Teilen des Klostergutes als Pfründe ausstattete. Unter Franz I. (1515–1547) kam es darüber zum Streit, als dieser Kardinal Duprat den Mönchen von Saint-Benoît als Abt aufzwang. Der Konvent verweigerte dem Kardinal die Anerkennung. Der König rächte sich, indem er im Glockenturm das zweite Obergeschoss zerstören ließ. Seit dem 17. Jahrhundert krönt ein Zeltdach mit Glockenstuhl und Laterne den Turm der Abteikirche.

Schwere Schäden trug die Abtei während der Reformation davon. Der Prinz von Condé, einer der bedeutendsten Hugenottenführer, ließ 1562 das Kloster plündern, den Kirchenschatz einschmelzen, den Figurenschmuck an der Kirche zerstören und die Bibliothek verkaufen. Dennoch kam es unter Kardinal Richelieu im 17. Jahrhundert nochmals zu einer Blüteperiode, bis Marodeure der Französischen Revolution die Mönche davonjagten, die Klostergebäude bis auf die Kirche zerstörten und die Ländereien der Abtei unter den Hammer kamen.

Erst 1944 kehrten die Benediktiner wieder ins Tal der Loire zurück. Ein neues Kloster entstand, das 1959 wieder zur Abtei erhoben wurde. Den schönsten Blick auf die mächtige Klosteranlage, insbesondere auf die imposante romanische Basilika, hat der Besucher von der Loire aus.

In drei Bauperioden wurde sie errichtet, 1216 erhielt sie die kirchliche Weihe. Der gewaltige Vorhallenturm war schon in der ersten Bauphase unter Abt Gauzelin (1004–1030) entstanden. In der zweiten Bauperiode kamen Chor, Querschiff, der Vierungsturm und die Krypta (1067–1108) hinzu. Das Langhaus folgte in der dritten Phase nach 1150 und war noch nicht vollendet, als das Gotteshaus eingeweiht wurde. Die letzten Steinmetze und übrigen Handwerker verließen erst 1218 das Kloster, zwei Jahre nach der offiziellen Einweihung. Mit zum ältesten Teil der Abteikirche zählen die Portaltüren, von denen Abt Gauzelin behauptete, sie seien »für ganz Gallien ein Beispiel«. Den Abschluss der Bauarbeiten bildete der dreigeschossige Turm.

Im Inneren der dreischiffigen Basilika ziehen vor allem die 128 Kapitelle den Blick der Besucher auf sich – Kunstwerke von seltener Schönheit: Stilisierte Pflanzen, phantastische Tiere, Szenen aus der Apokalypse, aus dem Leben Jesu, des Jüngsten Gerichts und des (in der Nachbarstadt Tours verehrten) heiligen Martin schmücken die Pfeilerkronen. Wir kennen sogar den Bildhauer dieser steinernen Kostbarkeiten. »Unbertus me fecit – Unbertus hat mich geschaffen«, lautet eine eingemeißelte Inschrift. Die Kunstwissenschaft erkennt in diesen Kapitellen wesentliche Wegbereiter der weltberühmten burgundischen Skulpturen. Im mächtigen Querschiff vor dem Chor ist noch ein Fragment der Chorschranke vorhanden, die Kardinal Richelieu 1635 der Klosterkirche stiftete. Besonderer Bewunderung und Verehrung erfreut sich an der Nordkapelle des Querschiffs eine Marienstatue aus Alabaster (14. Jahrhundert); die Pilger gaben ihr den Namen »Unsere liebe Frau von Fleury«.

Die Wallfahrer, die in Prozessionen die Abteikirche besuchten, konnten auf einem Umgang rund um den Altar im Chor schreiten, der zu den schönsten in ganz Frankreich zählt. Im Deckenmosaik ist nicht, wie üblich, der thronende Christus, sondern der hier bestattete König Philipp I. dargestellt. In der Krypta ruhen die Gebeine des heiligen Benedikt. Im Türsturz des Nordportals wurde die Reliquienverehrung in Halbreliefs festgehalten.

Zu den Kostbarkeiten der Abtei zählt aber auch der kleine Mumma-Schrein, der 1642 unter dem Hauptaltar gefunden wurde. Der Name des hölzernen Kastens, der mit vergoldeten, getriebenen Kupferplatten geschmückt ist, ist nach seinem Stifter benannt, wie aus einer Inschrift hervorgeht. Hergestellt wurde das Kunstwerk, das zu den seltenen Exemplaren merowingischer Goldschmiedearbeiten zählt, in der zweiten Hälfte des 7. Jahrhunderts. Zwölf stilisierte Figuren auf den Dachflächen des Schreins stellen vermutlich die zwölf Apostel dar.

Beim Verlassen des Gotteshauses geht noch einmal der Blick zurück – in eine majestätische Basilika, die in ihrer hellen, strengen Klarheit eines der großen geistlichen Denkmäler ihrer Zeit ist…

**Saint-Benoît-sur-Loire**

*Über die Nationalstraße 952 erreichen die Besucher aus Richtung Orléans (30 km) die mächtige Klosteranlage (Abzweigung Châteauneuf-sur-Loire). An gleicher Stelle verlassen Besucher, die von Westen kommen, die Nationalstraße 60. Nur wenige Kilometer abseits (ausgeschildert) erhebt sich auf dem rechten Ufer der Loire die Abtei. Die Abteikirche ist täglich von 9 bis 12 Uhr und von 14 bis 18 Uhr geöffnet. (Führungen finden im Juli und August täglich, sonst nur sonn- und feiertags statt.) Ein Besuch der Konventsgebäude ist nicht möglich.*

*Saint-Benoît-sur-Loire;*
*Chorumgang und Chor mit Blick in das Langhaus.*

*Der heilige Bernhard von Clairvaux konnte zahllose neue Novizen in »seinen« Zisterzienserorden aufnehmen, wie es diese französische Handschrift aus dem 15. Jahrhundert darstellt.*

# III.

# Krise und Reform

## Der Aufbruch des Mönchtums im Hochmittelalter

**Das Abendland in Flammen**

Hätte es am Ende des 9. Jahrhunderts schon einen »Spionagesatelliten« gegeben, so wären die Bilder, die er beim Überfliegen Europas zur Erde gefunkt hätte, höchst alarmierend gewesen. Nahezu überall kündeten Rauchschwaden und Feuersbrünste von Zerstörung und Verwüstung: Entlang der Küsten der Nordsee und des Nordatlantiks und weit die Flüsse hinauf hinterließen die Normannen ihre Spuren von Plünderung, Brandschatzung, Mord und Totschlag. Vom Süden, vom Mittelmeer her, drangen gleichzeitig die muselmanischen Sarazenen auf ihren Raubzügen weit ins Binnenland vor, während von Südosten her die Ungarn mit ihren schnellen Reitertrupps immer neue Schneisen des Elends schlugen.

Wenige Jahrzehnte nach seiner »Erfindung« im vermeintlich so mächtigen und wohl organisierten Reich Karls des Großen schien das »christliche Abendland« schon gescheitert zu sein, da die Nachfolger des großen Karl außerstande waren, auch nur die elementarste Aufgabe staatlicher Macht, den Schutz von Leben und Gut der Untertanen, zu erfüllen. Mit diesem Niedergang der äußeren Macht ging unvermeidlich der Zerfall der inneren einher. Die Bewahrung von Recht und Ordnung, die Hilfe in der vielfältigen Not blieb dem guten – oder bösen – Willen lokaler Machthaber überlassen.

Zu den wenigen Inseln der Stabilität in diesen wirren Zeiten zählten die großen Klöster des Karolingerreichs und seiner Nachfolgerstaaten. Die hoheitlichen, ökonomischen und kulturellen Aufgaben, die ihnen anvertraut waren, gewannen umso mehr Gewicht, je schwächer die weltliche »Konkurrenz« wurde. Freilich, Inseln der Sicherheit in den kriegerischen Stürmen der Zeit waren auch die Klöster nicht. Ganz im Gegenteil, ihre Kirchenschätze und wohl gefüllten Vorratslager lockten die »heidnischen« Räuber erst recht an, die sich geradezu an den Klostertürmen zu orientieren schienen: Der erste Normannenüberfall auf englischem Boden richtete sich gegen das Kloster auf der Insel Lindisfarne in Northumberland; die Sarazenen kämpften sich über den 2.400 Meter hohen Großen St.-Bernhard-Pass, um die Schätze zu plündern, die sich bei den Reliquien des heiligen Maurizius und seiner Gefährten im Kloster zu Saint-Maurice im Unterwallis angesammelt hatten; und die Ungarn, die sich als Reiterkrieger eigentlich nur im offenen Gelände wohl fühlten, trieben ihre struppigen Pferde durch die steilen, dicht bewaldeten Hügel südlich des Bodensees, um über das Kloster St. Gallen herfallen zu können…

Aber die Klöster erhoben sich in kürzester Zeit wie Phoenix aus der Asche. Die zerstreuten Brüder und Klosterknechte sammelten sich zum Wiederaufbau, und das Zusammenspiel von Einsatzwillen und Sachkunde ließ gerade nach Plünderungen und Zerstörungen den Vorsprung der Klöster noch größer werden. Von ihnen gingen die Impulse zum Wiederaufbau des verwüsteten Landes aus, und diese Impulse kehrten als weiterer Zuwachs an Macht, Ansehen und Reichtum in die Klostermauern zurück. Kein Wunder, dass die Machthaber in Reich und Kirche ihren Zugriff auf das »Management« dieser politischen und wirtschaftlichen Machtzentren zu verstärken suchten! Kein Wunder auch, dass zusehends weltlichere Motive den Eintritt in die Mönchsgemeinschaft begründeten. Dazu zählten nicht nur die relative Sicherheit und Geborgenheit in solch unruhigen Zeiten; das Kloster war auch einer der wenigen Orte, an denen ehrgeizige junge Männer aus einfachen Familien ihre Talente – sei es als Künstler, Handwerker, Gelehrte oder Ökonomen – entwickeln konnten.

*Seine Wikinger-Vorfahren hatten noch Klöster geplündert – im Jahr 966 präsidierte Herzog Richard von der Normandie der Reform des Klosters Mont-Saint-Michel… (Zeichnung nach einer Chronik des 12. Jahrhunderts.)*

Die »karolingische Renaissance« und der damalige Wirtschaftsaufschwung hatten auf solcher Zusammenfassung der Talente in den Reichsklöstern beruht. Auf der Strecke geblieben war aber großenteils die spirituelle Dimension des Klosterlebens: Je weiter des 9. Jahrhundert fortschritt, desto häufiger fand man Ordenshäuser, in denen zwar das »Management« funktionierte, in denen die Regeln des hl. Benedikt aber nur noch als formales Feigenblatt dienten. Und natürlich gab es auch Klöster, die sich den Wirren der Zeit völlig ergeben hatten, in denen nicht einmal mehr die Formalität der Ordensregeln beachtet wurde: Die Mönche lebten offen mit Konkubinen zusammen, die gemeinsamen Kinder spielten im Kreuzgang, während die zusehends schmäleren Erträge versoffen und verfressen wurden…

Solche Schandflecken auf dem klösterlichen Ideal hatte es freilich schon früher gegeben, ebenso wie die Ansätze zu Reformen, die dem Geist des hl. Benedikt wieder allgemeine und tiefe Beachtung sichern sollten. Einer der wichtigsten dieser Ansätze war von einem Namensvetter des Mönchsvaters ausgegangen, dem hl. Benedikt von Aniane (750 bis 821). Der ehemalige Hofmann und Soldat hatte in Aniane bei Montpellier in Südfrankreich ein kleines Reformkloster gegründet, dessen konsequente Regeltreue bald weite Aufmerksamkeit und auch etliche Nachahmungen fand. Auf einer Reichssynode wurde 817 beschlossen, dass Benedikt als »oberster Reformabt« des Karolingerreiches eine landesweite Reinigung des Klosterwesens in die Wege leiten solle, zu der auch die Entflechtung der Klöster von weltlicher Einflussnahme zählen sollte.

Doch blieben Benedikt nur noch wenige Jahre, um diese Aufgabe in Angriff zu nehmen. Wenig später wurde das Reich Karls des Großen aufgeteilt, und angesichts der Kämpfe gegeneinander, gegen aufmüpfige Vasallen und gegen die von allen Seiten eindringenden Plünderer hatten Karls Erben andere Sorgen, als sich um die Reform des immer weiter verlotternden Klosterwesens zu kümmern.

### Mutterklöster und ihre Töchter

Wie bei allen Krisen musste auch beim Niedergang des klassischen benediktinischen Mönchtums das »kritische Potential« erreicht werden, jener Punkt aus Frustration und Unzufriedenheit, an dem aus dem Empfinden der Zeit heraus ein radikaler und erfolgreicher Neubeginn unvermeidlich wurde. Dieser Zeitpunkt war, zumindest für den Westteil des Karolingerreichs, das sich unaufhaltsam zu »Frankreich« entwickelte, am Anfang des 10. Jahrhunderts erreicht. Interessanterweise ging der entscheidende Anstoß zur ersten großen Klosterreform nicht von einem Mönch oder Theologen aus, sondern von einem der selbstbewussten und eigenwilligen »Landesfürsten«: Zwischen 908 und 910 ließ Herzog Wilhelm von Aquitanien, »der Fromme« genannt, in den Hügeln von Burgund das Kloster Cluny gründen.

Zum Ortsnamen Cluny ist uns der Gruppenname der »Cluniazenser« geläufig, aus dem die Existenz eines eigenständigen Ordens abgeleitet werden könnte. Tatsächlich waren aber die »Cluniazenser«, wie alle Reformorden« dieser ersten Erneuerungsphase, Benediktiner: Den Äbten und Stiftern ging es nicht um die Schaffung eines »neuen Mönchtums«, sondern um die Verwirklichung der alten Ideale unter den Bedingungen ihrer Zeit. (Dass einige der Reformgemeinschaften dann einzelne Akzente des benediktinischen Mönchslebens so stark betonten, dass daraus »neue Orden« entstanden, entsprang der Aufbruchstimmung, die die monastische Reformbewegung auslöste.) Die Regeln, nach denen sich in Cluny die junge Mönchsgemeinschaft zusammenfand, waren diejenigen des heiligen Benedikt bzw. der heiligen Benedikte – jenes von Nursia und jenes von Aniane. Der innere Unterschied zu den bestehenden Benediktinerklöstern bestand zunächst in der Konsequenz und der strengen Disziplin, mit denen die alten Regeln befolgt wurden: Die Mönche waren angehalten, auf jedes unnötige Wort zu verzichten; die Mahlzeiten waren schlicht bis asketisch, mit genauer Beachtung der Fasttage. Ebenso penibel wurden die Gebetszeiten, ja der gesamte, strukturierte Tagesablauf des Klosters beachtet. Als Reaktion auf die allzu weltlichen Wirtschaftsaktivitäten anderer Klöster waren die Brüder von Cluny gehalten, sich hauptsächlich den Studien und Künsten zu widmen und die Bewirtschaftung Klosterknechten zu überlassen.

Tatsächlich wegweisend wurde für Cluny und seine Nachfolger aber die Befolgung zweier Forderungen, die schon Benedikt von Aniane in den Mittelpunkt seiner Klosterreform stellen wollte: die Befreiung der Klöster von jeder weltlichen oder bischöflichen Einflussnahme und die Bildung von »Klösterfamilien« (Kongregationen). Das erste Ziel wurde zunächst durch die Unterstellung der Klöster unter den direkten Schutz des Papstes erreicht und dann durch die Umsetzung des zweiten Zieles abgesichert: Sobald sich die junge Mönchsgemeinschaft in den burgundischen Hügeln etabliert und ihre strenge Lebensform sich durchgesetzt hatte, begann Cluny mit seiner ganz besonderen »Missionstätigkeit«: Zumeist auf die Einladung anderer Klosterherren oder Stifter hin schickte der Abt – in durchaus altbenediktinischer Tradition – Gruppen von Mönchen aus, die in andere, bestehende oder neu zu gründende Klöstern die Regelobservanz von Cluny übertrugen. Im Gegensatz zum alten

Brauch durchschnitten die neuen Gemeinschaften aber nicht die »geistige Nabelschnur«, sobald sie erfolgreich arbeiteten: Das Kennzeichen der Reformepoche wurde die »Klösterfamilie«, in denen die »Mutter« mit ihren »Töchtern« in ständiger Verbindung blieb, sie führte, auch überwachte und gegebenenfalls energisch auf den Pfad der reformierten Tugend zurückpfiff. Und diese »Familienbindung« funktionierte auch umgekehrt: Kein Mutterkloster konnte in Schlendrian und Misswirtschaft verfallen, wenn die Töchter ihre aufmerksamen Augen darauf richteten!

Diese Kontrolle durch die regelmäßigen Generalkapitel der »verschwisterten« Äbte war von besonderer Bedeutung, wenn die Neuwahl eines Abtes anstand: Allzu gern versuchten die örtlichen Machthaber ihre Kandidaten in diese Schlüsselposition des Ordenslebens zu befördern. Und auch wenn ein Graf oder Bischof ausdrücklich die Reformmönche berufen hatte, so war dies noch lange keine Garantie dafür, dass der Nachfolger nicht doch wieder die alten Spielchen von Protektion und Korruption aufnehmen würde. Der Zusammenhalt der Klösterfamilie sicherte den Gemeinschaften im Allgemeinen eine eindrucksvolle Reihe von Klostervorständen, die sich den Idealen von Cluny verpflichtet fühlten.

Als besonders erfolgreiche und folgenreiche »Familiengründer« nach dem Vorbild von Cluny erwiesen sich mehrere lothringische Klöster, allen voran Gorze bei Metz. Dort wurden im Jahr 933 Reformregeln unabhängig von Cluny eingeführt; im 11. Jahrhundert gehörten nicht weniger als 170 Klöster der Großfamilie der »Lothringer Reform« an. Lothringen war dabei eines der Schlüsselgebiete des Hochmittelalters: Bei der karolingischen Reichsteilung war es an »Ostfranken« gefallen und wurde nach 962 Teil des Heiligen Römischen Reiches. Noch überwiegend deutschsprachig, war es doch traditionell den Westreich gegenüber aufgeschlossen und wurde zum Markt der Ideen und Ideale des Abendlandes. Dass eine aus dem Westreich stammende Reform über Lothringen ins Reich der Deutschen vordringen würde, war also naheliegend; charakteristisch wurden allerdings auch die Akzentverschiebungen, die die Klosterreform dabei erfuhr: Im Reich der Ottonen stellte die Kirche mit ihrer allein entwickelten Organisation und ihrem hoch gebildeten Personal, allen voran den Bischöfen und Äbten, das tragende Gerüst des Imperiums dar; die gegenseitige Achtung zwischen Thron und Altar ließ von Otto I. (936–973) bis Heinrich II. (1002–1024) keine grundsätzlichen Konflikte entstehen. So konnten sich auch und gerade die Reformklöster der Rolle als »Staatsorgane« nicht entziehen, im Gegenzug erfuhren sie die entschiedene Förderung durch die weltliche Macht. Die Klösterfamilie der Lothringer Reform zeigte daher auch nicht die bewusste Abwendung von der weltlichen Macht wie Cluny. Sie verzichtete auf die »Exemtion«, die direkte Unterstellung unter den Papst, und arbeitete eng mit den jeweiligen Reichsbischöfen zusammen.

Einer solchen Zusammenarbeit war dann auch der nächste »Reformschub« zu verdanken: Die Lothringer Reformmönche hielten sich bei ihren »Töchtern« keineswegs an die geographische Vorgabe der Bezeichnung. Klöster, die ihren Regelprinzipien folgten, fand man bald von Lüneburg bis Einsiedeln am Alpenrand, von Malmedy bis Admont in der Steiermark. Zu den altangesehenen, nunmehr reformierten Häusern gehörte das Kloster St. Emmeram im bayerischen Regensburg, wo der bedeutende Bischof des späten 10. Jahrhunderts, der hl. Wolfgang, den Neubeginn in der Mönchsgemeinschaft nachhaltig förderte. Von St. Emmeram wurde dann im 11. Jahrhundert der Reformabt Wilhelm (1069–1091) ins schwäbische Hirsau entsandt, und dieses Kloster, bei Calw in den Ausläufern des Nordschwarzwalds gelegen, wurde zum erfolgreichsten Mutterkloster im deutschsprachigen Reich; zu seiner »Observanz« gehörten schließlich über 100 neugegründete oder reformierte Klöster, darunter so namhafte wie Ottobeuren, Zwiefalten, Maria Laach, Paulinzella oder Königslutter.

Abt Wilhelm übertrug allerdings nicht einfach die bewährten Regeln von der Donau an den Neckar; als er die »Consuetudines Hirsaugienses« niederschrieb, hatte er auch andere Vorbilder herangezogen, darunter dasjenige vom – inzwischen »altehrwürdigen« – Cluny, aus dem ihm vor allem die Ablehnnung jeder außenstehenden-weltlichen Einflussnahme (wozu auch diejenige durch die Bischöfe zählte) wichtig war. Mit der Unterstellung der Reformfamilie unter den direkten Schutz des Papstes 1075 ließ der Hirsauer Abt allerdings eine politische Bombe hochgehen, denn die Zeiten hatten sich nachhaltig geändert: Auf dem Kaiserthron saß kein frommer Ottone mehr, sondern der Salier Heinrich IV., und der Papst, dem sich Hirsau einzig verpflichtet fühlte, hieß Gregor VII. Die alte Partnerschaft zwischen Kaisertum und Reichskirche war im erbittert geführten Investiturstreit zerbrochen, und mit ihrer Regel hatten Hirsau und alle seine Töchter eindeutig Partei ergriffen. Tatsächlich zählten die Mönche aus dieser Klösterfamilie zu den entschiedensten Propagandisten des Papstes und zu den unversöhnlichen Gegnern der Kaiser Heinrich IV. und V.

Der Investiturstreit gehört zu den historischen Konflikten, bei denen es auch in der distanzierten Retrospektive unmöglich ist, festzustellen, wer denn nun »Recht« hatte. Natürlich hatten die Theologen mit Papst Gregor an der Spitze Recht mit ihrem Argument, es gehe nicht an, dass die höchsten Repräsentanten der Kirche, die Bischöfe und Äbte, denen die Sorge für das ewige Seelenheil aller Christenmenschen anvertraut war, von weltlichen Politikern nach womöglich rein diesseitigen Motiven bestimmt wurden. Andererseits konnte kein König oder Kaiser zulassen, dass ein Gutteil seiner mächtigsten und einflussreichsten Vasallen – was Bischöfe und Äbte eben auch waren – an ihnen vorbei und aus »sachfremden« Überlegungen heraus eingesetzt wurden. Die Kompromisse, wie sie im Reich mit dem Wormser Konkordat von 1122 und mit ähnlichen Verträgen in den anderen Feudalstaaten des Abendlands erreicht wurden, waren so das einzig praktikable Ergebnis. Ein Ergebnis, das freilich immer wieder zur »Revision« einlud, abhängig von den jeweiligen Machtverhältnissen, und eine der großen Attraktionen, die viele Jahrhunderte später die protestantische Reformation den regierenden Fürsten bot, war die Möglichkeit, den alten Konflikt ein für allemal zu ihren Gunsten zu entscheiden.

Theoretisch bzw. theologisch denkbar wäre allerdings doch eine andere Lösung gewesen: nämlich, dass die Kirche auf ihre weltlichen Güter und Verpflichtungen verzichtet hätte. Doch für die mittelalterlichen Verhältnisse und Denkweisen wäre eine solche »Trennung von Kirche und Staat« ebenso unvorstellbar wie impraktikabel gewesen – auf jeden Fall für die Bischöfe und für die großen, in ihre Umwelt eingebundenen Klöster. Nicht ausgeschlossen war jedoch, dass sich einzelne Mönche zu Gemeinschaften zusammenfanden, die nach einer Umwelt suchten, in der sie – zumindest für einige Zeit – von allen Bindungen frei beten und arbeiten konnten…

### Das Schweigen im Walde

Alle erwähnten Reformbewegungen stellten Versuche dar, die Ideale des hl. Benedikt in den Anforderungen einer veränderten Zeit »regelgerecht« zu erfüllen. Organisatorisches Prinzip der »Consuetudines« war das »Koinobitentum«, das

Zusammenleben, -beten und -arbeiten einer Mönchsgemeinschaft. Die andere, radikalere Grundform eines Lebens in der Abkehr von der Welt, das Eremitentum, war aber trotz des abendlandweiten Triumphes der benediktinischen Observanz nicht in Vergessenheit geraten, und in der religiösen Aufbruchsstimmung des frühen Hochmittelalters fand das Einsiedlerdasein zahlreiche neue Anhänger: Die Chroniken gerade des 11. und 12. Jahrhunderts sind voll von Lebensgeschichten frommer Männer, die sich in die Einsamkeit der noch sehr ausgedehnten Wälder zurückzogen.

Diese Einsiedler erfreuten sich im Allgemeinen großen Ansehens bei der umliegenden Bevölkerung. Eher misstrauisch wurden sie von der Amtskirche betrachtet: So lobenswert die radikale Abkehr von der Welt auch sein mochte, so unvorhersehbar und unkontrollierbar war die spirituelle Entwicklung dieser Eigenbrötler! Peter von Amiens, jener hoch verehrte Eremit, der den unseligen »Volkskreuzzug« von 1096 anzettelte (siehe dazu das folgende Kapitel), war nur ein Beispiel für die gefährlichen Kräfte, die sich in der Einsamkeit einer Waldklause entwickeln konnten. Andererseits mochte so mancher Fromme mit einsiedlerischer Neigung vor den Gefahren und Entbehrungen eines Lebens ganz ohne menschliche Kontakte zurückschrecken. Was lag also näher, als die Abgeschiedenheit der individuellen Klause in einen gemeinsamen Rahmen einzufügen, in dem wichtige Aspekte des benediktinischen Mönchtums gesichert waren? Zu diesen Aspekten zählten das gemeinsame Gebet und die ökonomische Sicherheit der Klostergemeinschaft, wobei die eigentlichen wirtschaftlichen Tätigkeiten Laienbrüdern überlassen werden konnten, die von der strengen Askese der Absonderung entbunden waren. Unter dieser Konstruktion war dem einzelnen »Eremiten« bei den – streng reglementierten – Kontakten zu den Mitbrüdern doch ein Gefühl der Gemeinschaft gegeben, einer Gemeinschaft, die auch darauf achtete, dass der Einzelne nicht unter der Last des einsamen Schweigens zerbrach.

Eine erste Ordensgemeinschaft, die Koinobiten- und Eremitentum erfolgreich verband, entstand kurz nach der Jahrtausendwende rund um die Einsiedelei Camaldoli im toskanischen Appenin; ihr Gründer war der heilige Romuald aus dem Geschlecht der Grafen von Ravenna (†1027). Auf der Benediktinerregel aufbauend, sammelte sich dort neben der Gemeinschaft der Mönche eine zweite von Einsiedlern, die in abgesonderten und abgeschlossenen kleinen Häuschen mit einem Garten lebten und sich ganz dem Gebet, der Kontemplation, der Gartenarbeit und der Askese widmeten. Den Mitbrüdern begegneten sie nur während der Gebetsstunden und Gottesdienste – ohne dabei allerdings auch nur ein privates Wort zu wechseln – und bei den Kapitelversammlungen. Das Zusammenwirken von Asketen und »normalen« Mönchen löste zwar einige der angesprochenen spirituellen und ökonomischen Probleme, führte aber während der gesamten Geschichte des »Kamaldulenserordens«, wie er seit der Ausarbeitung der Ordensverfassung am Ende des 11. Jahrhunderts genannt wurde, immer wieder zu Konflikten zwischen den Mönchen und den Eremiten; aus den verschiedenen Interpretationen des gegenseitigen Verhältnisses bildeten sich im Laufe der Jahrhundert verschiedene Kongregationen.

Diese Konflikte vermeiden wollte der toskanische Edelmann Johannes Gualbertus, als er 1038 in einem einsamen »schattigen Tal« (Vallombrosa) eine Eremitengemeinschaft gründete, bei der die weltlichen Aufgaben nicht Mönchen, sondern nur Laienbrüdern und -schwestern anvertraut waren. Wohl dem aristokratischen Denken des Gründerabtes ebenso entsprechend wie dem Geist der

*Als Gründung des heiligen Bruno wurde die Grande Chartreuse in den französischen Alpen das bedeutendste Kloster der Kartäuser. (Modell der Anlage im Klostermuseum »Correrie«.)*

Epoche, sahen die »Vallombrosaner« – die im Übrigen, ebenso wie die Kamaldulenser, frühzeitig einen weiblichen Zweig ausbildeteten – ihre Aufgabe aber bald weniger im Kampf um das eigene Seelenheil, wie es dem Eremitentum entsprochen hätte. Sie wollten zur geistigen und spirituellen Erneuerung der Kirche und der gesamten Gesellschaft beitragen, und so rekonstituierten sie sich noch vor dem Tod Gualberts (1073) als strenge Reformkongregation des Benediktinerordens. Rund um Florenz entstanden nach dem Vorbild von Vallombrosa eine ganze Reihe von Reformklöstern, die sich zu einer eigenen »Klösterfamilie« zusammenschlossen, sodass die Gründung des Johannes Gualbertus auch als »toskanisches Cluny« bezeichnet wurde.

Der erfolgreichste der »Eremitenorden« – falls man dafür überhaupt eine so »weltliche« Beurteilung verwenden sollte – wurde die Gründung des hl. Bruno von Köln (ca. 1050–1101). Nach einer frühen akademischen Karriere – als Leiter der Domschule zu Reims war er u. a. Lehrer des »Kreuzzugspapstes« Urban II. – wandte er 1082 der Welt den Rücken und begab sich mit einigen Gefährten auf die Suche nach einer einsamen Wildnis, die er schließlich in den französischen Voralpen nördlich von Grenoble fand: Ab 1084 entstand in einem abgelegenen Bergtal die erste »Kartause«; zwei schlichte Gebäude – je eines für die sieben Gründermönche und eines für die Laienbrüder –, die noch weit von der eindrucksvollen Anlage der »Grande Chartreuse« entfernt waren, die später dem ganzen Gebirgszug den Namen gab.

Bruno selbst war zweifellos ein eindrucksvoller Theologe und Ordensmann von unbestreitbarer Regelstrenge, doch wohl nicht ganz aus dem Stoff gemacht, der nur weltabgewandte Eremiten hervorbringt. Er überließ seine französische Gründung bald einer anderen Leitung und betätigte sich, neben lebhafter Anteilnahme am Investiturstreit, als Gründer einer weiteren Kartause im süditalienischen Kalabrien: Santa Maria della Torre bei Serra San Bruno. Dort ist er im Oktober 1101 gestorben.

Seine prägende Ausformung gewann der »Ordo Cartusiensis« allerdings in der Ur-Kartause bei Grenoble, wo Prior Guigo um 1125 die »Consuetudines« verfasste, die mit nur geringfügigen Modifikationen bis heute gültig sind. Von einer Lawine zu einer Verlegung gezwungen, schufen die »Kartäuser« in der neuen »Grande Chartreuse« die architektonische Umsetzung des Ordensprinzips, Eremitentum mit der Mönchsgemeinschaft zu verbinden: An die betont schlicht gestaltete Kirche schließt sich der »kleine Kreuzgang« an, um den die Gemeinschaftsräume (Kapitelsaal, Refektorium, Bibliothek) angeordnet sind. Der »große Kreuzgang« wird von den Zellen der Mönche umschlossen, die eigentlich kleine »Single-Appartements« sind, versehen mit allen irdischen und geistlichen Bedürfnissen des Asketen: ein Wohn- und Schlafraum, eine Küche, eine Kapelle, eine Werkstatt für das »labora«. Hinter den Zellenhäuschen befindet sich ein ummauerter Garten, den der Mönch zum Eigenbedarf bebaut. Versorgt wird er unter der Woche durch eine kleine Durchreiche an der Zellentür, denn den Mitbrüdern begegnet er nur bei den gemeinsam gesungenen Stundengebeten, die bis zu einem Drittel des Tagesablaufs einnehmen können, und bei den Gottesdiensten. Das Refektorium wird nur an Sonn- und Feiertagen zu einer gemeinsamen Mahlzeit genutzt, bei der aber weiterhin das Schweigegebot eingehalten wird. Gelockert wird es nur bei den gelegentlichen gemeinsamen Spaziergängen – und ein Kartäusermönch kann aus dringenden Gründen stets um ein Gespräch mit seinem Prior nachsuchen. Asketisch ist auch der Speiseplan der Kartäuser; Fleisch ist ausgeschlossen, an den Freitagen wird auch noch auf Milchprodukte verzichtet. Während des Sommerhalbjahres gibt es zwei schlichte Mahlzeiten zu Mittag und Abend, während des Winters nur eine einzige am Mittag und einen kleinen Imbiss am Abend. Als Zeichen der Demut tragen die Kartäusermönche den Kopf kahlgeschoren, und schlicht wie ihr Leben ist auch ihr Tod: Nur in ein Tuch gehüllt, wird der Leichnam des Mönchs begraben, auf seinem Grabkreuz steht kein Name...

Die Strenge des Lebens in einer Kartause, das selbst für die in Gemeinschaft lebenden Laienbrüder hart genug war, hat den Mönchen im weißen Ordensgewand viel Bewunderung und Verehrung eingebracht, und so flossen reiche Spenden in die meist abgelegenen Kartausen. Allerdings waren sie doch nicht immer ganz entlegen: Im Spätmittelalter entstanden zahlreiche Kartäuserklöster auch inmitten großer, florierender Städte, so in Köln, in Mainz und Straßburg, in Würzburg oder auch in Nürnberg, wo das berühmte Germanische Nationalmuseum später seine Heimat im aufgelassenen Kartäuserkloster fand, dessen Gebäude so zum Teil noch erhalten sind. Eine gut erhaltene alte Kartause ist auch in Buxheim bei Memmingen zu besichtigen, während das Mutterhaus der »Grande Chartreuse« nach vielen Wechselfällen der Geschichte seit 1940 wieder von Kartäusermönchen bewohnt und daher nicht zu besichtigen ist.

Die Kartäuser gaben dem Abendland, gleichsam als Dank für seine Verehrung, eine Reihe bedeutender Theologen und namhafter Künstler, vor allem auf dem Gebiet der Buchmalerei, und durch viele Jahrhunderte hinweg ein weitgehend krisenfreies Beispiel der Hingabe an die Herausforderungen strenger Askese. Diese extreme Hingabe an ein Leben nur für und mit Gott ließ den Orden allerdings auch nie zu einer Massenbewegung innerhalb des christlichen Mönchtums werden. Und auch am Ende des 20. Jahrhunderts folgen nur knapp 400 Mönche und etwas über 60 Nonnen den strengen »Consuetudines« aus den französischen Bergen.

**Pioniere des Abendlandes**

Eine Bewegung, die die Massen so erfasste, wie es der geistliche Aufbruch des Hochmittelalters erhoffte und erwartete, konnte wohl nur von einer Reformbewegung ausgehen, die an die Erfolgsrezepte von Cluny anknüpfte, also an die Mönchsgemeinschaft nach strenger benediktinischer Regel, die in eine kontrollierende »Klösterfamilie« eingebunden ist. Dass diese Anforderungen nicht einmal 200 Jahre »nach Cluny« mit Vehemenz erneut erhoben wurden, beruhte nicht zuletzt darauf, dass das Vorbild von ehemals inzwischen zum Feindbild geworden war: Der Erfolg der Klosterreform hatte Cluny und viele seiner Töchter so reich gemacht, dass das Armutsgelübde des einzelnen Mönchs geradezu als Hohn erscheinen musste. Die Klöster kontrollierten ausgedehnten Grundbesitz, sie hatten die mächtigsten Kirchen, die schönsten Messgeräte, sie feierten den Gottesdienst mit Prunk und Gloria, die Gläubigen strömten herbei, und ihre Spenden ließen den Klosterschatz weiter anschwellen...

Das theologisch kämpferische 11. Jahrhundert wurde nicht müde, solche Missstände zu geißeln, und so fanden Reformgemeinschaften, die dagegen antraten, reichlich Unterstützung seitens der Laien und der Mächtigen in Staat und Kirche – und diese Unterstützung unterlief dann umgehend ihrerseits das angestrebte Ideal von Armut und Askese! Diese Erfahrung musste so auch der Abt Robert des von ihm gegründeten burgundischen Reformklosters Molesme machen: Gut zwanzig Jahre nach der Gründung (1075) war Molesme eine reiche Abtei mit über 30 erfolgreichen »Töchtern«. Abt Robert sah da die Befolgung der strengen benediktinischen Observanz nur in einem Neubeginn gesichert, den er 1098 mit einigen Gefährten in der Wildnis von Cîteaux unternahm. Auf päpstlichen Befehl musste Robert zwar nach Molesme

*Zu den Reformorden des Hochmittelalters, die das monastische Ideal mit neuem Leben erfüllen wollten, gehörten die Kartäuser. (Darstellung aus der Sachsenchronik des Conrad Botho, gedruckt zu Mainz bei Schöffer, 1492.)*

*Mit der Urbarmachung großer Länderein trugen die Zisterzienser Wesentliches zur ökonomischen Entwicklung Europas bei. (Nach einer Zeichnung von W. Riefstahl.)*

zurückkehren, doch seinen Nachfolgern gelang es, für Cîteaux die päpstliche Anerkennung als selbständiges und von jeder Einmischung freies Mutterkloster zu gewinnen.

Bei aller Frömmigkeit der Zeit schreckte die strenge Regeltreue von Citeaux zunächst mögliche Novizen ab, und es war erst dem Wirken zweier herausragender Persönlichkeiten zu verdanken, dass die »Zisterzienser« zur bedeutenden Mönchsgemeinschaft werden konnten: Zum einem gewann Cîteaux mit dem Engländer Stephan Harding († 1134) einen Abt von ungewöhnlichem Organisationstalent, und dann bat im Frühjahr 1112 der Edelmann Bernhard von Fontaines (1090–1153) mit nicht weniger als 30 Gefährten um Aufnahme. Dieses Signal löste einen weiteren Zustrom aus, und so konnten zwischen 1113 und 1115 die vier Tochterklöster La Ferté, Pontigny, Clairvaux und Morimond gegründet werden. Bernhard wurde Gründungsabt von Clairvaux, und als »Bernhard von Clairvaux« ist er als Berater von Königen und Päpsten, als Kreuzzugs- und Sühneprediger, als das Gewissen seiner Epoche in die politische und geistige Geschichte des 12. Jahrhunderts eingegangen.

Bernhards leidenschaftliche, wenn auch stets von christlichen Idealen geprägte Verwicklung in die Affären der Welt steht für uns heutige Betrachter in merkwürdigem Gegensatz zur asketischen Weltabgewandtheit seines Ordens, doch im Hochmittelalter hatte, gerade durch das Wirken von Persönlichkeiten wie Bernhard, die Durchdringung von Weltlichem und Geistlichem ein so hohes Niveau erreicht, dass die Auftritte Bernhards seinen Orden nur noch populärer machten: Wo immer Bernhard predigte, klopften Novizen an die Pforte des nächsten Zisterzienserhauses, übertrugen Grundherren und Fürsten große Länderein dem Orden zur Bearbeitung und Erschließung.

Es war dann auch die Erschließung und Urbarmachung von Ödland, worin die Zisterzienser Bedeutsames leisteten, dies umso mehr, als im 12. Jahrhundert das Bevölkerungswachstum in Europa rasch an Tempo zunahm. Ausgangspunkt der Pioniertätigkeit der Mönche war die Bestimmung in der Ordens-Charta, Neugründungen nur in »einsamen Gegenden« vorzunehmen. Dahinter standen nicht nur asketische Überlegungen: Die Klöster sollten von Verwicklungen in die Grundherrschaft und von Auseinandersetzungen um die Pfarrseelsorge bewahrt bleiben, und sie sollten wirtschaftlich autark werden – Ziele, die nur durch die Erschließung von Neuland zu erreichen waren. Dem Orden war so auch der Besitz von Kirchen, Zehnten, Mühlen und Landgütern ursprünglich strikt untersagt.

Im Tagesablauf der Mönche sollten Gottesdienst (»opus Dei«), Schriftstudium (»lectio divina«) und Handarbeit (»labor manuum«) etwa gleich gewichtet werden, wobei die Handarbeit zunächst die Erschließung und Pflege des Klosterlandes bedeutete. In klarer Abgrenzung zum Prunk, der sich bei den Cluniazensern breit gemacht hatte, wurden die Gottesdienste betont schlicht gefeiert, und auch der dazugehörige »Rahmen«, die Klosterkirche, sollte auf jeden unnötigen Schmuck verzichten. Der typische »Zisterzienserstil«, dessen Zeugnisse bis heute durch ihre schlichte Strenge beeindrucken, entwickelte sich aus Vorgaben des hl. Bernhard von Clairvaux; spezielle Bauvorschriften erließ die Ordensleitung nicht, außer dem Gebot, auf Türme zu verzichten. Charakteristikum vieler Zisterzienserkirchen wurde daher der kleine Dachreiter für die Glocke.

Die Klöster mit dem Dachreiter verbreiteten sich in atemberaubendem Tempo im ganzen Abendland, vor allem in den Jahrzehnten zwischen 1120 und 1150 überschlugen sich geradezu die Gründungen. Bei Bernhards Tod hatte allein Clairvaux 70 Tochterklöster ins Leben gerufen; nahm man die »nächste Generation« an Neugründungen oder Anschlüssen älterer Klöster an die Zisterzienserregel hinzu, so zählte allein die »Familie« von Clairvaux 160 »Zisterzen« in Frankreich, Spanien und Italien, im Reich, in Schweden und auf den Britischen Inseln... Ähnliche Kreise zogen auch die Filiationen von La Ferté, Pontigny und Morimond; zu den gründungsaktivsten Zisterzen »der ersten Generation« auf deutschem Boden gehörten Kamp im Rheinland, Ebrach im Steigerwald und Heiligenkreuz bei Wien. Auf dem Höhepunkt der Bewegung gab es mehr als 2.000 Zisterzienserklöster im Abendland! (Der erste weibliche Konvent des Ordens war bereits 1120 unter der Ägide von Stephan Harding in Tart bei Cîteaux entstanden.)

Diese gewaltige Entwicklung stellte natürlich beträchtliche Anforderungen an die Organisation des neuen Ordens, als den man die Gemeinschaft von Cîteaux seit der Mitte des 12. Jahrhunderts zu betrachten hat. Und eine straffe Ordensorganisation war auch notwendig, um den Anspruch auf »Exemtion« von jeglicher fremder – vor allem bischöflicher – Gewalt, zu behaupten. Auch hier griffen die Zisterzienser das Vorbild von Cluny auf, und auch hier setzten sie es mit neuer und besserer Effizienz durch: In der »Charta caritatis«, wie die zwischen 1152 und 1165 festgelegte Ordensverfassung genannt wurde, wurde bestimmt, dass alle »Zisterzen« in der Regelauslegung dem Vorbild von Cîteaux zu folgen hätten. Der Abt des Ur-Klosters wurde zwar als Ordensoberhaupt betrachtet, doch wurde ihm das »Generalkapitel« zur Seite gestellt, die Versammlung aller Äbte, die alljährlich zusammentrat und gegebenenfalls den »Vater Abt« auch überstimmen konnte. Ebenfalls alljährlich hatte eine Visitation der Tochterklöster durch den Abt der jeweiligen »Mutter« zu erfolgen. Die benedik-

*Ein wichtiger Schwerpunkt der zisterziensischen Spiritualität war die Verehrung der Gottesmutter. (Abt Stephan Harding von Cîteaux und der Abt von Saint-Vaast mit Modellen ihrer Klosterkirchen vor Maria; Darstellung nach einer Chronik des 12. Jahrhunderts.)*

tinische Selbstständigkeit der Klöster und die Alleinverantwortlichkeit des Abtes war bei den Zisterziensern also in eine sehr viel straffere Gesamtorganisation eingebunden, während sie gleichzeitig mit der obersten Instanz des Generalkapitels ein gewisses »demokratisches« Element besaßen, das für viele spätere Ordensgründungen Vorbild wurde.

Am moralischen Vorbild der Zisterzen begann allerdings bald derselbe Zahn der Welt zu nagen, der schon die cluniazensische Reform getroffen hatte: Etliche von ihnen wurden Opfer des eigenen Erfolges, der mit den Vorgaben der Gründer nicht mehr zu bewältigen war. Die landwirtschaftliche Betreuung stetig wachsenden Klosterlandes nahm so viel Zeit in Anspruch, dass »opus Dei« und »lectio divina« zu kurz gekommen wären, also übernahmen auch die Zisterzienser das System der »Konversen« oder Laienbrüder. Diese wurden gewöhnlich aus den unteren Bevölkerungsschichten rekrutiert, waren an ihren Bärten – im Gegensatz zu den rasierten Mönchen – erkenntlich und lebten in einem abgesonderten Klosterflügel. Dass ein Laienbruder zum Mönch aufstieg, war nicht vorgesehen. In Lesen und Schreiben wurde er nicht unterrichtet, und der Besitz von Büchern war ihm sogar ausdrücklich verboten: Er sollte sich ganz auf die körperlichen Tätigkeiten im Dienst des Klosters konzentrieren...

Mit diesen billigen Arbeitskräften konnten die Zisterzienser die Leistungsfähigkeit und Effizienz ihrer ohnehin hoch entwickelten Landwirtschaft weiter verbessern. Der Orden leistete nicht nur Bedeutendes bei der Ausdehnung der Anbauflächen im hohen Mittelalter, auf ihn gehen auch zahlreiche Verbesserungen der Arbeitsmethoden und Nutzpflanzen zurück. Die Zisterzienser waren so auch Pioniere im Obst- und Weinbau; sie legten große Fischteiche an, züchteten Pferde und Schafe, betätigten sich im Wollhandel und im Bergbau... Die Zisterzen waren die »Mustergüter« des Hochmittelalters, und da die Mönche die Gewinne nicht in Prunk und Kirchenschmuck anlegten, konnten sie ihn nur zu neuem Landerwerb verwenden. Das Verbot, in das Lehenswesen einzusteigen, wurde schon seit der Mitte des 12. Jahrhunderts zusehends durchlöchert, und immer häufiger tauchten die Zisterzen in den nahen Städten als Handelsbetriebe auf, die ihre Produkte in eigenen Klosterhöfen vermarkteten. Viele Grundherren hofften, ein Zisterzienserkloster als »Zugmaschine« der Landnutzung zu gewinnen, und stellten dem Orden großzügig Länderein zur Verfügung – allerdings keineswegs immer Ödland: Es sind Fälle überliefert, dass die von der Ordens-Charta geforderten »Einöden« durch die Vertreibung ansässiger Bauern erst geschaffen wurden! Und auch die nicht vertriebenen Bauern sahen sich im Umland eines Klosters der übermächtigen Konkurrenz einer »Agrarindustrie« gegenüber... So kühlte gerade im ländlichen Raum die ursprüngliche Verehrung der strengen Mönche im weißen Habit zusehends ab.

Erfolgreich zeigte sich der Orden aber auch auf dem Gebiet der Wissenschaften, vor allem der Theologie und der (von Ersterer kaum zu trennenden) Geschichtsschreibung des hohen Mittelalters, wie es sich in den Werken der Zisterzienser Otto von Freising und Joachim von Fiore widerspiegelt. Otto, der als Abt von Morimond auf den Bischofsitz an der Isar berufen wurde, war dabei nur einer von 580 (!) Zisterziensermönchen, die an die Spitze einer Diözese berufen wurden. Zwei von ihnen, Eugen III. (1145–1153) und Benedikt XII. (1334 bis 1342), bestiegen sogar den Stuhl Petri. Diese enge Verschränkung mit der Amtskirche sorgte zusätzlich dafür, dass der Zisterzienserorden zu einem der wichtigsten Träger des religiösen Aufbruchs des Abendlands im 12. Jahrhundert wurde.

**Abendland im Aufbruch**

Zu den Partnern der benediktinisch geprägten Zisterzienser und der Eremitenorden bei diesem Aufbruch gehörten auch Gemeinschaften, die sich der dritten »Variante« klösterlichen Lebens zuwandten: der Gemeinschaft von Kanonikern. Das Vorbild hierzu lieferte die Regel des hl. Augustinus, und seit etwa der Mitte des 11. Jahrhunderts verbreiteten sich Stifte der »Augustiner-Chorherren« im ganzen Abendland. Der entscheidende Unterschied zu den weltabgewandten Mönchsgemeinschaften bestand darin, dass diese »Priesterorden« eine wichtige Aufgabe in der Seelsorge unter den Laien sahen. Sie blieben also der Welt zugewandt und wurden in viel stärkerem Maße in die irdische Organisation der Kirche einbezogen – die enge Kooperation zwischen Bischöfen und Chorherren blieb nicht nur auf Bischofssitze beschränkt; die Kanoniker wurden bewusst zur Missionierung »schwieriger« Regionen und Gesellschaftsgruppen eingesetzt. Es war somit sicher kein Zufall, dass Thomas a Kempis, der Verfasser der »Nachfolge Christi« und Verkünder der »Devotio moderna«, der großen geistlichen Erneuerungsbewegung des späten Mittelalters, Augustiner-Chorherr war.

Das Streben nach einer strengeren – und in den Augen der Reformer getreueren – Befolgung der ursprünglichen Gemeinschaftsregel erfasste im 12. Jahrhundert auch die Chorherrenbewegung; ihre Verkörperung fand dieses Bestreben in der Person des um 1080 geborenen niederrheinischen Adeligen Norbert, der dem Chorherrenstift von St. Viktor in Xanten beitrat und seither von diesem Ort seinen Beinamen hatte. Die ersehnte Askese fand er freilich nicht in dem recht wohlhabenden und wohllebenden Stift, und nachdem seine Reformvorstellungen bei den Mitbrüdern wenig Resonanz fanden, zog er als ärmlich gewandeter Bußprediger durch die Lande, von der Amtskirche misstrauisch beäugt. Um den ständigen Anfeindungen zu entkommen, zog Norbert sich 1120 mit einigen Gleichgesinnten in das Ödland von Prémontré bei Laon zurück, und dort entwickelte sich im Laufe der folgenden Jahre der Orden der »Prämonstratenser« (oder »Norbertiner«), der auf einer strengen Auslegung der Augustinerregel beruhte (strikte Armut der Mitglieder, Verzicht auf Fleischgenuss, körperliche Arbeit). Zur äußeren Unterscheidung wählte Norbert für seine Kanoniker das Ordensgewand aus weißer Wolle, sodass seine Gemeinschaft auch als der »weiße Orden« bekannt wurde.

Auch wenn das Mutterkloster und etliche seiner Töchter in einsamen Gegenden errichtet wurden, standen doch Predigt und Seelsorge im Zentrum der Ordensarbeit. Das Vorbild lieferte weiterhin Norbert selbst, der, ähnlich wie Bernhard von Clairvaux, zum Ratgeber von Päpsten und Königen aufstieg. 1126 wurde er zum Erzbischof von Magdeburg berufen, damals das Organisationszentrum der deutschen Ost-Mission und -Kolonisierung. Von Magdeburg aus fand der junge Chorherrenorden früh den Weg ins nordöstliche Mitteleuropa und ins Baltikum; die Domkapitel von Brandenburg, Ratzeburg, Havelberg und Riga wurden von Anfang an als Prämonstratenserstifte errichtet.

Die Beförderung Norberts und sein relativ früher Tod (1134) brachten dem neuen, aber kaum strukturierten Orden eine Krise, obwohl er inzwischen in Frankreich, Lothringen und dem Reich weitere Klöster gegründet hatte. Es dauerte bis zur Mitte des 12. Jahrhunderts, ehe sich die spezifischen »Consuetudines« der Prämonstratenser ausgebildet und gefestigt hatten. Auch sie führten nun das »Filiationsprinzip« von Mutter- und Tochterklöstern sowie ein Generalkapitel als oberste Ordensinstanz ein, das alljährlich am 9. Oktober in Prémontré zusammentrat. Die jährlichen Visitationen der einzelnen Klöster wurden nach Ordensprovinzen (»Zirkarien«) organisiert.

Die straffe Organisation und die Hinwendung zur praktischen Seelsorge ließen den Orden große Popularität gewinnen. Er breitete sich bis zur iberischen und zur skandinavischen Halbinsel aus, er war in Ungarn ebenso zu finden wie in Großbritannien. Schließlich umfasste die Gemeinschaft an die 3.000 Klöster (heute 73). Schon Norbert von Xanten hatte seine Gründung auch Frauen geöffnet; charakteristisch für viele Prämonstratenserstifte wurden so Doppelklöster, in denen Mönche und Nonnen getrennte Trakte bewohnten und die Kirche zum gemeinsamen Gottesdienst teilten. Auch Laienbrüder (Konversen) fanden bei den Prämonstratensern von Anfang an Aufnahme und Aufgaben.

Aus dem 12. Jahrhundert sind uns leider keine auch nur groben Bevölkerungsdaten überliefert, aus denen sich der Prozentsatz der Angehörigen geistlicher Berufe ablesen ließe. Der Anteil von Mönchen und Nonnen, Chorherren und Laienbrüder muss erheblich gewesen sein, und wenn unser mittelalterlicher »Spionagesatellit« in der Lage gewesen wäre, Klöster zu identifizieren, dann wären seine Weltraumbilder Europas mit den entsprechenden Symbolen übersät gewesen. Und hinter diesem gewaltigen Strom ins Kloster stand in der überwiegenden Mehrzahl der Fälle keineswegs die resignierte Flucht vor der Welt, sondern vielmehr der leidenschaftliche und begeisterte Aufbruch in die aktive Nachfolge Christi. Je mehr Frauen und Männer in klösterliche Gemeinschaften eintraten, umso intensiver wirkten sie damals in die Welt hinaus; die Mönche und Nonnen waren die »Meinungsmacher«, die geistigen und geistlichen »Trendsetter« des Abendlands im 11. und 12. Jahrhundert. Diese religiöse Durchdringung riss in der Folge alle Gesellschaftsschichten mit sich, und so war es unvermeidlich, dass diese Aufbruchswelle schließlich auch die Grenzen des christlichen Abendlands überflutete...

# La Grande Chartreuse

## In der Wildnis der Berge

Zwischen ausgedehnten Tannenwäldern und grünen Wiesen, zwischen tief eingeschnittenen Schluchten und Felsformationen der Kalkalpen liegt im Südosten Frankreichs die Grande Chartreuse. Den Namen hat die wildromantische Landschaft von den frommen Klosterbrüdern, die hier seit rund 1000 Jahren ihr beschauliches Leben in der »Großen Kartause« führen. 1085 hatte der heilige Bruno, der Gründer des Kartäuserordens, das Kloster gebaut.

Von den ersten Klosterbauten – heute rund eine Dreiviertelstunde Fußweg vom neuen Kloster entfernt – steht nur noch eine Kapelle aus der Mitte des 15. Jahrhunderts (Notre Dame de Casalibus). 200 Meter weiter befindet sich eine dem heiligen Bruno geweihte Kapelle. Ein in den Felsen geritztes Kreuz soll den ehemaligen Betplatz des Ordensstifters bezeichnen.

Als der heilige Bruno mit den ersten Getreuen den Platz für sein künftiges Kloster in der Einsamkeit der Dauphinée nördlich von Grenoble ausgewählt hatte, gab er sich mit einem Oratorium und einigen Zellen zufrieden, die er rund um das bescheidene Gotteshaus errichten ließ. Den ersten eigentlichen Klosterbau der Grande Chartreuse errichtete erst der fünfte Prior zwischen 1109 und 1136. Er wurde zum Vorbild für alle späteren Kartäuserklöster: eine Kirche mit kleinem Kreuzgang, Refektorium und Kapitelsaal sowie Fremdenzimmer; später mit einem größeren Kreuzgang und den Zellen der Mönche (drei kleine Räume). Die Zellen waren voneinander getrennte Wohnungen, damit jedem Kartäuser ein Leben in streng isolierter Kontemplation möglich war.

Fünfmal verzeichnet die Klosterchronik schwere Brände, die die Kartause in Mitleidenschaft zogen – der letzte im Jahre 1676. 1562 hatten die Hugenotten Kirche und Konventsgebäude geplündert. Der neue Klosterbau stammt aus den Jahren nach dem Brand von 1676. 110 Mönche und 140 »Konversen« (Handwerker und andere Hilfskräfte, darunter 25 Maultiertreiber, 40 Arbeiter, Kuhhirten u. a.) bewohnten im 18. Jahrhundert das einsame Kloster. Die Zahl der Mönche war noch auf 300 gestiegen, als die Soldaten der Revolution 1792 die Ordensleute vertrieben und die Klostergebäude verwüsteten. Aber schon 1816 waren sie wieder da; allerdings hatten sie künftig dem Staat eine Jahresrente von 3.000 Franc zu zahlen. 1903 mussten die Kartäusermönche noch einmal ins Exil. In der der italienischen Kartause Forneta bei Lucca fanden sie Aufnahme.

Erst 1940 wurde die Kartause in den Voralpen, die leider nicht zu besichtigen ist, neu besiedelt. 1955 zählte das Kloster noch 20 »Konversen«, Laien-Hilfskräfte, davon drei, die außerhalb des Klosters in Voiron arbeiten und wohnen. In Voiron wird auch der berühmte Kräuterlikör »Chartreuse« aus 130 verschiedenen Kräutern hergestellt. Die dort lebenden Klosterarbeiter wirken an der Produktion als Hersteller und Kontrolleure mit. Die Produktionsstätte in Saint-Pierre-de-Chartreuse, die nur mehr von Laienkräften betrieben wird, ist, im Gegensatz zum Kloster, für den Publikumsverkehr geöffnet.

*Blick auf die Grande Chartreuse im heutigen Bauzustand.*

*Kreuzgang der ehemaligen Zisterzienserabtei Fontenay.*

# Fontenay

## Gotteslob nach strenger Regel

Die burgundischen Ritter des 12. und 13. Jahrhunderts waren keine Kostverächter. Sie liebten das Leben, waren Sponsoren der Minnesänger, und fromm waren sie auch, aber auf ihre Art. Doch Bernhard von Clairvaux (1090 bis 1153), Spross eines alten burgundischen Rittergeschlechts, war ganz anders. Er fand weder an Ritterspielen noch an Tafelfreuden seiner Standesgenossen Vergnügen. Ihn zog es vielmehr in die Einsamkeit eines Klosters. Als 22-Jähriger trat er in das Kloster von Clairvaux ein und wurde Mönch nach der Regel des heiligen Benedikt. Die Mitbrüder erkannten alsbald die überragende Persönlichkeit Bernhards und wählten ihn nach wenigen Jahren zum Abt.

Bernhard sah die prächtige Ausstattung seines Klosters, die er nicht in Einklang bringen konnte mit dem Willen des Ordensgründers und dem Geist des Armutsgelübdes. Mit zwölf seiner Mitbrüder suchte er nach einer neuen Klosterstätte, die er im waldreichen Gebiet zwischen Montbard und Châtillon-sur-Seine im Talgrund von Fontenay fand. Die bisherige Einsiedelei schien Bernhard aus vielerlei Gründen für seine Klostergründung geeignet. Nach der neuen Zisterzienserregel sollte das Kloster, weitab von einer Stadt und einem Schloss, in der Einsamkeit ein beschauliches Leben ermöglichen, das Gotteshaus auf jeden äußeren Schmuck verzichten und Glockengeläut von Türmen vermieden werden, damit fremde Besucher nicht angelockt würden. (Statt der Türme war nur ein Dachreiter gestattet.) In der Ökonomie sollten die Mönche nur so viel Land bestellen, wie ihnen aus eigener Kraft möglich war.

Bernhard begründete seinen Mitbrüdern gegenüber die Wahl des Tals mit dem Hinweis, dass diese »fruchtbare Erde« Wasser besitze und »schwere Ähren« hervorbringe. Seine Abneigung gegen künstlerischen Figurenschmuck an der Klosterkirche fasste er in einem Wort zusammen, das überliefert ist: »In den Kreuzgängen, dicht vor den Augen der lesenden und sinnenden Brüder: Was soll diese lächerliche Ungeheuerlichkeit, dieser garstige Prunk und diese prunkende Garstigkeit? Diese unreifen Affen? Diese wilden Löwen? Diese monströsen Zentauren? Diese Halbmenschen? Diese Tiger? Du siehst unter einem Kopf mehrere Leiber und umgekehrt auf einem Leib mehrere Köpfe. Du siehst einen Vierfüßler in eine Schlange auslaufen, einen Fisch mit dem Kopf eines Säugetiers, hier ein Tier, das vorne ein Ross und von hinten eine Ziege ist, ein anderes, das vorne Hörner und hinten Pferdefüße hat. Bei Gott! Habt ihr vor diesen Vierbeinern keine Scham, so scheut euch wenigstens vor den Kosten!«

Trotz dieser prinzipiellen Einschränkungen für künstlerische Gestaltungsfreiheit zählt Fontenay zu den schönsten Zisterzienserklöstern Frankreichs. Gemäß dem Willen des Ordensreformers und der neuen Klosterregel verlief auch das Leben der Mönche in spartanischer Einfachheit. Nach sieben Stunden Schlaf, den die Mönche angekleidet (weiße Tunika und schwarzes Skapulier) auf einem Strohsack verbrachten, folgten weitere sieben Stunden bei den täglichen Gebetszeiten und bei der Messzelebration (gegen 1 Uhr oder 2 Uhr in der Nacht) und sieben Stunden bei der Land- und Forstwirtschaft. Zu diesen Tätigkeiten zählten auch der Betrieb von Mühlen und Schmieden, von Öfen, Bäckereien und Brauereien, die Betreuung einer Krankenstation und die Arbeit in einem großen Kräutergarten. Dazu waren sie aktiv in Werkstätten, die als Produktionsorte der »ersten Industrialisierung« gelten können. Die Autarkie ihrer Klosterorganisation erlaubte letztlich auch die erfolgreiche Besiedlung und Christianisierung Osteuropas durch Zisterziensermönche.

Schlicht und bescheiden wie das Leben der Mönche – nur eine Mahlzeit war in der Fastenzeit gestattet – sollte auch der Klosterbau sein. Papst Eugen III., selbst einst Mönch von Clairvaux, hatte die Abteikirche von Fontenay 1147 geweiht. In einem von Mauern umschlossenen

Klosterbezirk wirken Kirche und Konventsgebäude aus warm-gelblichem Stein wie ein geschlossener Block. Alles scheint nach rechtem Winkel geordnet. Das Portal der schlichten Fassade, zu der ursprünglich eine mittlerweile zerstörte Vorhalle gehörte, schmückt kein Tympanon wie ansonsten in romanischen Kirchen üblich. Auch das Innere der Pfeilerbasilika – in mystischem Dunkel, da das Hauptschiff keine Fenster hat – ist durch strenge Einfachheit geprägt. Die Nebenschiffe gliedern sich in Kapellen, von denen einige, jeweils rechteckig, auch im Querhaus vor dem Chor vorhanden sind. Der kleine Chor ist rechteckig (gemäß der strengen Zisterziensertradition ohne Apsis), ein Lettner trennt ihn im unteren Teil der Kirche von dem Platz der Laienbrüder. Diese hatten einen eigenen Eingang in die Kirche; so auch die Priestermönche, die direkt vom Schlafsaal über eine steile Treppe in den Chorraum gelangten. Den einzigen Skulpturenschmuck innerhalb der Kirche bildete eine Madonnenstatue zu Ehren der Schutzherrin des Ordens – ein Meisterwerk der burgundischen Plastik.

An der Nordseite der Kirche lag der (mittlerweile nicht mehr vorhandene) Klosterbrunnen. Hier pflegten die Mönche in den wenigen Ruhepausen des Tages auf steinernen Bänken zu lesen und sich samstags die Füße zu waschen. Währenddessen sangen sie das »Mandatum«. Täglich wurden Gesicht und Haartonsur gewaschen, vor den Mahlzeiten die Hände gesäubert.

Im Obergeschoss des Klosters befand sich der Sprechraum des Priors, in den die Mönche einzeln eintraten und die Arbeit des Tages zugewiesen bekamen. Zwei Wärmeräume, ein kleinerer für den Sommer, ein größerer für den Winter, standen den Mönchen zu Verfügung, um sich aufzuwärmen und nach Außenarbeiten im Regen zu trocknen Haupthaar und Bärte wurden in der Frühzeit des Klosters siebenmal im Jahr, später zwölfmal geschnitten. Viermal im Jahr wurden die Klosterinsassen zur Ader gelassen.

Im rechten Winkel zum Kreuzgang, der nur den Priestermönchen vorbehalten war, lagen das Refektorium und die Küche. Diese hatte auch einen Zugang zum Speisesaal der Konversen, der Laienbrüder. Gleichfalls vom Kreuzgang aus war der Kapitelsaal erreichbar, in dem unter Vorsitz des Abtes das öffentliche Schuldbekenntnis stattfand, die Ordensregel verlesen und die Totenrolle aus anderen Zisterzienserklöstern vorgetragen wurde. Außerhalb des eigentlichen Klosterkomplexes befanden sich die Infirmerie (die Krankenstation), eine Herberge für fremde Besucher oder die Wirtschaftsgebäude.

Heute leben in Fontenay keine Mönche mehr. Schon im 16. Jahrhundert verlor die Abtei zunehmend an Bedeutung, als ab 1557 der französische König auch hier Kommendataräbte seiner Wahl einsetzte. Die Revolutionsheere vertrieben die Mönche von Fontenay. Für 78.000 Francs wurde die Abtei 1791 verkauft und in eine Papierfabrik umgewandelt, die von den als erste Ballonfahrer zu Weltruhm gelangten Brüdern Montgolfier betrieben wurde. Seit 1806 ist das Abteigelände in Privatbesitz der Familie Ayard. Ihr ist es zu danken, dass die berühmte Zisterzienserabtei wieder in den Zustand versetzt wurde, in dem sie zu Zeiten Bernhards von Clairvaux war. Sorgfältig restauriert erfreut sie sich als »monument historique« regen Besuchs. Etwa 60.000 kunstbegeisterte Touristen suchen jährlich die Abtei auf, die mit einem gepflegten Park, Blumenrabatten und mit Forellenteichen ein Anziehungsort besonderer Art ist.

**Das Kloster im Wald**

*Nur ein paar Autominuten von Flavigny auf der D 905 (Abfahrt Montbard) liegt in einem Talgrund die alte Zisterzienserabtei von Fontenay. Die Ausfahrt ist gut ausgeschildert. Schon in Flavigny wird auf den »genius loci« der Abtei hingewiesen: »Stören Sie bitte nicht den Frieden des Klosters!« Über einen Pförtner und ein Gästehaus erreicht man den ummauerten Klosterbezirk. Der Besuch ist an jedem Tag möglich (mit Führung). Die Eintrittsgelder dienen der Unterhaltung der vorbildlich restaurierten und gepflegten Klosteranlage.*

*Fontenay; Inneres der ehemaligen Klosterkirche nach Westen.*

*Mit der Proklamation des (Ersten) Kreuzzugs durch Papst Urban II. im November 1095 auf der Synode zu Clermont begann eine Bewegung, die zweihundert Jahre lang Abend- und Morgenland prägte. (Nach einer Zeichnung von A. de Neuville.)*

# IV.
# Kreuz und Schwert
## Das Zeitalter der Kreuzzüge und die Ritterorden

**»Deus lo vult!«**

Die Kirchenversammlung, die im November 1095 im südfranzösischen Clermont-Ferrand zusammentrat, war zunächst ein Ereignis von lokaler Bedeutung, dem nur die Anwesenheit des Papstes, Urbans II., größere Aufmerksamkeit sicherte. Dass der Heilige Vater die lange Reise vom Tiber in die Auvergne auf sich genommen hatte, erweckte immerhin Neugier, und so fanden sich mehr und mehr Pilger und Gaffer in Clermont ein. Als dann noch verkündet wurde, der Papst werde zum Ende der Synode, am 27. November, eine »wichtige Erklärung« abgeben, da strömten endgültig die Massen aus weitem Umkreis in die Stadt.

Die Kathedrale von Clermont konnte die Ritter und Priester, die Handwerker und Bauern nicht fassen. So versammelte sich die Menge vor dem Nordportal, wo der Papst inmitten der geistlichen Würdenträger Aufstellung nahm und seine Ansprache begann. Wer nun aber eine flammende Bußpredigt ob der eigenen zahlreichen Sünden erwartet hatte, der wurde angenehm enttäuscht: Papst Urban erzählte Geschichten – Geschichten aus dem Heiligen Land, Geschichten von traurigen Schicksalen, wie sie Wallfahrern zum Grab Jesu widerfuhren, wenn sie von den dort herrschenden Heiden verschleppt, versklavt, gemartert wurden. Der Papst redete sich und die Menge in Hitze. Er beschrieb die Leiden, wie sie die in Palästina ansässigen Christen durch grausame muslimische Herrscher erdulden mussten; er schilderte die heiligsten Stätten der Christenheit, wie sie vernachlässigt, verwüstet, oder – schlimmer noch – in Moscheen verwandelt wurden.

Immer häufiger unterbrachen Schreie der Wut und der Empörung die Predigt des Papstes. Und als Urban mit lauter Stimme verkündete: »Ihr aber, ob arm, ob reich, ihr sollt die Herolde Christi sein! Eilt, das Schlangengezücht der Heiden zu vertreiben, und all jenen, die an Christus glauben, Hilfe zu bringen. Christus befiehlt es euch!« – da lag plötzlich der Aufschrei in der Luft, den spontan Tausende aufgriffen, und der für die kommenden Jahrhunderte das Denken und Fühlen des christlichen Abendlands bestimmte: »Deus lo vult! – Gott will es!«

Endgültig kein Halten gab es mehr, als der Papst mit diesem Aufruf die Sorge der frommen Zuhörer um ihr Seelenheil verband: Kraft seines von Jesus dem Petrus verliehenen Amtes (»Was du auf Erden bindest bzw. lösest, wird auch im Himmel gebunden oder gelöst sein… «, Mt16, 19) gewährte Urban allen, die auf der Fahrt ins Heilige Land oder beim Kampf gegen die Ungläubigen ihr Leben einbüßten, den Ablass aller Sündenstrafen. Wer sich hingegen am Besitz und Eigentum eines dieser bewaffneten Wallfahrer während dessen Abwesenheit vergriff, der würde der Strafe der Exkommunikation verfallen.

Kaum hatte der Papst geendet, da fiel der Bischof von Puy vor ihm in die Knie und bat ihn um die Erlaubnis, an dieser »Kreuzfahrt« ins Heilige Land teilzunehmen. Derweil wurden bereits Stoffstreifen unter der erregten Menge verteilt, aus denen man Kreuze bilden konnte, die an die Kleider geheftet wurden. An jenem 27. November nahmen über 500 Personen zu Clermont das Kreuz; aus heiterem Himmel erschien zudem ein Bote des mächtigen Grafen von Toulouse, der verkündete, dass auch dieser berühmte Kriegsmann am Kreuzzug teilnehmen werde, und in wenigen Wochen hatte sich die Bewegung von den Pyrenäen bis zum Niederrhein ausgebreitet.

Es gibt wenig Zweifel daran, dass dieser »spontane« Ausbruch von Kreuzzugsbegeisterung vom Papst und den anwesenden Würdenträgern geplant gewesen war. Sein Erfolg war aber so gewaltig, dass er den geistlichen und weltlichen Autoritäten völlig aus der Hand glitt: Das Kreuz zu nehmen, das war ein Auftrag, wie er waffengeübten Rittern und ausgewähltem Fußvolk entsprach – zum Entsetzen Urbans und bald des ganzen Abendlandes bezogen das »Gott will es!« auch diejenigen auf sich, die gar nicht gemeint gewesen waren: die Armen und Entwurzelten vom untersten Ende der sozialen Leiter, Bauernsöhne ohne Land, Handwerksgesellen ohne Arbeit, fahrendes Volk, Bettler, Diebe... In dem Prediger Peter von Amiens fanden diese Leute einen wortgewaltigen Führer von fanatischer Selbstsicherheit. Unter seiner Leitung wälzte sich 1096 das Heer des »Volkskreuzzugs« den Rhein hinauf und zur Donau hinüber, und seinem Sog konnten sich auch die etablierteren Kräfte der Gesellschaft nicht entziehen: Auch etliche Ritter schlossen sich an, wohlhabende Bauern und Händler verkauften ihre Habe, um, zum Teil mit Frau und Kindern, an der Befreiung Jerusalems teilhaben zu können.

Doch der soziale Bodensatz bestimmte weiterhin das Schicksal des »Volkskreuzzugs«, der sich wie eine Heuschreckenplage durch das Land fraß. Besonders schlimm traf es die rheinischen Städte, wo sich, nicht zuletzt im Vertrauen auf den Schutz der Bischöfe, starke und wohlhabende Judengemeinden gebildet hatten. Wenn man ohnehin gegen »Ungläubige« kämpfen wollte, warum dann bis zum Heiligen Land warten? Der bewaffnete Pöbel richtete entsetzliche Blutbäder unter den rheinischen Juden an.

Nicht, dass es den Christen auf dem Vormarschweg der »Kreuzfahrer« viel besser ergangen wäre – eine Schneise der Verwüstung blieb auch in Ungarn, Serbien und Bulgarien zurück. Trotz der zahlreichen provozierten Gegenangriffe seitens der gequälten »Gastländer« erreichte ein noch immer beachtlicher Harst des Volkskreuzzugs Konstantinopel – zum nicht geringen Entsetzen der Byzantiner. Die hatten zwar im Kampf gegen die türkischen Seldschuken-Sultane jede Hilfe bitter nötig – aber nicht einen plündernden Pöbelhaufen, der sich in der ehrwürdigen Kaiserstadt kaum besser aufführte als in den Judengettos am Rhein! So schob Kaiser Alexios die ungebetenen Gäste möglichst rasch auf die andere Seite des Bosporus ab und war froh, als die letzten bewaffneten Pilger in den heißen Bergen Kleinasiens verschwanden. Und dort fand der Spuk auch sein blutiges Ende: Krankheiten, Durst und die Seldschuken rieben den Volkskreuzzug bis fast bis zum letzten Mann, Weib oder Kind auf – der nachfolgende »ordentliche« Kreuzzug musste ganze Felder voller sonnengebleichter Gerippe durchqueren. Zu den wenigen, die dem Desaster entkamen, gehörte Peter von Amiens...

**Nach Jerusalem!**

Der Schock dieses unerwarteten und unerwünschten Volksaufbruchs konnte die seriösen Kreuzzugsplaner allerdings nicht lange verwirren. Noch im Laufe des Jahres 1096 sammelte sich unter der Führung der Lothringer Grafen Gottfried und Balduin von Bouillon sowie Raimunds von Toulouse ein gut organisiertes Ritterheer, das sich überwiegend aus normannischen, südfranzösischen und lothringischen Kämpfern zusammensetzte. Der Erste Kreuzzug war also keineswegs eine »gesamtabendländische Veranstaltung«, sondern ein überwiegend frankophones Unternehmen. Beteiligt waren zudem weder der Römische Kaiser Heinrich IV. noch die neben ihm mächtigsten Herrscher, die Könige von Frankreich und England

– alle drei Monarchen standen damals auf Kriegsfuß mit dem Papsttum. Urban II. war es recht: Um so mehr konnte die geplante Befreiung von Jerusalem als Werk und Leistung des Heiligen Stuhles erscheinen!

Dass die geplante Befreiung zur tatsächlichen Eroberung von Jerusalem und weiter Teile der Levante führte, gehört auch im historischen Rückblick zu den Wundern der Geschichte: Das Ritterheer zog auf dem Landweg entlang der Donau und durch den Balkan zum Bosporus, musste sich also mit den materiellen und psychologischen Spuren auseinander setzen, die die Horden Peters von Amiens hinterlassen hatten. Diese vergiftete Atmosphäre wirkte sich besonders ungünstig in Konstantinopel aus, dem letzten christlichen Stützpunkt, bevor es ins muslimische Feindesland ging. Zur unverhüllten Feindschaft der »orthodoxen« Bevölkerung – der Bruch zwischen Ost- und Westkirche lag damals noch keine 50 Jahre zurück – kam das politische Misstrauen des Kaisers, der einem strategisch denkenden Eroberungsheer des Abendlands kaum mehr Sympathien entgegenbrachte als den Marodeuren des Vorjahres...

Schließlich von den Byzantinern doch mit leidlichen Vorräten und Verstärkungen versehen, stießen die Kreuzfahrer 1097 ins anatolische Herzland der gefürchteten Seldschuken vor, die ja durch den tragischen Volkskreuzzug, weiß Allah, genügend vorgewarnt waren. Offenbar unterschätzten sie aber den Unterschied zwischen plündernden Horden und einem waffengeübten Ritterheer. Und die Kreuzfahrer müssen auch von einer kaum nachvollziehbaren vertrauensvollen Entschlossenheit gewesen sein: Je näher sie Jerusalem kamen, desto gezielter konnten sie ihre schwindenden Kräfte mobilisieren, um den Kampf mit den starken islamischen Festungen entlang der Mittelmeerküste aufzunehmen.

Bei der psychologischen Betreuung der Kreuzritter, die inzwischen schon zwei Jahre auf ihrer bewaffneten Wallfahrt mit ständigen Kämpfen zugebracht hatten, spielte die mitziehende Geistlichkeit eine wichtige Rolle – weniger die Bischöfe und Domherren, die sich, meist selbst adeliger Herkunft, nur zu willig in die Reihen der Kämpfer einordneten, als die einfachen Priester und die Mönche, die mit ihren leidenschaftlichen Predigten die sinkende Moral immer wieder neu belebten. Dabei halfen weiterhin die frommen Zufälle: Als sich die mächtige Stadtfestung Antiochia auch nach sechs Monaten nicht ergeben wollte und das Kreuzheer am Ende schien, fanden Mönche unweit der Stadt die Heilige Lanze, mit der einer Tradition zufolge Christus am Kreuz durchbohrt worden war. Unter diesem glückhaften Symbol gelang dann auch der Sturm auf Antiochia...

Ein wichtiger Verbündeter der Ritter aus dem Abendland war die damalige Zerstrittenheit der islamischen Machthaber zwischen Euphrat und Nil, die zu keiner koordinierten Abwehr fähig waren. Allerdings folgten die Christen hier rasch dem schlechten orientalischen Vorbild und zersplitterten ihre Kräfte noch vor dem Ziel Jerusalem: Nach der Eroberung der reichen Handelsstadt Antiochia fand der Normannenführer Bohemund von Tarent, dass diese Metropole mit ihrem Umland ein Fürstentum ganz nach seinem Geschmack abgeben würde. Er ließ sich mit etlichen seiner Ritter häuslich nieder und winkte dankend ab, als Gottfried von Bouillon ihn an sein Gelübde erinnerte, Jerusalem von den Ungläubigen zu befreien. Schon zuvor war Graf Balduin von Boulogne mit seinen Truppen nach Osten abgeschwenkt, um sich jenseits des Euphrats in Edessa sein eigenes Fürstentum zu sichern. Und auch Raimund von Toulouse fand seine Verdienste um den Kreuzzug nur mit einem eigenen Fürstentum, in diesem

Falle dem von Tripolis an der Küste des Libanon, entsprechend gewürdigt...

Trotz dieser Widrigkeiten, von denen eigentlich jede einzelne zum Scheitern des Unternehmens hätte führen müssen, war es im Juni 1099 so weit: Die Kreuzfahrer erblickten vor sich die Kuppeln und Türme von Jerusalem, fielen auf ihre Knie nieder und dankten Gott. Dass Jerusalem eine befestigte Stadt war, konnte nach der dreijährigen Leidenszeit die Ritter aus dem Abendland nicht lange aufhalten: Am 15. Juni erstürmten sie die Mauern – und metzelten alles nieder, was ihnen vor die Schwerter kam. Die frommen Pilger verschonten weder Greise noch Kinder; sie setzten ihr Mordwerk auch noch in der Moschee auf dem Tempelberg fort, sodass das Blut in Bächen über die Treppenstufen floss. Und als sich die Kreuzritter nach all dem Morden und Plündern in der Grabeskirche zum Dankgebet versammelten, war Jerusalem, die »Friedensstadt«, einmal mehr eine Stadt der Toten...

Bei allem Blutrausch und allem Stolz auf die eigene, übermenschliche Leistung vergaßen die Eroberer allerdings noch nicht, dass sie letztlich als Werkzeuge Gottes zur Befreiung der Heiligen Stätten unterwegs waren, und so gab sich Gottfried von Bouillon, der neue Herr von Jerusalem, mit dem Titel »Beschützer des Heiligen Grabes« zufrieden. Als Gottfried aber schon im folgenden Jahr, von den Entbehrungen des Kreuzzugs gezeichnet, starb, setzte sich sein Bruder Balduin doch eine Krone auf: Das Königreich Jerusalem war gegründet – ein Staatswesen, das vom ersten Augenblick seines Bestehens an um sein Überleben kämpfen musste.

**In der Defensive**

Dass sich das von der gesamten Christenheit gefeierte Königreich am Grabe Jesu von Anfang an in der Defensive befand, lag nicht nur an der geographischen Entfernung zum Abendland. Allzu bereitwillig exportierten die neuen Herren ihr Herrschaftssystem der feudalen Zersplitterung an die Ostküste des Mittelmeers, wo sich, statt eines mächtigen Christenreiches, bald eine ganz Kette eifersüchtiger Kleinstaaten erstreckte: Tripolis, Antiochia, Edessa, Klein-Armenien, Zypern...

Und das »Wunder von 1099« ließ sich auch nicht wiederholen, wie sich schon ein knappes halbes Jahrhundert später erweisen sollte. Das abgelegene Edessa war 1146 einem islamischen Gegenangriff zum Opfer gefallen, und die schlimme Nachricht löste umgehend eine neue Woge der Kreuzzugsbegeisterung aus, geschürt und koordiniert vom berühmtesten Prediger der Zeit, dem Zisterziensermönch Bernhard von Clairvaux. Bernhard gelang es nicht nur, ein neues, glänzendes Kreuzfahrerheer zu sammeln; er brachte diesmal auch die mächtigsten Fürsten des Abendlands an dessen Spitze: den deutschen König Konrad III. und den französischen König Ludwig VII. Doch mit den hohen Herren drängten sich auch die Konflikte und Intrigen der abendländischen Politik in das Kreuzheer, und so endete dieser Zweite Kreuzzug trotz bester Voraussetzungen in einem peinlichen Desaster: Nicht nur konnte Edessa nicht wieder gewonnen werden; die stolzen und allzu selbstbewussten Ritter aus dem Westen erlitten auch in allen Feldschlachten gegen die Muselmanen klare Niederlagen.

Diese neu gewonnene Kampfkraft des islamischen Orients musste als warnendes Menetekel für das Königreich Jerusalem erscheinen, das sich dennoch durch innere Querelen weiter schwächte. Die neue Bedrohung erhielt bald einen Namen: Saladin. Dieser kurdische Heerführer hatte sich 1169 zum Herrn des Sultanats von Ägypten aufgeschwungen, und ihm gelang es innerhalb weniger Jahre, die zersplitterten Kräfte des Islams zwischen

*Das Kreuzzeichen auf dem Gewand wurde das Zeichen der bewaffneten Wallfahrer. Das französische Kontingent wählte 1096 Gottfried von Bouillon zu seinem Anführer. (Nach einer Zeichnung von A. de Neuville.)*

Euphrat und Nil zu einer schlagkräftigen Großmacht zusammenzufassen. Religiöser Fanatismus war Saladin dabei fremd, und ein kooperatives Christenreich Jerusalem unter seiner Oberherrschaft hätte er wahrscheinlich sogar geduldet. Doch dann waren es die Christen selbst, die, in völliger Verkennung der Kräfteverhältnisse, Saladin zum Kampf herausforderten. Bei Hittin, hoch über dem See Gennesaret, wurde das Christenheer 1187 vernichtend geschlagen. Niemand blieb übrig, der Saladin den Einzug in Jerusalem verwehrt hätte…

Wenn es eine Nachricht gebraucht hätte, um die vielfältig zerstrittenen Herrscher des Abendlands zu gemeinsamer Aktion zu vereinen, dann die Schreckenskunde: »Jerusalem ist gefallen! Die grüne Fahne des Propheten weht über den heiligen Stätten!« Leider hatte diese Nachricht dann genau diesen Effekt: Der Papst rief, und alle, alle kamen – Kaiser Friedrich Barbarossa, Philipp II. August von Frankreich, Richard Löwenherz von England, dazu Dutzende ihrer mächtigsten Vasallen, die Normannen aus Sizilien… Da die einzelnen Kontingente auf verschiedenen Wegen ins Heilige Land zogen – wobei der alte Barbarossa beim Bad im Fluss Saleph ertrank –, verlief wenigstens der Anmarsch in einigermaßen geordneten Bahnen. Doch an der Front im Heiligen Land brachen die Eifersüchteleien und Eigeninteressen ohne jede Rücksicht auf das gemeinsame, große Ziel aus; Heldentaten wechselten mit hinterhältigen Intrigen, sinnlose Gemetzel mit diplomatischen Manövern, bis sich die Überlebenden frustriert auf den Heimweg begaben. An eine Rückeroberung von Jerusalem war unter diesen Umständen nicht zu denken; in einem Vertrag von 1191 hatte Saladin den Christen lediglich die Herrschaft über einen Küstenstreifen des ehemaligen Königreichs mit der in hartem Kampf eroberten Festung Akkon zugestanden, dazu die Erlaubnis, als Pilger Jerusalem zu besuchen.

Hatte der 1192 abgebrochene Dritte Kreuzzug die militärisch-politische Bankrotterklärung des Abendlands bedeutet, so folgte die moralische nur ein gutes Jahrzehnt später: Papst Innozenz III., einer der energischsten und machtbewusstesten Nachfolger des Petrus, hatte die Rückeroberung von Jerusalem zur »Chefsache« erklärt und auch ein ansehnliches Kreuzheer ohne eigensinnige Fürsten an der Spitze zusammengebracht. Die Teilnehmer dieses Vierten Kreuzzuges besaßen somit weniger Konfliktstoff – sie hatten aber auch wenig Geld, als es zur Bezahlung der Überfahrt ins Heilige Land kam. Nun, die Venezianer ließen mit sich reden: Für ein wenig Waffenhilfe gegen einen sie wirtschaftlich und politisch störenden byzantinischen Außenposten würden sie über einen Rabatt auf den Reisepreis mit sich reden lassen… Dieser »kleine Abstecher« führte 1204 dazu, dass christliche Ritter im Zeichen des Kreuzes die christliche Weltstadt Konstantinopel, das »zweite Rom«, erstürmten, verwüsteten und ausplünderten. Papst Innozenz musste in ohnmächtiger Wut zusehen, und der islamische Orient schüttelte den Kopf darüber, wieso die »Franken« ausgerechnet die Macht zerschlugen, die sich fast ein Jahrtausend lang als Bollwerk des Abendlands bewährt hatte…

Mit dem Fall von Konstantinopel war auch das Schicksal des Königreichs von Jerusalem und der anderen Kreuzfahrerstaaten besiegelt, denn der Kreuzzugsgedanke zur Befreiung der Heiligen Stätten war jetzt gründlich desavouiert. Erst recht – zumindest in den Augen der frommen Zeitgenossen –, als Kaiser Friedrich II. 1228 den für uns heutige Geschichtsbetrachter weisen Entschluss fasste, Jerusalem zum Konferenzgegenstand zu machen. Tatsächlich konnte er von seinen islamischen Verhandlungspartnern die friedliche Überlassung der heiligen Stadt erreichen, und dieses Abkommen hielt immerhin 16 Jahre. Aber schon für die damalige öffentliche Meinung war solch ein Abkommen mit dem »Erzfeind« Verrat an den Idealen des Rittertums, und der Umstand, dass Kaiser Friedrich zum Zeitpunkt seines, des Fünften »Kreuzzugs« vom Papst gebannt war, fügte zum »Verrat« auch noch Hohn hinzu.

1244 kamen die Muslime nach Jerusalem zurück, und dieses Mal für immer (d. h. bis 1967). Die »Kreuzfahrerstaaten« waren auf eine Reihe von Küstenstädten entlang der levantinischen Küste reduziert, in erster Linie Handelsposten für einen lebhaften und lukrativen Ost-West-Handel, in ihrem Überleben vom Wohlwollen der islamischen Herren des Hinterlands abhängig. Dieses Wohlwollen, gestützt vom gegenseitigen Geschäftsinteresse, hielt bis 1291, als mit Akkon die letzte der Kreuzfahrerfestungen erobert wurde.

Dass die Zählung der Geschichtsbücher dennoch die Kreuzzüge Nummer 6 und 7 kennt, hat wenig mit dem Weiterbestehen allgemeiner Kreuzzugsbegeisterung und auch nichts mit dem Heiligen Land zu tun. Beide Unternehmen entsprangen der Initiative des französischen Königs Ludwigs IX., der sich nicht zuletzt damit den Beinamen »der Heilige« verdiente. Am frommen Eifer Ludwigs kann kein Zweifel bestehen, doch schützte ihn dieser nicht davor, zum Opfer politischer Hintergedanken seiner intriganten Verwandtschaft zu werden. Der erste seiner Kreuzzüge (1248–1254) zielte so auch nicht auf Jerusalem, sondern auf Ägypten, wo die Franzosen das unvermeidliche Desaster in den Nilsümpfen ereilte; der zweite Kreuzzug Ludwigs ging gegen Tunis, wo der König 1270 im Feldlager einer Seuche erlag.

### Die Mönche mit den Waffen

Als Akkon fiel, war der fromme Franzosenkönig schon zwanzig Jahre tot, und alle schwachen Versuche, die Wehrfähigen des Abendlands zur Rettung der letzten Stützpunkte im Heiligen Land zu sammeln, waren kläglich gescheitert. Mit der Befreiung des Grabes Christi aus der Hand der Ungläubigen ließen sich keine Massen mehr mobilisieren – dieser Gedanke hatte sich in zweihundert Jahren überlebt. (Nicht jedoch die Attraktivität der Kreuzzüge als Mittel, das Seelenheil mit dem Schwert in der Hand zu gewinnen, wie in den kommenden Jahrhunderten noch viele Menschen leidvoll erfahren mussten.) Das wenig heroische Ende der Bewegung, die 1096 so machtvoll in Clermont begonnen hatte, war und ist Wasser auf die Argumentationsmühlen der skeptischen bis sarkastischen Geschichtsschreiber unserer Tage, die dem Heldenlied vom selbstlos-frommen Kreuzfahrer eine ganze Liste zweit- bis drittrangiger Motive zum Aufbruch ins Heilige Land – und für die vielen Gewalttaten auf dem Weg dorthin – gegenüberstellen.

Natürlich war es kein Zufall gewesen, dass der Aufruf Urbans II. so große und lang andauernde Resonanz gefunden hatte: Am Ende des 11. Jahrhunderts hatte das christliche Abendland eine gewisse Stabilität erreicht: Es war nicht mehr von äußeren, »heidnischen« Feinden – Wikinger, Ungarn, Sarazenen – bedroht; seine Staaten hatten das Grundmuster ihrer Grenzen und ihrer inneren Strukturen gefunden. Die Macht der Herrscher konnte die von der cluniazensischen Bewegung geforderte »treuga Dei«, den »Waffenstillstand Gottes«, mehr und mehr durchsetzen. Die Schicht der Ritter, die sich eben erst als eigene Gesellschaftsklasse zur exklusiven Ausübung des Kriegshandwerks ausgebildet hatte, sah sich vieler ihrer bisherigen Aufgaben beraubt, ja sogar geächtet, wenn sie ihre Schwerter in Verletzung von Land- oder Gottesfrieden zogen. Diesem sozialen Druck, vor allem auf die vielen jüngeren Söhne von Rittern, die sich nicht mit der neuen Aufgabe beschäftigen konnten, die ererbten Lehensgüter zu verwalten, gesellte sich ein ganz realer Bevölkerungsdruck hinzu: Ein mildes Klima in großen Teilen Europas und weiterentwickelte Anbaumethoden führten zur besseren Versorgung mit Lebensmitteln und zu einem deutlichen Anstieg der Einwohnerzahlen, dem die Erschließung neuen Kulturlandes – bei dem der Orden der Zisterzienser ja eine so bedeutende Rolle spielte – nur ungenügend folgen konnte.

Das gefährliche Potenzial, das sich in den Reihen der unterbeschäftigten und frustrierten waffenfähigen Männer Europas ansammelte, war den Mächtigen sicher nicht entgangen. Hier einen Ausweg unter kirchlichen Vorzeichen zu schaffen, war gewiss eines der Motive Urbans beim Aufruf zum Kreuzzug gewesen. Und eine Gesellschaft in der damaligen Aufbruchsstimmung – siehe den unseligen Volkskreuzzug oder den noch unseligeren Kreuzzug der Kinder von 1212 – brachte auch die notwendige Lust am Abenteuer mit. Auf schwere Kämpfe, Verwundung, Krankheit und Tod waren die ersten Kreuzfahrer zweifellos vorbereitet. Nicht vorbereitet waren sie auf den Zusammenstoß mit einer überlegenen Zivilisation bei den »Heiden«, auf den verfeinerten Lebensstil und die Schätze des Orients. Die schrecklichen Plündereien und Gemetzel sind sicher zu einem Gutteil auf diesen »Kulturschock« zurückzuführen. Unverkennbar war aber auch in den Reihen der Christen, wie viele von ihnen rasch der faszinierenden, fremden Welt erlagen und die wirtschaftlichen Möglichkeiten erkannten, die sich ihnen in der Levante eröffneten. Vor allem die Handelsstädte Italiens zogen schnell den friedlichen Austausch mit dem muslimischen »Erzfeind« dem Kampf um die heiligen Stätten vor. Spätere Kreuzfahrer, die mit der alten, fromm-naiven Schlagetot-Mentalität auf dem Schauplatz erschienen, wurden zusehends als lästige Störenfriede betrachtet. Und natürlich gab es bei einer solchen Massenerscheinung, wie es die Kreuzzüge waren, »bewaffnete Wallfahrer«, bei denen diese Mentalität weder fromm noch naiv war, sondern schlichtem Sadismus und Zerstörungslust entsprang.

Dennoch wäre es ungerecht und unhistorisch, einem Gutteil jener Menschen, die während dieser 200 Jahre das Kreuz nahmen, die fromme Überzeugung hinter ihrem Handeln abzusprechen. Wer sich die beiden Stoffstreifen ans Gewand heftete, der wusste, dass er sich auf eine Reise begab, bei der der Tod auf irgendeine, womöglich grässliche Weise wahrscheinlicher war als die gesunde Wiederkehr. Die Zusicherung der Kirche, dass man in diesem Falle direkt ins Paradies eingehen werde, konnte nur für Menschen ein Trost und Ansporn sein, die von festem und tiefem Glauben erfüllt waren. Einmal ins Heilige Land zu ziehen, dort zu sterben oder auch heil wieder in die Heimat zurückzukehren, war theologisch-spirituell das Höchste, was ein gläubiger Laie des Mittelalters anstreben konnte – und trotzdem haben sich Tausende junger Ritter und anderer Männer nicht mit dieser einen, schweren Kreuzfahrt abgefunden, sondern haben ein lebenslanges Gelübde abgelegt, bei dem zu den drei traditionellen Verpflichtungen des Mönchs noch diejenige zum ständigen Kampf gegen »die Ungläubigen« hinzukam: Mit den Ritterorden – in ihrer Entstehung untrennbar mit dem Zeitalter der Kreuzzüge verbunden – gewann die Idee des Mönchtums eine neue, überraschende Dimension.

Sieht man die Abwendung von der Welt und ihren Versuchungen zur Sünde als Hauptmotiv mönchischen Lebens, so erscheint die Vorstellung eines schwertschwingenden Ordensbruders als unversöhnliches Paradoxon. Denn wer steckt tiefer in den Verwicklungen der Welt als der Kämpfer, und wer setzt sich größerer Gefahr aus, eine Todsünde zu begehen, als der, der seine Waffe gegen den Mitmenschen erhebt? Jesu Urteil: »Wer das Schwert zieht, wird durch das Schwert umkommen« (Mt 16, 52), hatte sicher nicht nur den physischen Tod des Sünders gemeint...

Auf der anderen Seite war die katholische Kirche weltlich-realistisch genug, um niemals einen uneingeschränkten Pazifismus zu predigen – die andere Wange hinzuhalten, wenn man auf die eine geschlagen worden war, diese Form der Nachfolge Christi blieb das Privileg weniger Heiliger. Vielmehr stellte die Kirche ganz bewusst die »ecclesia militans«, die kämpfende Kirche, der »ecclesia orans«, der betenden Kirche, zur Seite. Die Betenden – die Priester und Bischöfe, Mönche und Nonnen – mochten dem Himmel ein wenig näher sein, doch wie konnten sie den Frieden zum Gebet finden, wenn sich nicht die kämpfenden Christen mit den Nöten und Gefahren der Alltagswelt auseinander setzten? Und in der Welt des Mittelalters bedeutete dieser Alltagskampf oft genug reales Töten mit Schwert und Streitaxt. Der Bauer sorgte für das irdische Überleben, der Geistliche für das Seelenheil, und der Ritter schützte beide bei ihren lebenswichtigen Aufgaben. Zusammen bildeten sie die drei Säulen der gottgegebenen Gesellschaftsordnung, und wenn die Mönche auf den Feldern ihrer Klöster Arbeiten des Bauern übernahmen, warum sollten andere Mönche dann nicht die Aufgaben des Ritters übenehmen, vor allem, wenn es um so wichtige und heilige Aufgaben ging wie die Verteidigung der heiligen Stätten und den Schutz unbewaffneter Pilger auf dem Weg zum Grab Jesu?

Neben dieser spirituellen Verbindung geistlicher und weltlicher Ideale boten die Ritterorden weitere Anreize für den Beitrittskandidaten aus ritterlichem Hause, denn unvermeidlich fanden feudal geprägte Gesellschaftsstrukturen Eingang in die Organisation der Ritterorden: Selbstverständlich war die Klasse der einfachen Brüder, die die Alltagsdienste im Orden übernahmen, den schwerttragenden Ritter-Brüdern untergeordnet, während die »zweitklassigen« Brüder ihrerseits über die Schar der Handlanger geboten, die nicht dem Orden angehörten. Und auch innerhalb der Ordensbrüder, in deren Reihen je länger, desto exklusiver nur Söhne aus den »besten Häusern« aufgenommen wurden, wucherte zusehends ein hierarchisches Denken, je mehr Ämter in der Ordensorganisation zu vergeben waren. Zur militärischen Notwendigkeit, zwischen Generälen, Offizieren und Soldaten zu differenzieren, kamen vielgestaltige Aufgaben bei der Verwaltung der Burgen und Ländereien, die die Orden errichteten und verwalteten. Ein Ritterorden baute natürlich keine Klöster, sondern Burgen, und dank der personellen wie finanziellen Mittel der Orden und ihrer Expertise gehörten die Ordensburgen zu den herausragenden Beispielen zeitgenössischer Wehrtechnik und Wehrarchitektur; das eindrucksvolle Band wohlerhaltener Beispiele erstreckt sich vom gewaltigen »Krak des Chevaliers« in der syrischen Wüste über die Festungsanlagen von Rhodos und Malta bis zur Marienburg an der Weichsel. Diese Burgen waren eines Hofes würdig, und so entwickelte sich um die Komture und Großmeister der Ritterorden auch ein Hofstaat, der eines Fürsten würdig war, und der dem jungen Ritter-Mönch trotz seines Abschieds von der Welt soziale Aufstiegsmöglichkeiten bot.

Diese Möglichkeiten blieben zudem nicht nur auf das ohnehin ständig schmaler werdende Frontgebiet in Palästina, Syrien und Libanon beschränkt. Die Ordensritter erkannten viel rascher und genauer als die weltlichen Kreuzfahrer, dass das Überleben der bedrängten christlichen »Kolonien« von einer ständigen und konstanten Unterstützung durch das Mutter-Abendland abhängig war, und so kümmerten sie sich nicht nur um die militärisch-logistische Seite der Nachschubsicherung.

Sie produzierten diesen Nachschub an Geldern, Waffen, Ausrüstung und Menschen selbst, indem sie in den Herkunftsländern ihrer Brüder Besitzungen erwarben. So mancher Adelsherr mochte – später hieß es häufig genug: durfte – seinen Sohn nicht in einen Ritterorden eintreten lassen, ohne der Ordensgemeinschaft dessen Erbteil an Land und Leuten zu übertragen; hinzu kamen reiche Stiftungen und Schenkungen von Fürsten und Zeitgenossen schlechten Gewissens, weil sie selbst das Kreuz nicht genommen hatten... So entstanden im Heiligen Römischen Reich, in Frankreich und England, in Aragon und Kastilien, in Skandinavien und Italien kleine und größere Herrschaften im Besitz der Ritterorden, und diese Herrschaften mussten natürlich ihrerseits von Statthaltern des Ordens nebst jeweiligem Hofstaat verwaltet werden.

Neben diesen feudalen Einkünften erschlossen sich die Ritterorden bald eine weitere wichtige und lukrative Einnahmequelle: als internationale Bankiers. Kein kreuzfahrender Ritter kam gern mit leerem Beutel im Heiligen Land an; einen allzu vollen mitzunehmen, war angesichts der gefährlichen Wege aber auch nicht zu empfehlen. Gleiches galt für den Rückweg, vor allem, wenn man gute Beute gemacht (oder kostbare Souvenirs erworben) hatte. Die Ordensritter boten hier die Lösung: Der Ritter zahlte bei der örtlichen Ordensniederlassung eine Summe ein und erhielt dafür eine Quittung. Am Reiseziel präsentierte er diese Quittung und bekam, gegen eine Bearbeitungsgebühr, vom Orden sein Geld zurück. Dieses System ließ sich auf ganze Armeen übertragen, und die dabei anfallenden erheblichen Summen erlaubten es den Ritterorden, bei der sich seit dem 12. Jahrhundert entwickelnden Kapitalwirtschaft eine führende und sehr gewinnträchtige Rolle zu spielen. Auch bei den Mönchen mit dem Schwert schloss das Gelübde der Armut also keineswegs aus, dass der Orden selbst in Reichtum schwamm. In einem Fall sollte er darin blutig untergehen...

### Aufstieg und Fall der Tempelherren

Die Stärken und Schwächen des Mönchtums in Waffen lassen sich am besten an der Geschichte des ältesten der Ritterorden verfolgen, der »Ritter des Tempels«, kurz »Templer« genannt. 1120 hatte sich zwar das Königreich Jerusalem einigermaßen in seinem kleinen Territorium etabliert, die großen Scharen der – nunmehr meist unbewaffneten – Pilger, die nun ins befreite Jerusalem strömten, stellten aber für die islamischen Nachbarn eine ebenso große Versuchung zu Überfällen dar. Zum Schutz der Pilger schloss sich in diesem Jahr eine Gruppe französischer Ritter unter der Führung eines Hugo de Payns zu einer Gemeinschaft zusammen, die sich außerdem die klassischen Mönchsgelübde auferlegte. Jerusalems König, Balduin II., dem es wegen des ständigen Kommens und Gehens der Kreuzfahrer an einer zuverlässigen stehenden Truppe mangelte, überließ der jungen Gemeinschaft den Teil seines Palastes, der der Überlieferung nach über dem Tempel Salomos errichtet worden war, und so fand der neue Orden seinen Namen. Das heißt, ein Orden wurde er erst im Jahr 1129, als Hugo de Payns auf einem Regionalkonzil zu Troyes die päpstliche Bestätigung erhielt. Als Ordensgewand erhielt die Gemeinschaft den – levantinischem Klima entsprechenden – weißen Mantel verliehen; Papst Eugen III. legte ihm 1147 ein rotes Kreuz auf – Symbol der Kreuzfahrer in Permanenz.

In ihrer Ordensregel folgten die Templer, wie auch die anderen Ritterorden, dem Vorbild der Kanoniker (siehe das vorherige Kapitel; die Ordensritter waren also keine Mönche im engeren Sinne, sondern Chor- bzw. Kapitelherren). Festgelegt wurde in der Regel auch die feudal geprägte Ordensorganisation: Die adeligen Ritter wählten aus ihren Reihen den Großmeister, dem das Generalkapitel der Amtsträger beratend – und kontrollierend – zur Seite stand. Die Aufgaben der Waffenknechte und die Arbeiten in Burg und Wirtschaftshöfen waren den nichtadeligen Dienenden Brüdern übertragen; die geistlichen Aufgaben übernahmen die Ordenskapläne.

Seit der Mitte des 12. Jahrhunderts bildeten die Templer die eigentliche Armee des Königreichs Jerusalem und anderer Kreuzfahrerstaaten. Sie übten damit erheblichen politischen Einfluss in den christlichen Vorposten aus, sahen sich aber mit dem Aufkommen des Johanniterordens einer wachsenden Konkurrenz im eigenen Lager gegenüber. Diese Rivalität hatte einige gute Seiten, etwa, wenn der Templerorden ebenfalls Hospitäler errichtete, wo dann auch weibliche Ordensmitglieder Platz und Aufgabe fanden. Meist hatten die Eifersucht und der Eigensinn der Ordensritter aber fatale Folgen, etwa 1153 beim Angriff auf die Festung Askalon: Nach längerer Belagerung war es den Templern gelungen, eine Bresche in die Stadtmauer zu schlagen und dadurch einzudringen. Da die Templer aber allen anderen Rittern die Benutzung »ihrer« Bresche verweigerten, wurde der Stoßtrupp der Templer von den muslimischen Verteidigern überwältigt und bis auf den letzten Mann – einschließlich des damaligen Großmeisters – niedergemacht. Der sofortige Tod war ohnehin das Schicksal jeden Templers, der den Muslimen in die Händen fiel. Mit der »Elitetruppe« der Christen kannten diese so wenig Pardon, wie die Templer ihrerseits gefangenen Feinden gegenüber zeigten…

Strategischer Eigensinn der Tempelritter trug dann auch mit zum Desaster von Hittin 1187 bei, wo fast die gesamte kämpfende Truppe des Ordens auf dem Schlachtfeld blieb. Der inzwischen

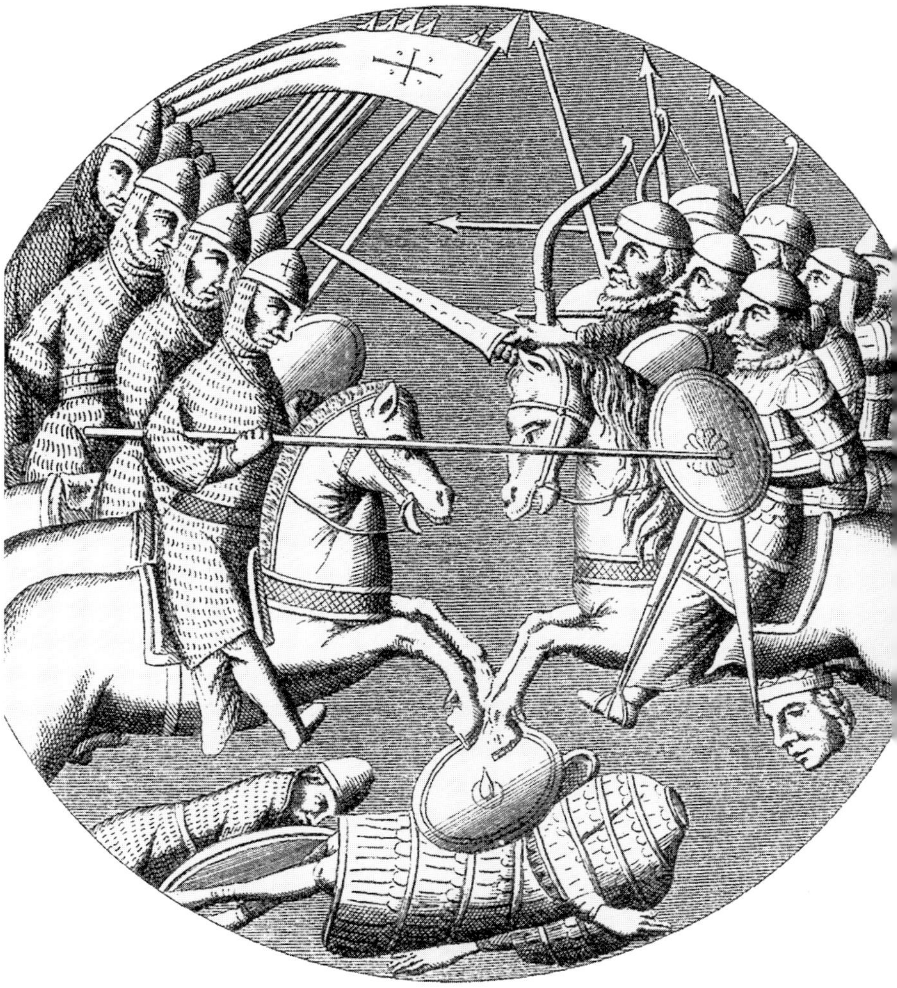

*Bei den Kämpfen mit den »Ungläubigen« (Zeichnung nach einem Glasfenster in der Abtei Saint-Denis) waren die Tempelritter stets an vorderster Front zu finden; entsprechend hoch waren ihre Verluste.*

legendäre Ruf der Ritter ließ selbst danach ihre Reihen sich wieder auffüllen – von den politischen Konsequenzen sollte sich der Orden allerdings nicht mehr erholen: Mit dem langwierigen, aber unaufhaltsamen Rückzug der christlichen Königreiche verlor er seinen Daseinszweck. Zwar besaß er inzwischen anderswo, vor allem in Frankreich, aber auch in England und in den spanischen Königreichen, große Niederlassungen und umfangreiche, von Päpsten und Fürsten mit vielen Privilegien versehene Besitzungen, doch fand er – im Gegensatz zu den anderen Ritterorden – keine neue Aufgabe, die seine Existenz – und seinen Reichtum – gerechtfertigt hätte. Für den außenstehenden Betrachter schien sich das Wirken der Templer um 1300 auf das zielstrebige Mehren dieses Reichtums zu beschränken – tatsächlich war der Orden zu dieser Zeit die umsatzstärkste und profitabelste »Großbank« des Abendlands!

Aber waren Finanzgeschäfte wirklich alles, was sich hinter den Mauern der »Tempel« abspielte? Der Orden verband das gesunde Geschäftsprinzip der Diskretion mit seinem extremen Elitebewusstsein zu einer weniger gesunden Exklusivität und Geheimniskrämerei, die allen möglichen Spekulationen Nahrung bot: Waren die geschäftlichen Erfolge des Ordens tatsächlich nur auf Klugheit und Geschick zurückzuführen, oder spielte dabei womöglich weiße – oder gar schwarze – Magie eine Rolle? Hatten die Templer den Muslimen tatsächlich immer nur die Köpfe abgeschlagen, oder hatten sie sich von den »Ungläubigen« tiefer in die Geheimnisse des Orients hineinziehen lassen, als es einer Christenseele zu empfehlen war? Durch welche unbeschreiblichen Aufnahmerituale musste ein junger Tempelritter gehen, dass sein Mund danach für immer versiegelt blieb? Und wieso bauten die Templer die Kirchen ihrer Niederlassungen nicht rechteckig, mit einer »ordentlichen« Unterteilung in Schiff, Chor und Altarraum, sondern rund, wie es im Orient der Brauch war? Wen beteten die Templer dort an? Gott – oder etwa den Teufel?

Im Laufe des 13. Jahrhunderts war, wie wir in einem späteren Kapitel noch erfahren werden, die Kreuzzugsidee höchst »erfolgreich« vom Heiligen Land nach Europa zurückimportiert worden. Gab es nicht auch im Abendland genügend Feinde Christi, die es mit Feuer und Schwert zu bekämpfen galt? Nicht nur die Juden, die so sehr unter dem Aufbruch zum Ersten Kreuzzug gelitten hatten, oder die letzten Heiden an den Rändern des Kontinents. Nein, es gab auch unmitten der christlichen Nationen Feinde – Ketzer und Häretiker, die gegen die Lehren der Kirche aufzubegehren wagten! Die ersten dieser Kreuzzüge gegen Mitbürger waren noch auf traditionelle Weise, als Kriegszüge, abgehalten worden; mit der Einrichtung der Inquisition und der Aufgabenteilung zwischen geistlicher Verfolgungsbehörden und weltlichem Vollstreckungsamt war sozusagen der permanente Kriegszustand zwischen der Orthodoxie und allen »Abweichlern« von der wahren Lehre ausgerufen.

Die geistige Atmosphäre war geprägt vom »Wer nicht für uns ist, ist gegen uns!« – ein Motto, das von geschickten und skrupellosen Politikern für höchst weltliche Ziele missbraucht werden konnte. Der geschickteste und skrupelloseste Herrscher der Zeit war unbestreitbar König Philipp IV. von Frankreich, genannt »der Schöne« (1285–1314), der nicht einmal davor zurückschreckte, den Papst, Bonifaz VIII., gefangen zu setzen. Philipp erkannte aber auch, dass ein einmaliger Gewaltakt ihm die angestrebte Unterwerfung der Kirche nicht sichern konnte. Er bestach und erpresste daher das Kardinalskollegium, mit Clemens V. (1305–1314) einen leicht zu beeinflussenden Franzosen auf den Stuhl Petri zu wählen. Clemens ließ sich ohne allzu großen Widerstand »überreden«, seine Residenz von Rom nach

Avignon zu verlegen, womit das Papstum endgültig unter den unseligen Einfluss des Kapetingers geriet.

Nachdem er den Papst unter seiner Kontrolle hatte, konnte Philipp zu seinem großen Coup ausholen – der Vernichtung und Beraubung des Templerordens, dessen Reichtum und Einfluss im Königreich Frankreich der Krone schon lange ein Dorn im Auge waren! Der Orden hatte wenige Freunde und viele Feinde, und noch gefährlicher waren wohl alle diejenigen, die sein »Treiben« mit einer Mischung aus Neugier und Misstrauen beobachteten. Als daher im Jahre 1305 ein abtrünniger Templer berichtete, der Orden verleugne und verspotte Christus, bete Götzenbilder an und treibe Homosexualität, stürzte sich nicht nur die Öffentlichkeit auf diese Skandalgeschichte, auch die Inquisition setzte ihre Mühlen in Bewegung. Nachdem ihm diese aber viel zu langsam arbeiteten und auch »sein« Papst zu wenig Enthusiasmus als Ketzerjäger entwickelte, nahm König Philipp das blutige Geschäft selbst in die Hand: An einem Tag, dem 13. Oktober 1307, ließ er in einer wohlkonzertierten Aktion alle Templer in Frankreich – rund 2.000 Personen – einschließlich des Großmeisters Jacques de Molay verhaften und alle ihre Güter beschlagnahmen.

Dieser eklatante Übergriff der weltlichen Macht auf Angehörige der Geistlichkeit provozierte sogar bei Clemens V. Protest, doch war der Zorn des Papstes rasch besänftigt, als Philipp ihm immer neue Schauergeschichten aus dem Mund »geständiger« Templer zitierte. Da billigte Clemens die Anwendung der Folter und forderte alle Fürsten des Abendlandes auf, dem Beispiel Philipps zu folgen. Der Einsatz der Folter brachte dann auch die erwarteten Geständnisse; dass zahlreiche Templer widerriefen, sobald sie ihren Peinigern entkommen waren, machte für sie und den Orden alles nur noch schlimmer: Nach der Logik der Inquisition galt ein Widerruf als Rückfall in die Ketzerei, der nur mit dem Feuertod gesühnt werden konnte. Seit 1310 brannten überall in Frankreich die Scheiterhaufen, während die Öffentlichkeit mit immer neuen Berichten von eingestandenen Missetaten versorgt wurde.

Allerdings fanden diese französischen Geständnisse keine Bestätigung in anderen Ländern, wo die Fürsten nur sehr zögerlich der Aufforderung zur Verhaftung aller Templer folgten und weitgehend auf den Einsatz der Folter verzichteten. Trotz dieser Widersprüche, die schon den Zeitgenossen auffielen, hob der Papst im März 1312 den Templerorden auf – wegen Häresie und Nutzlosigkeit, wobei nur der letztere Vorwurf Substanz hatte. Die Güter des Ordens wurden – soweit sie dem gierigen Zugriff König Philipps entgingen – anderen Ritterorden übertragen. Dort fanden auch die Tempelherren Aufnahme, die ihrerseits der Hexenjagd des Kapetingers entkommen konnten, die auch nach der Aufhebung des Ordens weiterging. Grausiger Höhepunkt wurde die öffentliche Verbrennung des greisen Großmeisters de Molay vor Notre-Dame zu Paris am 18. März 1314.

Spätestens mit diesem Schauspiel wurden die alten Gerüchte um den Templerorden von neuen Legenden abgelöst: Der sterbende de Molay soll mit dem letzten Atemzug König und Papst verflucht haben – und starben nicht sowohl Clemens V. wie Philipp IV. noch im Verlauf dieses Jahres 1314? Und nur 14 Jahre später war das bei de Molays Tod noch so kinder- und erbenreiche Haus der Kapetinger im direkten Mannesstamm erloschen, wodurch das reiche Frankreich in das lange Elend des Hundertjährigen Krieges gestürzt wurde... Noch mehr als diese historischen Fakten hat die Nachwelt – bis heute – freilich die Frage nach dem Verbleib der Schätze und der Geheimnisse der Tempelherren beschäftigt, und so drängen mit schöner Regelmäßigkeit »Sachbücher« auf den Markt, die die

*Die Ritter-Mönche des Deutschen Ordens schufen sich im südlichen Baltikum ein eigenes Herrschaftsgebiet, das bis zum 16. Jahrhundert als souveräner Staat bestand. (Zinnfiguren der Offizin E. Kästner, Schwaig.)*

jeweils neuesten Erkenntnisse darüber zu verkaufen suchen. Und kein historischer Roman über das späte Hochmittelalter mag auf mindestens einen geheimnisumwitterten Tempelherrn verzichten...

An konkreten Spuren ist, des dramatischen Endes wegen, hingegen wenig vom Wirken der Tempelherren im Abendland erhalten. Das schönste erhaltene Beispiel der charakteristischen Templerarchitektur stellt die kreisrunde »Temple Church« inmitten der City von London dar. Ihr Pariser Gegenstück, »Le Temple«, ist hingegen nur noch als Fußnote in den Geschichtsbüchern anzutreffen: Der ehemalige Konvent der von seinem Vorfahren hingerichteten Templer wurde zum letzten Gefängnis für Ludwig XVI. und seine Familie.

**Vom Spital zum Fürstentum**

Verlief die Geschichte des Templerordens von einem frühen Glanz zu einem jähen Fall, so nahm der Ritterorden der Hospitaliter bzw. Johanniter oder Malteser den umgekehrten Weg: Von demütigen Anfängen zu Ruhm und Ehre und zu einem höchst erfolgreichen Weiterleben...

Um die Mitte des 11. Jahrhunderts hatten Kaufleute aus dem italienischen Amalfi in Jerusalem ein Pilgerhospital errichtet, das Johannes dem Täufer geweiht war. Mit der Errichtung des christlichen Königreichs wuchsen die Anforderungen an das Hospital, das 1113 vom Papst als eigenständige Organisation anerkannt wurde, und unter den Vorstehern Gérard und Raimund de Puy entstand dort ein eigener religiöser Orden, zu dessen Pflichten ausdrücklich die Betreuung der Pilger und die Pflege der Kranken gehörte. Die Regel des Ordens, die 1154 die päpstliche Bestätigung erhielt, stützte sich auf das Vorbild der Augustiner-Chorherren, enthielt aber auch Elemente der Templerregel. Der Orden gewann nämlich zusehends adelige Mitglieder, und damit war es nahezu unvermeidlich, dass sich ein militärischer Zweig des Ordens ausbildete, eine Entwicklung, die vom Papst missbilligt, von den Königen zu Jerusalem allerdings nachdrücklich gefördert wurde, denen die allzu einseitige Abhängigkeit von den Templern lästig zu werden begann. Sie förderten daher die »Johanniter-Ritter« nach Kräften, und Anfang des 13. Jahrhunderts dominierte der militärische Zweig eindeutig das Ordensleben. Wenig später wurde eine klare Trennung zwischen den waffenfähigen adeligen Rittern vollzogen, denen die höheren Ordensämter vorbehalten blieben, und den Dienenden Brüdern, zu denen auch die Krankenpfleger und Ärzte zählten. Als Ordenskleid erhielten die Johanniter den schwarzen Mantel mit einem aufgelegten Acht-Spitzen-Kreuz – das später als »Malteserkreuz« bekannt wurde –, im Feld trugen sie einen roten Waffenrock mit einem weißen Kreuz.

Der Umstand, dass der Aufstieg des »Ritterordens vom Spital des hl. Johannes zu Jerusalem« mit dem Niedergang der Kreuzfahrerstaaten zusammenfiel, hinderte den Orden nicht daran, ebenfalls zu einer mächtigen und reichen Organisation mit ertragreichen Gütern auch im Abendland zu werden, und der zähe Überlebenskampf der letzten abendländischen Besitzungen gab dem ritterlichen Geist seiner Mitglieder noch für ein Jahrhundert ein Betätigungsfeld. Entscheidend für das erfolgreiche Weiterleben des Ordens wurde jedoch, dass er auch nach 1291 eine Aufgabe in der Fortsetzung des Kampfes »gegen die Ungläubigen« fand:

Nach dem Fall von Akkon wurde der Sitz des Ordens mit dem Großmeister und dem Generalkapitel zunächst nach Zypern verlegt. 1309 eroberte der Orden die Insel Rhodos, die er in der Folge zur bedeutendsten Festung – und zu einem wichtigen Handelszentrum – im östlichen Mittelmeer ausbaute. Die Flotte unter dem Ordenskreuz wurde für Jahrhunderte zum wesentlichen Machtfaktor im

Levantehandel. Neuen Auftrieb erhielt das christlich-kriegerische Element im Ordensleben durch den Aufstieg eines neuen »Erzfeindes«, der osmanischen Türken. Seit dem Fall Konstantinopels 1453 war Rhodos der wichtigste Vorposten des Abendlands im türkischen Machtbereich, und unter großen Opfern konnte der Orden Rhodos bis 1522 halten. Nach einer der großen und dramatischen Belagerungen der Kriegsgeschichte mussten die Johanniter in diesem Jahr ihre Festung Sultan Süleyman übergeben.

*Darstellung eines Großmeisters des Hospitaliter- bzw. Johanniter-Ordens. Das Kennzeichen des Ordens, das achtgezackte weiße Kreuz auf rotem Rock, wird bis heute von den karitativen Nachfolgeorganisationen des Ritterordens verwendet. Als Vorposten des Abendlands verteidigten die Ritter zunächst Rhodos und später Malta gegen die Osmanen.*

Die Johanniter waren zwar geschlagen, aber noch lange nicht besiegt: Kaiser Karl V. überließ ihnen 1530 die Insel Malta als Vorort, und in der Folge begann sich die Bezeichnung »Malteser« für die Ordensritter einzubürgern. In kürzester Zeit baute der Orden Malta, und hier vor allem die Hauptstadt La Valetta, zur uneinnehmbaren Festung aus, an der alle folgenden Angriffe der Türken scheiterten. Die Schiffe der Malteser waren 1571 auch wesentlich am stolzen Sieg einer abendländischen Flottenkoalition über die Türken bei Lepanto beteiligt. Der Ruhm als »Bollwerk gegen die Türkengefahr« verschaffte dem Orden Ausgleich für die Verluste, die er durch die Reformation erlitt: In den protestantischen Staaten waren seine Güter eingezogen worden, doch die Zuwendungen aus den katholischen Staaten flossen umso reicher, und mit der Erhebung des jeweiligen Großmeisters in den Fürstenstand des Heiligen Römischen Reiches zu Anfang des 17. Jahrhunderts war der Orden sogar in den Rang eines souveränen Staates aufgestiegen. Dieser Status sorgte dafür, dass der Zustrom von Ordensrittern aus den höchsten Adelskreisen Europas nicht abriss – kein anderer Orden erhob von seinen ritterlichen Mitgliedern so rigorose Abstammungsnachweise...

Am Ende des 17. Jahrhunderts war die türkische Bedrohung weitgehend gebannt, und auch der

Orden der ehemaligen Hospitalbrüder erlebte zunehmend eine Sinnkrise, die 1798 ein jähes Ende fand, als Napoleon auf seinem Weg nach Ägypten das »uneinnehmbare« Malta kurzerhand besetzte. Die nachfolgende Säkularisation in den meisten katholischen Staaten Europas beraubte den Orden seiner dortigen reichen Besitzungen, aber damit war auch der Weg frei zu einem Neubeginn auf christlich-karitativer Ebene: Das Vorbild dazu hatte ausgerechnet das protestantische Preußen gegeben, in dem König Friedrich Wilhelm III. 1812 den »Königlich Preußischen Johanniterorden« mit dem Auftrag der Krankenpflege gegründet hatte.

Auf katholischer Seite, für die sich die Bezeichnung »Malteser« durchsetzte, blieb der Orden für längere Zeit auf seine Führung reduziert, die für sich im Laufe des 19. Jahrhunderts den alten Anspruch auf Souveränität durchsetzen konnte, auch wenn an eine Rückkehr nach Malta nicht zu denken war. Ordenssitz des heutigen religiösen Malteserordens, der nur 60 Mitglieder in fünf Niederlassungen zählt, ist Rom. Sehr viel bedeutsamer sind die Laienorganisationen, die sich unter dem Malteser-Namen dem ursprünglichen Ordensauftrag zuwenden: der Alten- und Krankenpflege, der Hilfe für Kriegs- und Katastrophenopfer und Flüchtlinge. Krankenwagen und Hilfsgütertransporte unter dem »Johanniter«- bzw. »Malteserkreuz« sind aus unseren Straßen nicht mehr wegzudenken.

Der »alte Geist« der Ritter unter dem achtzackigen Kreuz ist freilich am besten in den gewaltigen Festungsanlagen zu erleben, mit denen sie »das Abendland« gegen »die Ungläubigen« zu verteidigen versuchten. Kein Besucher von Rhodos oder Malta wird ohne Staunen die genial-gewaltigen Mauern betrachten, hinter denen sich die Erben der Krankenpfleger von Jerusalem gegen übermächtige Gegner zu behaupten verstanden...

**Die deutschen Herren**

Die Geschichte des dritten der großen Ritterorden weist beachtliche Parallelen zu der seines Vorbildes, der Johanniter, auf: Auch hier stand die Krankenpflege am Anfang; auch hier folgte die erfolgreiche Suche nach einem neuen Kampf- und Aufgabengebiet, die im Aufstieg zum souveränen Fürstentum gipfelte... Ungewöhnlich für das Mittelalter war jedoch, dass eine nationale Bezeichnung Eingang in den Ordensnamen fand: »Orden der Brüder vom Hospital der hl. Maria der Deutschen«, kurz »Deutscher Orden« genannt.

Gegründet worden war dieses Hospital während des Dritten Kreuzzugs 1189/90 von Kreuzfahrern aus Lübeck und Bremen. In diesem »Feldlazarett« zur Betreuung der Kranken und Verwundeten während der Belagerung von Akkon sammelte sich eine Bruderschaft, die rasch die päpstliche Anerkennung fand. Rasch verlief auch die Umwandlung in einen Ritterorden: Wofür die Johanniter Jahrzehnte gebraucht hatten, das hatten die »deutschen Ritter« 1198 geschafft! Diese »Eile« beruhte zum einen auf dem Rückgriff auf erfolgreiche Vorbilder – für den Kriegsdienst griff die Regel der Deutschen auf die Templer zurück, für den Hospitaldienst auf die Johanniter –, zum anderen auf der Unterstützung durch die Staufer-Könige. Als Ordenstracht wurde der weiße Mantel mit schwarzem Kreuz festgelegt.

Trotz der Eile bei der Gründung schien der neue Orden zu spät gekommen zu sein: Im schrumpfenden Kreuzfahrerland war – nicht zuletzt wegen der Eifersucht der Templer und Johanniter – wenig Platz für eigene Aktivitäten, und so begab sich der junge Orden, unter der prägenden Leitung seines Großmeisters Hermann von Salza (1209–1239) und in enger Zusammenarbeit mit Kaiser Friedrich II. (1212–1250) auf die Suche nach neuen Aufgaben. Ein erster Anlauf als Grenzwächter und »Heidenbekehrer« in Siebenbürgen scheiterte nach wenigen

Jahren an Konflikten mit dem ungarischen König, doch schon 1226 erhielt der Orden den Ruf, der zu seiner historischen Berufung werden sollte: Der polnische Herzog von Masowien bat um Unterstützung im Kampf gegen die heidnischen Pruzzen, die das Land zwischen unterer Weichsel und Ostsee beherrschten. 1230 schlossen Großmeister und Herzog einen Vertrag, in dem dem Orden das Kulmer Land als souveräne Herrschaft übertragen wurde – sowie alle zukünftigen Eroberungen im Pruzzenland. Kaiser Friedrich hatte seinem Freund Hermann von Salza schon vorab die Stellung eines Reichsfürsten im neuen Land zugesprochen.

Während Kaiser und Großmeister in den folgenden Jahren ihre eigene und eigenwillige Palästina-Politik verfolgten, unterwarfen die deutschen Ritter, deren Reihen sich rasch füllten, vom Kulmer Land aus die Pruzzen mit Feuer und Schwert – der Gedanke des Kreuzzugs ließ sich also recht erfolgreich gegen »Heiden« wenden, die nicht Allah, sondern baltische Naturgötter verehrten. Allerdings muss auch festgehalten werden, dass die religiöse Rechtfertigung der Kreuzfahrt bedeutete, dass ein Gegner, der sich unterwarf und taufen ließ, (zumindest theoretisch) sogleich als gleichwertiges Mitglied in der Gemeinschaft des christlichen Abendlands zählte! (Die theoretische Einschränkung bezieht sich darauf, dass viele getaufte Pruzzen, solange der Widerstand noch aufflackerte, doch als misstrauisch beäugte Untertanen zweiter Klasse behandelt wurden.) Als die Befriedung des Landes um 1300 abgeschlossen war, wuchs aus einheimischen Balten und zugezogenen Deutschen – der Orden förderte die Zuwanderung in das nur dünn besiedelte Land nachdrücklich – relativ rasch eine neue, »preußische« Bevölkerung zusammen.

Einer »Fußnote« der Ordensgeschichte hatte der junge Ordensstaat noch vor der Unterwerfung der Pruzzen eine wesentliche Ausdehnung zu verdanken: Nach dem Vorbild der Templer hatte ein Zisterziensermönch im Jahr 1202 die »Ritterschaft Christi von Livland« gegründet, die sich der Christianisierung des baltischen Livlands widmen sollte. Da sein Ordenskleid ein rotes Schwert auf weißem Ordensmantel zeigte, wurde der Orden als »die Schwertbrüder« bekannt. Von Riga aus brachen die Schwertbrüder zu ihren bewaffneten »Bekehrungszügen« aus und konnten ein beachtliches Territorium erobern, bis sie 1236 von den Litauern vernichtend geschlagen wurden. Die Reste des Ordens einschließlich seiner Besitzungen wurden mit dem Deutschen Orden vereint, sodass dieser die gesamte baltische Küste von der Weichselmündung bis zum Finnischen Meerbusen kontrollierte. Weniger klar definiert als die Küstenlinie war die Ostgrenze des neuen Ordensstaates. Die Grenzen des ordensritterlichen Ehrgeizes wurden im Winter 1242 gezogen, als das Heer der Deutschen auf dem Eis des Peipus-Sees von den Russen unter Fürst Alexander Newski von Nowgorod entscheidend geschlagen wurden.

Aber auch so beherrschte der Orden, der nur wenige tausend Ritter, Priester und Brüder umfasste, über ein gewaltiges Territorium, das neben dem späteren Preußen in etwa die späteren baltischen Staaten Lettland und Estland sowie große Teile Litauens umfasste. So war es nur folgerichtig, dass nach dem Fall der letzten christlichen Stützpunkte im Morgenland der Großmeister – im Deutschen Orden »Hochmeister« genannt – seinen Sitz vom Mittelmeer ins östliche Mitteleuropa verlegte: 1309 bezog die Ordensleitung die mächtige Marienburg an der Nogat, einem Mündungsarm der Weichsel. Von diesem Zentrum aus, das auch geographisch die Verbindung zwischen dem baltischen Ordensstaat und den Besitzungen im Reichsgebiet herstellte, entwickelte der Orden die Organisations- und Herrschaftsstrukturen, mit denen er anderen

Territorialmächten des Spätmittelalters lange voraus blieb: Dem Hochmeister standen, als »Regierung«, fünf »Großgebietiger« zur Seite sowie das »Großer Konvent« genannte Generalkapitel, dem u. a. die Landkomture der Besitzungen in Livland und im Reich (der »Deutschmeister«) angehörten. Das Ordensland war in so genannte »Balleien« aufgeteilt, die der Zentrale genaue Rechenschaft schuldig waren. Als weiterer Vorteil des Ordensstaates war seine »dynastische Ungebundenheit« anzusehen: Keiner der Würdenträger konnte und musste für seine Familie vorsorgen; der Staat blieb das Eigentum der Korporation des Ordens.

Unter diesen Voraussetzungen leistete der Deutsche Orden nach dem Abschluss der von vielen dunklen Punkten überschatteten »Befriedungsphase« eine beachtliche Kolonisierungsarbeit: Im Schutz der Ordensburgen entstanden Hunderte von neuen Dörfern und Dutzende von Städten, in denen nicht nur deutsche Aussiedler aus dem Reichsgebiet eine reiche neue Heimat fanden, auch die alteingesessene Bevölkerung wurde recht erfolgreich integriert. Aus einem abgelegenen Entwicklungsland der abendländischen Welt wurde ein blühender Bestandteil des europäischen Wirtschaftslebens...

Das »goldene Zeitalter« des Deutschordensstaates dauerte aber kaum 100 Jahre. Denn die angesprochenen Vorteile konnten je länger, desto weniger den Anachronismus eines Kreuzritterstaates verdecken, dessen »raison d'être« mit der Bekehrung der letzten »Heiden« im Baltikum hinfällig geworden war. Mit der Annahme des Christentums durch die Litauer war der letzte Vorwand für die regelmäßigen »Heidenfahrten« geschwunden, jene blutigen Alibiveranstaltungen, mit denen die Deutschen Ritter dem Abendland (und wohl auch sich selbst) ihre Existenzberechtigung beweisen wollten.

*Ein schwarzes Lateiner-Kreuz auf weißem Grund war das Ordenszeichen der Deutschherren. Nach dem Rückzug aus dem Heiligen Land suchte und fand diese ritterliche Mönchsgemeinschaft eine neue Aufgabe in der »Befriedung«, Missionierung und Kultivierung des Gebietes der Pruzzen und anderer Völkerschaften im südlichen Baltikum.*

An dieser hatten allerdings die eigenen Untertanen schon vorher zu zweifeln begonnen. Die Neusiedler, vor allem in den Städten, sahen weniger die Vorteile des Ordensstaates als dessen autoritäre Strukturen, die ihnen von einer Hand voll – wie sie es sahen – ebenso arroganter wie nutzloser Edelmänner aufgezwungen wurden. Zeigten nicht die Handelspartner in den Hansestädten, dass sich Bürger viel besser selbst regieren konnten? Die Stimmung war also denkbar schlecht im Lande, als den Ordensrittern im frisch vereinten Königreich Polen-Litauen ein neuer und übermächtiger Gegenspieler entstand. Die Litauer, die mit den Jagiellonen das Königshaus der Union stellten, hatten die »Heidenfahrten« nicht vergessen; die Polen suchten durch das Ordensland den Zugang zum Ostseehandel.

Bei Tannenberg erlitt das Heer der Ordensritter 1410 eine verheerende Niederlage; entscheidend wurde sie allerdings erst dadurch, dass die Bauern und Bürger des Ordenslandes sich keineswegs um ihre geschlagenen Herren sammelten, sondern diesen ihre eigenen Rechnungen zu präsentieren begannen. Im Zweiten Frieden von Thorn musste der Hochmeister so nicht nur erheblichen Gebietsabtretungen – einschließlich der stolzen Marienburg – zustimmen, sondern auch dem polnischen König für etwa das Territorium des späteren Ostpreußens den Vasalleneid leisten... Der verbliebene Ordensstaat dämmerte als historisches Unikum dahin, bis der Hochmeister Albrecht von Brandenburg 1525 die Gunst der reformatorischen Stunde nutzte, den Ordensstaat säkularisierte und sich Preußen als weltliches Herzogtum für sich und seine Familie sicherte.

Der Deutsche Orden überlebte allerdings auch diesen »Verrat«, da sich der Deutschmeister schon zuvor von seinem »Vorgesetzten« in Königsberg distanziert hatte; 1494 war er in eigenem Recht vom Kaiser zum Reichsfürsten erhoben wurden, 1525 übernahm er auch den Titel des Hochmeisters. Sitz des neuen Ordensstaates, der aus einer Vielzahl kleiner Territorien und Besitztümer im süddeutschen Raum bestand, wurde (Bad) Mergentheim. Dort, aber auch in Ellingen, Altshausen, der Mainau und in anderen Balleien zeugen prächtige Barockresidenzen vom beschaulichen Weiterleben der Ritter mit dem schwarzen Kreuz, die allerdings auch auf den Schlachtfeldern der Türkenkriege zu finden waren.

Dort entwickelte sich dann auch die enge Verbundenheit zum österreichischen Kaiserhaus, die den Orden über die endgültige Säkularisation hinweg rettete: Bis zum Ende der k. u. k. Monarchie bekleidete stets ein Habsburger die Würde des »Hoch- und Deutschmeisters«, nebst Regiment (und Marsch). Allerdings muss sich dieser zunächst recht einsam gefühlt haben: 1835 gab es noch ganze vier Ordensritter. Doch eine Reorganisation, die Einrichtung von ordenseigenen Priesterkonventen und die Wiederbelebung des im Mittelalter nur kurzfristig bestehenden weiblichen Zweigs brachten dem »Deutschen Ritterorden« neues Leben, das allerdings nur mit Mühe zunächst den Zusammenbruch der Donaumonarchie und dann die Verfolgung durch die Nationalsozialisten überstand. 1977 wurde ein neue, zeitgemäße Ordensregel erlassen; heute sind die Priester, Laienbrüder und Schwestern des Ordens überwiegend in der Pfarrseelsorge, im Schul- und Krankendienst tätig.

Die drei großen Ritterorden – Templer, Hospitaliter, Deutschherren – hatten ihren Ursprung im Kampf um das Heilige Land. Während des gesamten Hoch- und Spätmittelalters bestand aber noch eine zweite »Front« zwischen Christentum und Islam: in Spanien und Portugal, wo die im äußersten Norden verbliebenen christlichen Königreiche in zäher, fünfhundertjähriger »Rekonquista« die muslimischen Mauren von der iberischen Halbinsel vertrieben. Aus Spanien hatte Papst Urban II. die Idee des Kreuzzuges »importiert«, und natürlich fand auch dort der Gedanke des Ritterordens großen Widerhall. Beim Vorstoß gegen das Maurenland im Süden wurden in Kastilien die Orden von Alcántara (1156) und Calatrava (1158) ins Leben gerufen; das portugiesische Gegenstück entstand 1162 zu Aviz.

Das »Nützlichkeitsdatum« dieser iberischen Ritterorden läßt sich viel genauer festlegen als an der »Ostfront« des Christentums, und doch überstanden sie das Ende der Rekonquista ohne Verlust an Ansehen und Anziehungskraft: Die Könige hatten nämlich rasch erkannt, dass die Ehre, einem exklusiven, hohen christlichen Idealen verpflichteten Ritterorden anzugehören, ein ausgezeichneter Ansatzpunkt war, den stets eigenwilligen Adel zu domestizieren. So sicherten sich die Monarchen den Posten des jeweiligen Großmeisters mit dem Recht, den Zugang zum Orden festzulegen. Von den Verpflichtungen der Keuschheit und der Armut wurden die Ordensmitglieder zusehends entbunden; was blieb, war die ständige Bereitschaft zur Verteidigung des Christentums – und die Hoffnung der Könige, dass ihnen auch der Gehorsam ihrer Ordensritter zufallen möge... Aus dieser Überlegung heraus wurden nicht nur alte, eigentlich sinnlos gewordene Ritterorden weitergeführt; sie stand auch hinter all den zahllosen neuen Ritterorden – dem »Goldenen Vlies« und dem »Hosenband«, dem »Hl. Georg« und dem »Hl. Ludwig« – mit denen wir bis heute den Begriff »Ordensritter« und »Ordensträger« verbinden.

Ein solcher Verdienstorden ist auch der so »kreuzfahrerisch« klingende »Ritterorden von Heiligen Grab«. Seine Ursprünge reichen wohl nur in die Zeit nach dem Fall der letzten Kreuzfahrerfestungen zurück, und sie haben keine mönchischen Wurzeln: Mitglieder des Ordens wurden – zunächst nur adelige, später auch bürgerliche – Jerusalempilger, die am Heiligen Grab den Ritterschlag empfingen. Als Laienorden wurden die »Grabesritter« auch im 19. Jahrhundert vom Papst persönlich wiederbelebt; der Orden mit dem Symbol des roten »Jerusalem«-(Krucken-)Kreuzes fungiert seither als ein Verdienstorden des Vatikans, auch wenn sein Wirken weiterhin auf die Pflege und den Schutz der christlichen Stätten im Heiligen Land ausgerichtet ist.

# Assisi

## EIN HEILIGER UND SEINE STADT

Die Katastrophe schien schon mit dem ersten Beben vollendet: 20.000 Tonnen Schutt waren aus dem Gewölbe der weltberühmten Basilika des heiligen Franziskus in das Innere der Oberkirche gestürzt. Unter ihm blieben Menschen und unwiederbringliche Kunstwerke begraben. Dem bedeutenden Pilgerzentrum hatten die Erdstöße des 26. September 1997, denen am 3. Oktober ein heftiges Nachbeben folgte, schwer zugesetzt. Doch nur gute zwei Jahre später, unmittelbar vor Eröffnung des Heiligen Jahres, zeigte sich die Basilika – fast – wieder in ihrer alten Schönheit.

Kein Ort der abendländischen Christenheit atmet so deutlich den Geist eines Heiligen wie die umbrische Stadt Assisi. Auch fast 700 Jahre nach dem Tod des heiligen Franziskus legt sie mit ihren Kirchen und anderen Gedächtnisstätten, aber auch durch den nicht abreißenden Strom der Pilger Zeugnis ab von der religiösen Erneuerungsbewegung des »Poverello«, der hier geboren wurde, seinen Orden der »Minderen Brüder« hier gründete und hier auch starb.

Wie ein Walfisch mit gekrümmtem Rücken liegt Assisi oberhalb der Straße von Perugia nach Spoleto am Hang des Berges Subasio, gekrönt von der Burg Rocca Maggiore, in der der Stauferkaiser Friedrich II. seine Kinderjahre verbrachte und wo der römische Dichter Properz das Licht der Welt erblickte.

Assisi gehörte zum Herrschaftsgebiet der Päpste, als dem reichen Tuchhändler Bernardone 1182 ein Sohn auf den Namen Johannes geboren wurde. Doch er nannte ihn Francesco, weil er zur Zeit der Niederkunft in dem von ihm besonders geliebten Frankreich weilte. Auch seine Ehefrau war dort in der Provence geboren. Ein weiterer Grund für den Namenswechsel.

Francesco gehörte zur »Jeunesse dorée« jener Zeit, liebte Wein, Weib und Gesang und verdiente im väterlichen Handelskontor so viel Geld, dass er sich seinen üppigen Lebenswandel leisten konnte. Nur sein Traum, Ritter zu werden, erfüllte sich nicht. Der Versuch, bei einer Fehde mit Perugia als solcher aufzutreten, scheiterte kläglich. Francesco wurde bei Collestrada gefangen und erst 1202 wieder freigelassen.

Als er 23 Jahre alt war, befiel ihn eine schwere Krankheit. Es war seine Damaskusstunde. Die Krankheit veränderte sein Leben. Im Traum vernahm er die Stimme Gottes: »Franz, wem willst du dienen – dem Herrn oder dem Knecht?« Franz antwortete: »Dem Herrn!« Die Stimme fragte weiter: »Warum folgst du dann dem Knechte?« Ein zweites Erlebnis brachte die Entscheidung: Vor dem großen Kreuz in San Damiano hörte er wieder die Stimme des Gekreuzigten: »Franz, siehst du nicht, dass mein Haus einzustürzen droht, geh, richte es wieder auf!« Francesco nahm den Anruf wörtlich: Er restaurierte die kleine Kirche. In Foligno verramschte er Vaters Tuchballen und sein Pferd – zur großen Verärgerung des Vaters, der den Sinneswandel seines Sohnes schon länger beobachtet hatte. Er brachte Francesco sogar vor ein kirchliches Gericht. Der Maler Giotto (um 1267–1337) hat die Szene in seinem berühmten, durch das Erdbeben stark in Mitleidenschaft gezogenen Zyklus in der Oberkirche von San Francesco festgehalten: Mit der Begründung »Man muss Gott mehr gehorchen als den Menschen« war Francesco in die Arme des Bischofs geeilt, nachdem er sich seiner bürgerlichen Kleidung entledigt hatte.

*San Damiano bei Assisi ist einer der vielen Kirchenbauten im Umkreis der Stadt, die mit dem Wirken des Franziskus verbunden sind.*

Von nun an trug der vermögende Kaufmannssohn die härene graue Kutte, mit der sich seinerzeit die umbrischen Bauern bekleideten. Von Papst Innozenz erbat er Zustimmung für seine neue geistliche Lebensform. Zu üppig war ihm die Kirche Christi auch in den Klöstern geworden. Franziskus fügt in seiner Ordensregel den drei klassischen Gelübden von Armut, Keuschheit und Gehorsam die Liebe zu allen Geschöpfen, Frieden und Brüderlichkeit hinzu. Seine ersten Getreuen (mit zwölf »Frati Minori« hatte er begonnen) wussten, worauf sie sich einließen: ein Leben äußerster Entbehrung. 1209 erteilte Papst Innozenz den »Minderbrüdern« die Erlaubnis zu einer eigenen Ordensgemeinschaft.

Franziskus warb für seine Sache. Kaum zwölf Jahre später folgten ihm bereits 5.000 Brüder, obwohl er keineswegs überall offene Ohren fand. Am meisten schmerzte ihn, dass seine Heimatstadt ihm die Tür wies. Aus Assisi verbannt, predigte er im übrigen Umbrien. Zu Schiff reiste er noch 1209 nach Spanien und in den Orient. Zehn Jahre später machte er sich sogar auf, den ägyptischen Sultan Melek-el-Kamil zum christlichen Glauben zu bekehren. Vergeblich zwar, aber ein Beweis für den rastlosen Glaubenseifer des »Poverello«, wie ihn seine Anhänger nannten. Als er vor Papst Honorius III. predigte, hielt dieser Franziskus für »nicht von menschlicher Weisheit, sondern von göttlichem Geiste erfüllt«. Goethe, der auf seinen italienischen Reisen auch die Stadt des heiligen Franziskus besucht, sagt über ihn: »Dieser sinnlich-bildliche bedeutende Genius bestimmte auch ihn. Er fasste die Gegenstände so deutlich ins Auge seiner Einbildungskraft, dass er sie scharf umrissen wiedergeben konnte; deshalb wir dann das Abstruseste und Seltsamste gleichsam nach der Natur gezeichnet vor uns sehen.«

Das bekannteste Bild, das den »Poverello« darstellt, ist uns in der Unterkirche von San Francesco von Cimabue (1240–1302), einem Vorgänger Giottos, überliefert. Zu dieser Darstellung schreibt der erste Franziskus-Biograph, Thomas von Celano: Er hat »schwarze Augen, eine normale Größe«, eine »sanfte, scharfe und durchdringende Sprache. Er ist mager, kleidet sich einfach, schläft wenig und ist großzügig. In seiner unvergleichlichen Demut zeigt er sich gut und verständnisvoll zu allen, indem er sich in geeignetster und weisester Art jedem nähert. Ein Heiliger unter den Heiligen und unter den Sündern einer ihresgleichen.«

Am 3. Oktober 1226 stirbt der heilige Franz, nachdem er zwei Jahre zuvor auf dem Berg La Verna die Wundmale Christi empfangen hat. 1228 – zwei Jahre nach seinem Tode – erhebt ihn Papst Gregor IX. in der Heimatstadt Francescos zur Ehre der Altäre.

Schon von weitem grüßt den heutigen Besucher die gewaltige Klosteranlage mit der Grabeskirche des heiligen Franz, erbaut aus edlem Subasio-Stein, gestützt von mächtigen Mauern am Hang des Berges. Hier erreichte die mittelalterliche Baukunst von Romanik und Gotik sowie von Renaissanceelementen einen regionalen Höhepunkt. Schon einen Tag nach der Heiligsprechung legt Papst Gregor, selbst einst Kardinalprokurator des jungen Franziskanerordens, den Grundstein. 1230 werden hier die Gebeine des Heiligen, die zuvor in San Giorgio – der Vorkirche von Santa Chiara – geruht hatten, bestattet.

Es ist die Kreuzfahrerzeit. Auch Franziskaner beteiligen sich an den Fahrten Friedrichs II. ins Heilige Land. Die Piazza inferiora, der Vorplatz der Unterkirche von San Francesco, gleicht mit ihren Bogengängen einer orientalischen Karawanserei. Den Lärm und die buntgewürfelte Menschenmenge hat die Piazza inferiora noch heute mit einer Beduinen-Unterkunft gemeinsam. Was die Lautstärke der ankommenden Pilger angeht, gilt das auch für die Doppelkirche San Francesco, wo von Zeit zu Zeit ein Franziskanerbruder den Strom der Wallfahrer kanalisieren muss.

Stille am heiligen Ort breitet sich erst aus, wo sich hinter dem Kloster der Antico Cimitero mit seinem zweistöckigen Kreuzgang aus dem 15. Jahrhundert ausdehnt. Hier soll der heilige Franz mit den Vögeln gesprochen haben – eine Szene, die auch auf Giottos Fresken in der Oberkirche zu sehen ist. Andere Franziskus-Biographen verlegen die »Vogelpredigt« nach Bevagna oder in den Steineichenwald der Einsiedelei der »Carceri«.

Byzantinisches Dunkel herrscht in der Unterkirche vor. Jede ihrer vielen Kapellen ist eine geistliche »Kunsthalle«. Sie alle geben Zeugnis von den vielfältigen malerischen Aktivitäten der Frührenaissance. Neben Giotto und Cimabue treffen wir Meister der sienesischen Schule wie Pisano, Cavallini und Martini. Die sterblichen Überreste des heiligen Franz ruhen in einem Eisensarg in der Krypta. 1818 waren sie wieder aufgefunden worden. Sie waren, wie die ganze Unterkirche, durch das Erdbeben kaum zu Schaden gekommen. Anders dagegen der obere Teil der Basilika;

ihn hatten die Erdstöße umso mehr getroffen. Sechzig hoch qualifizierte Fachkräfte waren seitdem an der Arbeit gewesen, um die Schäden im Inneren so weit möglich zu beheben. Lange ragten blaue Plastikschläuche aus dem Putz heraus. Mit einer Masse aus Sand, Kalk und Marmorstaub wurden über sie Löcher in den Wänden gestopft. Junge Restauratorinnen suchten mit stabilisierenden Spritzen den Absturz der berühmten Fresken zu verhindern.

Seit Dezember 1999 ist die Basilika im oberen Teil wieder zugänglich. Von außen ist der Eindruck kaum verändert; noch immer präsentiert sich die glatte Giebelfassade im Stil der umbrischen Romanik. Dreifach gegliedert in der Horizontale – zwei gleich große Flächen und eine Giebelzone –, lässt sie auch in der Vertikale drei Elemente erkennen – das Portal, die Fensterrose und ein Rundfenster. Von den vier Türmen weist der Campanile eine besonders schöne Gliederung auf.

Das Doppelportal – im gotischen Stil – lässt den Blick frei in die einschiffige Basilika mit polygonaler Apsis. Noch einmal begegnen wir in der Apsis Meister Cimabue. Noch steht er erst am Übergang zur Frührenaissance. Die künstlerische Entwicklung dieser kulturellen Epoche wird im Langschiff deutlich, wo Giotto in 28 Fresken das Leben und die Legenden um den heiligen Franz darstellte. Wenngleich nicht alle Bilder von Giottos Hand ausgeführt wurden, vom großen Meister stammen die Entwürfe (1298).

Erstmals wurde die Strenge byzantinischer Bilder überwunden. Menschen mit eigenen Charakterzügen wie der Freude, des Zorns, des Erstaunens und der Trauer werden sichtbar. In Assisi ist Giotto zum bedeutendsten Maler der Frührenaissance geworden. Seine Fresken wurden zur schönsten Biblia pauperum, zur Armenbibel, zum eindrucksvollsten Anschauungsunterricht für das einfache Volk, das noch nicht lesen und schreiben konnte und das religiöse Geschehen nur aus Bildern ablas.

Francesco hatte schon früh das adlige Fräulein Chiara di Favarone degli Offreducci für seine Armenbewegung gewonnen und für den Ordensstand interessiert. 1212 entschied sich Chiara für das Klosterleben. 1255 wurde sie bereits heilig gesprochen. Ihre Gebeine ruhen in einem gläsernen Sarg in der Kirche, die heute ihren Namen trägt.

Ein weiter Vorplatz erstreckt sich vor der Chiara-Kirche. Charakteristisch für die Fassade sind die rosa Steinstreifen, die mit solchen in violettartigem Rot wechseln. Ebenso einmalig ist der Strebebogen auf der linken Seite, der eine Wand der Chiara-Basilika abstützt. Im Innern bewahrt die 1265 eingeweihte Kirche neben dem Freskenzyklus mit Szenen aus dem Leben der heiligen Klara (Giotto-Schule) das Kreuz von San Damiano auf, das zu Franziskus gesprochen hatte.

San Damiano, das heutige Klarissenkloster, hatte die heilige Klara mit einigen Gefährtinnen schon sehr früh zu ihrem Aufenthaltsort ausersehen. Hier ist sie auch, in einem kahlen Zimmer des ersten Stocks, am 11. August 1253 verstorben. Für Francesco war San Damiano stets ein besonderer Ort des Gebets und der Meditation. Hier vernahm er den Anruf Christi vom Kreuz. Hier entstand der berühmte Sonnengesang. Hier hat er die Kirche wieder aufgebaut, nachdem er das Wort des Gekreuzigten von der »einstürzenden Kirche« allzu wörtlich genommen hatte. Und hierher war Franziskus in eine Hütte unterhalb des Gartens zurückgekehrt, als er auf dem Berge La Verna die Wundmale Christi empfangen hatte.

Doch dem Geist des heiligen Franz am nächsten kommt die Einsiedelei »Eremo delle Carceri« aus dem 14. Jahrhundert – erbaut über den Höhlen, in deren Einsamkeit sich Franziskus und seine Mitbrüder zeitweilig zurückgezogen hatten. Fünf Kilometer lang ist die sonnige, schattenlose Straße von der Stadt dorthin (200 Meter über dem Tibertal), ehe sich dann die wohltuende Frische eines Eichenwaldes auftut. Die Benediktiner hatten den Franziskanern das Oratorium des heiligen Bernardin überlassen. Noch heute wird die Steinplatte gezeigt, auf der Franziskus nachts ruhte. Die bescheidenen Einrichtungsgegenstände sind Zeugnisse für das anspruchslose Leben der ersten Franziskanerbrüder.

Als die große Kuppelkirche Santa Maria degli Angeli im 17. Jahrhundert im Stile der Renaissance als dreischiffige

Basilika gebaut wurde, zählten die Pilger zu den Stätten des heiligen Franz bereits nach Zehntausenden. 1679 konnte das Gotteshaus – eines der größten der Christenheit – im Auftrag Pius' V. und nach Entwürfen des Architekten Galeazzo Alessi im Tal des Tiber einige Kilometer von der Stadt, rund um die Portiunkula-Kapelle, errichtet werden.

Die Portiunkula-Kapelle war die erste Wohnstätte des heiligen Franz und seiner Gefährten. Sie stand auf einem waldreichen Areal, das den Franziskanern 1209 nach Bestätigung der Ordensregel von den Benediktinern geschenkt worden war. So einsichtig es war, den Assisi-Pilgern ein großes Gotteshaus zur Verfügung zu stellen, so unversöhnlich wirkt der pompöse Kirchenbau gegenüber der franziskanischen Armut, die der Ordensgründer und seine Mitbrüder predigten. Das Innere der Kapelle zeigt ein Fresko des deutschen Malers F. G. Overbeck (1829), das den heiligen Franziskus darstellt, wie er Christus und Maria um die Gewährung des Portiunkula-Ablasses bittet.

Nur wenige Schritte nach rechts, und der Besucher erblickt den Rosenstrauch, der keine Dornen mehr trägt seit jener nächtlichen Stunde, in der sich der heilige Franz in dem noch dornigen Rosenbusch zu kasteien suchte. Dicht daneben befindet sich die Sterbekapelle Francescos (Capella del Transitorio), in der der Heilige, in einer armseligen Kutte auf bloßer Erde liegend, für immer die Augen schloss. Die Kapelle schmückt eine Terracotta-Statue von Andrea della Robbia, den heiligen Franz darstellend.

Die Liebe und Verehrung für den umbrischen Heiligen war schon wenige Jahre nach seinem Tode so groß, dass man ihn in die unmittelbare Nähe Christi rückte und entgegen der historischen Wahrheit einen Stall zu seiner Geburtsstätte erklärte. In der »Stalletta« (Oratorium San Francesco piccolino) – nur wenige Schritte unterhalb der Piazza del Comune – heißt es in einem Spruch aus dem 14. Jahrhundert in gotischer Schrift: »In diesem Oratorium, einstens ein Stall für einen Ochsen und einen Esel, wurde Franziskus, das Licht der Welt, geboren.« Die kleine Turmglocke oberhalb des Oratoriums soll beim Tode des Heiligen geläutet haben. Umstritten ist auch das so genannte »Elternhaus« des heiligen Franz, das man in unmittelbarer Nähe der »Stalletta« hinter der Chiesa Nuova zeigt.

**Feiern mit Franziskus**

*Für den Besuch von Assisi sollte man das Auto auf dem Largo San Pietro, einem Parkplatz unterhalb von San Francesco, stehen lassen. Die hügeligen Gassen und unzähligen Einbahnstraßen eignen sich ohnehin kaum für den Autoverkehr. Nur für den Ausflug zum Eremo delle Carceri (4 km) durch die Porta Cappuccini im Osten der Stadt und nach Santa Maria degli Angeli in der Ebene wird man auf eine automobile Verbindung nicht verzichten können.*

*Assisi gehört zu den Städten Italiens, in denen fast das ganze Jahr über mit den fremden Besuchern gefeiert wird. In der Karwoche werden insbesondere am Gründonnerstag und Karfreitag die Karliturgien festlich begangen. In der ganzen Fastenzeit finden freitags die »Funzione della corda pia«, ein Umzug der Franziskanermönche, statt. Berühmt in ganz Umbrien sind die »Calendimaggio«. Am Abend des 3. April ziehen Sänger mit Liebesliedern durch die Stadt zur Erinnerung an das fröhliche Leben des jungen Francesco.*

*Am Himmelfahrtstag breiten sich Blumenteppiche bis zum Monte Subasio hinauf aus. Am Pfingstmontag findet nach einer orientalischen Sitte die Segnung mit dem »Schleier der Madonna« statt. Am 21./22. Juni ziehen Fackelträger und junge Männer in Kostümen mit Glocken und Wappen zum Gedenken an den Sieg über die Sarazenen im Jahre 1241 durch die Gassen der Stadt.*

*Eine prächtige, blumenreiche Prozession begleitet am Fronleichnamsfest das Sanktissimum. Vom 31. Juli bis 2. August ziehen die Wallfahrer aus den mittelitalienischen Provinzen in traditionellen Gewändern zur Basilika Santa Maria degli Angeli zum »perdone«, der Bitte um Vergebung.*

*Am 11. August wird das Fest des heiligen Rufinus, am 12. August der Todestag der heiligen Klara begangen. Nicht jedes Jahr gedenken die Bürger der Stadt am ersten Septembersonntag der letzten Rückkehr ihres Patrons. Am 3./4. Oktober findet ein Fest anlässlich des Todestags des heiligen Franz statt. Es ist der Namenstag aller, die seinen Namen tragen.*

*Die »klassische« und gleichzeitig unmittelbar ansprechende Darstellung des heiligen Franziskus in der Unterkirche von Assisi stammt wahrscheinlich von Cimabue.*

# V.

# Kraft der Armut, Macht des Wortes

## Die »Bettelorden« in den Städten

### Skandal in Assisi

So einen schönen Skandal hatte das umbrische Bergstädtchen Assisi schon lange nicht mehr erlebt: Auf offener Straße waren sie sich in die Wolle geraten, der reiche Kaufmann Bernardone und sein Sohn Giovanni, den man seiner Mutter wegen nur Francesco, »das Französchen«, nannte. Nun, abzusehen war der große Krach im Hause Bernardone, denn Francesco war in den letzten Monaten immer wunderlicher geworden. Ursprünglich einer der lautesten Wortführer der lebenslustigen »goldenen Jugend« von Assisi, die, stets nach der neusten und teuersten Mode gekleidet, mit ihren nächtlichen Parties die Straßen unsicher machte, bei jedem inneren und äußeren Konflikt mitmischte und mit Hingabe die modernen Liebeslieder aus Francescos Mutterland sang, war er praktisch über Nacht zu einem anderen und seinem Vater gewiss fremden Menschen geworden. Die Nachfolge Christi, wie sie im Evangelium gefordert wurde, wollte er umsetzen, wortwörtlich, so wörtlich, wie er das Traumbild interpretierte, in dem ihn Jesus aufgefordert hatte, »die Kirche wieder aufzubauen«.

So sah man nun den Playboy Francesco in verfallenen Kirchen und Kapellen des Umlands von Assisi herumwerkeln, mit seinen gepflegten Händen Schutt wegräumen und Bauholz und Steine zusammentragen. Neues Material erbettelte er sich ebenso wie seine kärglichen Mahlzeiten, und wenn sich seine – teils amüsierten, teils peinlich berührten – Mitbürger spendenfaul zeigten, dann produzierte er vor ihnen Gauklerkunststücke und Taschenspielertricks, bis sie ihm lachend doch das Gewünschte gaben. Dann konnte es ihnen freilich geschehen, dass Francesco unvermittelt zu predigen begann, ihnen seine Deutung der Nachfolge Christi – in vollkommener freiwilliger Armut und wörtlicher Erfüllung des Evangeliums – mit ebenso einfachen wie eindringlichen Worten verkündete.

Doch nun war Francesco zu weit gegangen: Aus dem Kaufmannsgewölbe seines Vaters hatte er mehrere wertvolle Stoffballen entnommen, um mit dem Erlös seine Renovierungsarbeiten zu finanzieren. Wutentbrannt hatte Signor Bernardone seinen Sohn auf der Straße zur Rede und damit vor die Entscheidung gestellt: seine Familie oder sein verrücktes neues Leben! Doch auch diesen Konflikt fand Francesco im Evangelium längst entschieden: »Wer nicht Vater und Mutter verlässt…« So riss er sich die letzten schönen Kleider vom Leib, warf sie dem Vater vor die Füße, um – seine Nacktheit rasch in die einfache, raue Kutte gehüllt, die von nun an sein einziges Kleidungsstück wurde – sein Leben ganz dem Predigen und der praktizierten Nächstenliebe zu widmen…

Eine ungewöhnliche Geschichte – nicht wegen des Vater-Sohn-Konflikts, den man so ähnlich zu allen Zeiten und in allen Ländern erleben kann. Das Auffallende an dieser Erzählung sind die äußeren Umstände: Assisi, das ist ein recht abgelegenes und unbedeutendes Landstädtchen im italienischen Appenin, und dort gibt es jetzt, am Ausgang des 12. Jahrhunderts, reiche Kaufleute und junge Playboys, die mit Geld um sich werfen – was ist da nur aus dem Europa der Ritter, Bauern und Benediktinermönche geworden?

Tatsächlich haben sich seit der Jahrtausendwende tief greifende Veränderungen im Abendland vollzogen, und deren Ursachen liegen in zwei eng verknüpften Phänomenen: der Entstehung der

Städte und der Entwicklung der Geldwirtschaft. Mit beiden »Erfindungen« gewannen die Menschen neue Perspektiven, die auch ihr geistiges und geistliches Leben veränderten. Jetzt gab es eine Alternative zu den traditionellen Lebensordnungen – Ritter, Priester, Bauer –, eine Alternative zum beengten Leben auf der Ackerscholle oder hinter Burgmauern. Und es gab eine Alternative in Sachen Wohlstand: Die Gesellschaft des frühen bis hohen Mittelalters beruhte – trotz eines gewissen Umlaufs an Gold- und Silbermünzen – überwiegend auf Naturalwirtschaft und Grundbesitz. Land und Rechte zu erwerben, war die nahezu einzige Möglichkeit, Eigentum und sozialen Status zu mehren, und dieses Mehren stieß meist auf enge praktische und traditionelle Grenzen. In ebenso begrenztem Rahmen hatte sich das soziale Gefälle bewegt – der durchschnittliche Ritter in seinem Wohnturm lebte nicht sehr viel anders oder besser als seine Bauern.

All dies änderte sich, sobald Geld ins Spiel kam und vor allem in den Städten rasch die Führungsrolle übernahm: Ihre Bewohner waren oder wurden rasch Spezialisten als Handwerker oder Dienstleister; für ihre Ernährung waren sie ohnehin auf die Lieferungen des Umlands angewiesen, und die nun notwendigen komplizierten Transaktionen ließen sich mit der abstrakten Rechnungseinheit Geld viel einfacher abwickeln. Allerdings zeigten die glänzenden Münzen sehr bald ihre charakteristische Eigenschaft, sich dort anzusammeln, wo schon viele ihresgleichen sind. Das war vor allem in den Truhen der Händler und Fernkaufleute der Fall, die aus den Gewinnspannen bei Im- und Export beträchtliche Profite zogen, die sie wiederum in neue, gewinnbringende Geschäfte investierten.

Für diese Gewinnspirale – und den daraus resultierenden Reichtum – gab es auch keine »natürliche« Grenze (außer Fehlspekulationen und Firmenpleiten, die nicht selten waren). In den Städten öffneten sich so bald soziale Schluchten: Der reiche Kaufmann bewegte sich in einer völlig anderen ökonomischen Welt als der Handwerksmeister, der dabei wohl oft ebenso neidisch »nach oben« blickte, wie er selbst vom besitzlosen Armen beäugt wurde. Die heute viel zitierte »Zweidrittelgesellschaft« prägte nämlich auch schon die Stadt des Mittelalters: Zwischen 15 und 25 Prozent der Bewohner gehörten zur Rand- oder Unterschicht, die überwiegend von Gelegenheitsarbeiten oder Betteln leben musste, ohne jede Aussicht auf sozialen oder wirtschaftlichen Aufstieg.

Doch wie vertrug sich das mit der christlichen Lehre, die damals der einzige und einzig denkbare Maßstab für jedes Individuum und die gesamte Gesellschaft war? Hatte Jesus nicht ausdrücklich die Armen und Bedrückten in sein Reich eingeladen, in das zu gelangen ein Reicher so wenig Chancen hatte wie das sprichwörtliche Kamel vor dem Nadelöhr? Die Städte, die in vieler Hinsicht die treibende Kraft der mittelalterlichen Geschichte waren, wurden zusehends Pulverfässer für die Gesellschaft – und für die Religion. Mochte der einzelne, superreiche Kaufmann zusehen, wie er mit der Last seiner Geldtruhen ins Paradies gelangte – und nicht wenige von ihnen erleichterten sie vor oder nach ihrem Tod beträchtlich für fromme Stiftungen –, das eigentliche Skandalon der damaligen Zeit war der Reichtum der Kirche!

Frömmigkeit und Sorge um das Seelenheil hatten von Anfang an einen guten Teil des gesellschaftlichen Wohlstands in die Hand der Kirche umgeleitet, die als Gegenleistung Seelsorge und Seelenbetreuung bot und das christliche Abendland mit einer straffen Organisationsstruktur überzog. Zur Verwaltung all dessen entwickelte sich ein beachtlicher bürokratischer Apparat, der rasch die übliche Kreativität entwickelte, wenn es um die Erschließung neuer Einnahmequellen ging. Das immer raschere Tempo beim Übergang zur Geldwirtschaft wirkte sich für die Kirche besonders einnahmefördernd aus, war sie doch selbst eine der treibenden Kräfte bei der Entwicklung des Geldverkehrs gewesen – wie sonst hätten auch die vielen Abgaben aus ganz Europa transportiert werden können?

Die Menschen des hohen Mittelalters sahen das unaufhaltsame Reichwerden der Kirche mit Verwunderung, mit Empörung und schließlich mit heiligem Zorn. Natürlich gab es viele Geistliche, von den Päpsten bis zu einfachen Pfarrern, die sich als verantwortungsvolle Treuhänder des Kirchenbesitzes sahen und persönlich in einfachen Verhältnissen lebten. Aber es gab eben auch unzählige Fälle von öffentlicher Protzerei, und selbst getreue Verwaltung half nicht über das Grundsatzproblem hinweg: »Nachfolge Christi« – konnte die im Zählen und Abrechnen von Truhen voller Geld bestehen? Wenn da so einer wie dieser verrückte Francesco die kostbaren Kleider wegwirft und barfuß Nächstenliebe predigt – war das nicht die wahre Nachfolge?

Das 11. Jahrhundert erlebte eine ganze Reihe von Aufruhrbewegungen, die meist von den Städten ausgingen und in denen die Armen für die Armut protestierten – für eine gerechtere Verteilung des »Volkseinkommens« und für eine »wahre Kirche«, die ihre Aufgaben mit Anspruchslosigkeit – in jedem Sinne – erfüllte. Unterdrückt wurden die Rebellionen gewöhnlich im Zusammenspiel des Ortsbischofs mit der lokalen Oberschicht, und die Gesamtkirche in Person des Papstes war nur zu gerne bereit, die Verkünder der Armut als Ketzer und Irrlehrer zu verurteilen. Tatsächlich entwickelten sich im Laufe des 12. Jahrhunderts mit Waldensern und Katharern anhängerstarke Sekten, deren Botschaft und Praxis nur mehr wenig mit der traditionellen Kirchenlehre zu tun hatten und denen die demonstrative Abkehr von irdischen Schätzen gemeinsam war.

Wenn Francesco öffentlich allem irdischen Reichtum entsagte, war dieser Schritt also keineswegs harmlos oder ungefährlich. Wäre der junge Assiser ein Einzelfall geblieben, ein etwas exzentrischer Außenseiter, der seine Tage in einer Einsiedelei verbrachte, dann hätte wohl auch eine misstrauische Kirche darüber hinweggesehen. Doch in der damaligen, hoch gespannten Situation dauerte es gar nicht lange, bis auch andere Männer aus Umbrien ihre schönen Gewänder ablegten, sich in raue Kutten hüllten und milde Gaben als einzige Form ihres Lebensunterhalts anerkannten. Franziskus war sich des gefährlichen Bodens, auf dem er und seine Gefährten sich bewegten, durchaus bewusst, und so entwickelte er schon 1208 erste Regeln für seine Bruderschaft, die er auch den höchsten kirchlichen Autoritäten zur Billigung vorzulegen gedachte.

Diese erste Regel des heiligen Franz ist nicht erhalten, aber sie wird sicher schon die Grundzüge der späteren Ordensregel enthalten haben, die bis 1223 mehrfach überarbeitet wurde. Das charakteristische Element wurde dabei, dass das traditionelle mönchische Armutsgebot auch für die Gemeinschaft als Ganzes galt; die Bruderschaft sollte weder Gebäude noch andere Rücklagen erwerben, und dass den Brüdern das Annehmen von Geld ausdrücklich verboten war, zeigt sehr deutlich, wo Franziskus und die Seinen die Wurzel allen Übels sahen! Ihren Lebensunterhalt – in Naturalien – sollten die Brüder, zu denen Laien und Geistliche gleichermaßen zählten, durch handwerkliche Arbeiten, durch Krankenpflege und seelsorgerliche Leistungen erwerben. Tatsächliches Betteln sollte die Ausnahme bleiben, und auch wenn sich die Bezeichnung »Bettelorden« bald durchsetzte, so blieb es dies auch – für die »Bettelbrüder« gab es genug zu tun!

Dabei waren sich Franziskus und seine ersten Gefährten keineswegs klar gewesen, worin diese Aufgaben wohl bestehen könnten. Ihre Absage an die Welt und alle ihre Schätze hatte bei ihnen gewaltige spirituelle Energien freigesetzt, die nach einem Auftrag, einer Berufung suchten. Der Eintritt in eines der bestehenden Klöster, die als Institutionen üppigen Anteil am Reichtum der Kirche hatten, kam für sie nicht in Frage. Außerdem – gerade weil sie sich von der Welt befreit hatten, wollten sie in der Welt etwas bewirken. Ihr vorgelebtes Beispiel sollte den Menschen, denen sie täglich und im Alltag begegneten, Anregung sein, ihrerseits Christus nachzufolgen. Außerdem, hatte nicht Franziskus persönlich eine himmlische Botschaft erhalten, in jenem Traum, in dem ihm eine Stimme zurief: »Francesco, baue meine Kirche wieder auf!«?

Franziskus hatte, wie gesagt, diesen Auftrag zunächst ganz wörtlich genommen und das zerfallende Kirchlein von San Damiano bei Assisi wiederhergestellt. Aber das konnte doch nicht alles gewesen sein! Was jetzt – zumal sich inzwischen eine Gemeinschaft kräftiger Männer angesammelt hatte? Vielleicht war die wieder aufzubauende Kirche jene in den Ländern des Orients, die durch die Herrschaft des Islam unterdrückt und weitgehend verschwunden war – die Missionsreise ins Heilige Land blieb der große Lebenstraum des Franz von Assisi, auch wenn seine Gemeinschaft in der Mehrzahl einen anderen Weg ging.

Doch zunächst hatte Franziskus einen anderen, für ihn nicht leichten Weg zu gehen: nach Rom zu Papst Innozenz III., um dort seine Gemeinschaftsregel der päpstlichen Approbation zu unterwerfen – wie mochte es da dem »Nachfolger Christi« vor dem »Statthalter Christi« ergehen, auch noch bei diesem Papst? Innozenz III., jung und dynamisch, war das Idealbild des »modernen« Papstes der damaligen Zeit: ein kühl kalkulierender Kirchenfürst, der nur in der moralischen und politischen Oberherrschaft des Papstes über alle irdischen Machthaber das Heil der Christenheit sah und der dazu die Kirche straff – und gewinnbringend – durchorganisierte. Ketzer waren ihm ein Gräuel – unter seinem Pontifikat wurden die Grundlagen der Inquisition gelegt –, und wenig empfänglich war er auch für jene Kritik, die von der Kirche »apostolische Armut« forderte – was »apostolisch« war, bestimmte schließlich der Papst!

Im Jahr 1209 kam es in Rom zu jener Begegnung, die Kirchengeschichte machte und die in die Legende gefasst wurde, der Papst habe im Traum gesehen, wie der hagere Mann aus Umbrien in seiner rauen Kutte eine Kirche – die Kirche – am Einstürzen hinderte. Innozenz muss jedenfalls in Franziskus die tiefe und integre Religiosität gespürt haben – nein, das war keiner, der im Namen der Armut Umsturz predigte! Seine innere Kraft musste für die Kirche nutzbar gemacht werden, und dazu bedurfte es zweier Dinge: einer Organisation und eines Auftrags. Missionieren wollten Franziskus und seine Gefährten? Aber dazu brauchten sie doch nicht die mühevolle Reise ins Heilige Land zu unternehmen – im Abendland gab es genug zu tun! Innozenz wusste, dass einer der Gründe für die Unruhe in den immer weiter wachsenden Städten die dürftige seelsorgerliche Betreuung war. Es gab dort zwar oft einen Bischof und sein Domkapitel, aber die waren eindeutig Teil der städtischen Oberschicht und häufig auch noch Partei in innerstädtischen Kämpfen. »Stadtpfarreien« waren dünn gesät und meist schlecht dotiert – viele, auch große Städte blieben kirchenrechtlich noch lange Filialen von Kirchenpfründen umliegender Dörfer. Und die großen Klöster vor den Mauern lebten ökonomisch und spirituell in einer ganz anderen Welt als die Städter. Diese Bettelbrüder hingegen stammten selbst aus den Städten; sie wussten aus eigener, täglicher Erfahrung, was Existenzkampf bedeutete, bei ihnen waren Leben und Glaubensüberzeugung eins, wie sich schon beim ersten Blick auf ihre

*Stammbaum des Dominikanerordens. (Kolorierter Holzschnitt eines Unbekannten von 1473; British Museum, London.)*

ärmlichen Kutten feststellen ließ. Die Mehrheit der Stadtbevölkerung konnte sich leicht mit ihnen identifizieren, und dem kleineren, reichen Teil führten sie überzeugend vor, dass es Güter gab, die sich nicht mit irdischem Wohlstand kaufen ließen.

Dass es auf diesem Weg möglich und sein Auftrag sei, »die Kirche wieder aufzubauen«, musste schließlich auch Franziskus einsehen, auch wenn er die – eher ernüchternde – Missionsfahrt in den Orient nicht unterließ und in seinen letzten Lebensjahren in erster Linie als geisterfüllter Prediger der Nächsten- und Naturliebe die Menschen faszinierte, bis sein intensives religiöses Empfinden schließlich in der Stigmatisation, dem Empfang der Wundmale Christi, gipfelte. Die irdischere Aufgabe, die eher formlose Bruderschaft, die sich seit Mitte des zweiten Jahrzehnts des 13. Jahrhunderts gewaltig auszubreiten begann, als Ordensgemeinschaft zu organisieren, blieb anderen vorbehalten, und tatsächlich nahm der »Ordo Fratrum Minorum«, der Orden der »Minderbrüder«, erst unter Franziskus' Nachfolgern in der Führung seine endgültige organisatorische Gestalt an. Für die Menschen in den Städten wurde es aber bald üblich, die neuen Mönche in den grauen oder braunen Kutten »Franziskaner« zu nennen...

**Mit dem Schwert des Wortes**

In den großen – und bald auch kleineren – Städten Europas trafen die Minderbrüder bald auf Angehörige der zweiten großen Mönchsgemeinschaft, die man häufig mit ihnen unter der Bezeichnung »die Bettelorden« zusammenfasst, obwohl ein Begriff wie die »urbanen Orden« ihrem Selbstverständnis und ihrem Wirkungsfeld viel genauer entsprechen würde. Und auch der »Predigerorden« (»Ordo Fratrum Praedicatorum«) wurde in der Umgangssprache mit dem Namen seines Begründers, Dominikus, verbunden.

Die Suche nach einem Betätigungsfeld für die Berufung, die sie erfahren hatten, stellt die spirituelle Verbindung zwischen Francesco aus Assisi und Domingo aus Caleruega dar. Das Leben und Denken des acht Jahre älteren Kastiliers verlief allerdings in anderen und – im kirchlichen Sinne – sehr viel »ordentlicheren« Bahnen. Geprägt vom Geist der »Rekonquista«, des Kampfes mit den islamischen Mauren, der für die spanischen Christen eine Auseinandersetzung war, die gleichermaßen an die politische wie die religiöse Substanz ihrer täglichen Welt ging, sah er sein Leben früh als das eines Kämpfers für Glauben und Kirche. Nach gründlicher theologischer Ausbildung an der angesehenen Universität Palencia trat Dominikus in das nach der Augustinerregel lebende Domstift von Osma ein, in dem er rasch bis zum Subprior aufstieg.

Im Auftrag seines Königs überquerte Dominikus Anfang des 13. Jahrhunderts mehrfach die Pyrenäen und musste dort erfahren, dass es für den wahren Glauben ganz andere – und gefährlichere – Bedrohungen gab als maurische Heere! Vor allem in Südfrankreich erhielten die ketzerischen Bewegungen der Katharer und Waldenser wachsenden Zulauf. Die etablierte Kirche fand als Antwort darauf nur Methoden der Unterdrückung, wozu sie der Kooperation der weltlichen Mächte bedurfte, doch auch deren Zuverlässigkeit begann im Languedoc zu wanken... Die Lage war also höchst bedrohlich, und es bleibt der Spekulation überlassen, was wohl geschehen wäre, hätte Dominikus nun nicht seinen geschulten Intellekt eingesetzt. Der Prior aus Kastilien machte sich nämlich als Erster die Mühe, die Lehren und die Erfolge der »Ketzer« genauer zu untersuchen, und er fand dabei dieselben Hintergründe, wie sie auch im Italien des Franziskus anzutreffen waren: eine angesichts des sozioökonomischen Wandels zutiefst verunsicherte Bevölkerung – vor allem in den Städten –, der es an kompetenter geistlicher Führung mangelte und auf die die Armuts- und Gleichheitsideale des Evangeliums eine ungeheure, wenn auch noch kaum durchdachte Anziehung ausübten. Die »Missionare« der Katharer und Waldenser verstanden es bestens, dieses Feld religiöser Erwartungen zu beackern – ihnen musste nun eine gleichwertige, ja überlegene »Konkurrenz« entgegengesetzt werden!

Dominikus sah die Lösung klar vor sich: Was man hier brauchte, war eine hoch motivierte und gut ausgebildete »Eingreiftruppe« kirchentreuer Prediger, die die Häresie statt mit Feuer und Schwert mit dem Feuer ihrer Glaubenskraft und dem Schwert geschliffener theologischer Argumente bekämpfte! Im südfranzösischen Toulouse, mitten im »Ketzerland«, approbierte im Jahr 1215 der Ortsbischof die von Dominikus geleitete und nach dem Vorbild seiner Chorherren organisierte Predigergemeinschaft. Schon ein Jahr später erhielt sie durch Honorius III. die päpstliche Bestätigung und wiederum ein Jahr später den offiziellen Auftrag, im Bistum zu predigen – ein kirchenhistorisch revolutionärer Schritt: Bislang war die Erteilung der Predigterlaubnis das Vorrecht des jeweiligen Ortsbischofs gewesen; mit der Privilegierung des »Predigerordens« gewann Rom nun direkten Einfluss und Kontrolle darüber, was auf den Kanzeln des Abendlands verkündet wurde. Als »theologische Speerspitze« des Papsttum spielten die Dominikaner also im 13. Jahrhundert eine ähnliche Rolle wie die Jesuiten 300 Jahre später.

Mit ebenso kühl-genialer Planung vollzog Dominikus den Schritt von der lokalen Gemeinschaft zum abendland- und schließlich weltweiten Orden: Die ersten »Ableger« errichtete er, naheliegenderweise, im heimatlichen Spanien, aber auch in Paris und Bologna, den beiden berühmtesten Universitätsstädten der Zeit! Damit war klar, welche Zielgruppen er sowohl als Ansprechpartner wie als Rekrutierungsfeld seines Ordens im Auge hatte: die Stadtbevölkerung und die Intellektuellen – für die geistliche Betreuung der aufstrebenden Bürger waren nur die besten Theologen gut genug! Um dieses Maximum an intellektueller Qualität zu erreichen, stellte Dominikus in seinem Orden, der 1218 durch eine päpstliche Bulle bestätigt und »allen Bischöfen des Erdkreises« anempfohlen wurde, das Studium in den Mittelpunkt, wie es in keiner anderen Mönchsgemeinschaft der Fall war. Organisation und Gestaltung der Konvente waren in erster Linie auf die Bedürfnisse der Studierenden – und Lehrenden – zugeschnitten, und selbst einzelne Bestimmungen der Ordensregel konnten übergangen werden, wenn es für die übergeordneten Ziele guter Ausbildung und wirkungsvoller Verkündigung förderlich war. Dem hohen intellektuellen Niveau der Mitglieder entsprach auch eine Ordensverfassung mit relativ demokratischen Zügen, die 1228 – sieben Jahre nach dem Tod des Gründers – in Paris verabschiedet wurde; Wahlen, Mehrheitsentscheidungen – und sogar die Möglichkeit der Abberufung – spielten auf Konvent-, Provinzial- und Leitungsebene eine Rolle, wie sie bei den Orden der benediktinischen Tradition undenkbar war.

Unter diesen Voraussetzungen war es gewiss nicht nur ein chronologischer Zufall, dass das rasche Aufblühen des Dominikanerordens mit der ersten Blüte des abendländischen Universitätswesens zusammenfiel, und wo immer in der Folge eine der modernen akademischen Ausbildungsstätten entstand, stellten die Mönchen in der weißen Kutte mit dem schwarzen Mantel einen wichtigen, wenn nicht den überragenden Teil des Lehrkörpers. Albertus Magnus, Duns Scotus, Thomas von Aquin – die Liste der herausragenden Wissenschaftler des Hochmittelalters, die gleichzeitig Angehörige des Predigerordens waren, ist ebenso umfangreich wie eindrucksvoll. Man kann mit gewisser Berechtigung sagen, dass das intellektuelle Leben des hohen und auch noch des späteren Mittelalters vom Geist des heiligen Dominikus geprägt war.

Dessen relativ früher Tod mit 51 Jahren ersparte es ihm immerhin, die letzten, schrecklichen Konsequenzen mitzuerleben, die das Scheitern seines ursprünglichen Anliegens mit sich brachte, die Katharer des Languedoc nur mit der Kraft der Überzeugung in den Schoß der Kirche zurückzuführen. Zum einen hatte die Lehre dieser »Reinen« recht tiefe Wurzeln in der Bevölkerung geschlagen, und zum anderen waren die weltlich-politischen Kräfte nicht bereit, dem Predigerorden die Zeit zu langwieriger Bekehrung der »Albigenser« einzuräumen, wie man die Katharer auch nannte. Die Chance, unter dem Vorwand eines »Ketzerkreuzzugs« eines der reichsten und kulturell höchst stehenden Länder Europas auszuplündern und zu unterwerfen, wollten sich vor allem nordfranzösische Ritter nicht entgehen lassen, und sie fanden dann auch das Ohr des Papsttums, das seinen Segen zur Ausrottung des Katharertums mit Feuer und Schwert gab. Und so begannen die »Albigenserkriege« (1209–1228), eines der düstersten und blutigsten Kapitel der abendländischen Glaubensgeschichte…

Man muss zugestehen, dass etliche der an der »Albigenserfront« eingesetzten Predigerbrüder die schlimmsten Untaten zu verhindern suchten, Exzesse öffentlich verurteilten, dass sie inmitten des allgemeinen Mordens verzweifelt um die einzelnen Seelen und auch Menschenleben zu kämpfen suchten. Und doch begann in jenen Jahren jene Rollenverknüpfung, die dazu führte, dass die weiß gekleideten Mönche in den Herzen der Menschen nicht nur Erbauung und Respekt, sondern auch schiere Angst hervorriefen: 1215 war auf dem Laterankonzil die »Inquisition« auf Diözesanebene institutionalisiert worden – also geistliche Behörden mit dem Auftrag, das Aufspüren und die Verfolgung

*Der Predigerorden des heiligen Dominikus brachte eine lange Reihe von hervorragenden Gelehrten hervor, darunter neben dem berühmten Thomas von Aquin auch dessen Lehrer Albertus Magnus. (Titelholzschnitt zu seiner »Legenda Literalis«, geschaffen von Rudolf von Nimwegen, 1480.)*

von Ketzern zu organisieren. Bei der »Verfolgung« stand dabei zunächst das Bemühen um Bekehrung im Mittelpunkt; die physische Vernichtung, im Zusammenspiel mit der weltlichen Macht, drohte nur verstockten oder rückfälligen Häretikern. Als 1231 Gregor IX. die »Heilige Inquisition« als päpstliche Behörde einrichtete und gleichzeitig dem Dominikanerorden anvertraute, da war beides ein Versuch, dieses gefährliche Instrument gut kontrolliert nur zuverlässigen und qualifizierten »Spezialisten« anzuvertrauen – in Fragen, wo es nicht nur um Leben und Tod, sondern um das ewige Seelenheil ging, sollten nur die bestausgebildeten Theologen das Sagen haben!

Die nachfolgende Geschichte der Inquisition ist ein ernüchterndes Beispiel dafür, wie Idealisten, die viele vor allem der frühen Dominikaner-Inquisitoren sicher waren, von politischen und privaten Interessen missbraucht werden können, wie Gutmeinende sich von »Sachzwängen« korrumpieren lassen, wie Positionen von hoher und tödlicher Machtfülle gerade die Personen anziehen, die zu ihrer Ausübung am wenigsten geeignet sind... Und als dem Abendland – mit Ausnahme der spanischen Territorien, die partout ohne Häretiker nicht auskommen konnten – die Ketzer ausgingen, da entdeckte man in Zauberei und Hexenkunst eine neue, besonders gefährliche und weit verbreitete Häresie. Und so gehörten denn auch die Autoren des 1487 erschienenen »Hexenhammers«, des »unheilvollsten Buchs der Weltgeschichte«, dem Predigerorden des heiligen Dominikus an...

### Die Last des Erfolges

Dass die Dominikaner in den Städten auf Mitstreiter in den groben Kutten des Franziskus treffen würden, war aus den erwähnten Gründen nahe liegend – wandten sich beide Ordensgemeinschaften doch an dieselbe »Zielgruppe«. So wuchsen, zumeist an den noch unbebauten Rändern der Städte, Klöster beider Orden empor, deren Kirchen rasch zum spirituellen – und damit auch zu einem sozialen oder politischen – Zentrum der Kommune wurden. (Die nüchterne Praxisorientierung vor allem der Dominikaner hatte dabei deutliche Auswirkungen auf die Sakralarchitektur: Die offene Hallenkirche der Spätgotik, die der ganzen Gemeinde die optische und akustische Hinwendung zur Kanzel erlaubt, entwickelte sich in den »Predigerkirchen«.) Und da die Bürger zu Lebzeiten ihre religiöse Geborgenheit bei den wortgewaltigen Brüdern mit dem strengen Armutsgebot fanden, wollten sie auch die ewige Ruhe in ihrer Nähe finden, und so wurden die Friedhöfe bei den »Minoriten« oder den »Predigern« gesuchte Grablegen...

Aber halt: Klostergebäude, Kirchen und Kirchhöfe auf dem schon damals nicht eben billigen städtischen Grund und Boden – das stellte doch einen nicht zu unterschätzenden materiellen Wert dar, auch und gerade wenn die Erwerbs- und Baukosten tatsächlich »erbettelt«, d. h. aus frommen Spenden aufgebracht waren? Wie ließ sich die Rolle als »Immobilienmillionäre« mit dem ausdrücklichen Gebot der Besitzlosigkeit vereinen? Andererseits, wie konnte der Orden seinen Auftrag ohne die entsprechende Infrastruktur erfüllen? Als Wanderprediger konnten sich die ersten Minderbrüder mit dem offenen Himmel als Raum und mit ein paar Treppenstufen als Kanzel zufrieden geben; als permanente Seelsorger einer Stadtgemeinde benötigten sie einen festen Ort der Verkündigung – umso mehr als sich der Orden rasend schnell auch in den Teilen des Abendlands verbreitete, in denen ein raueres Klima herrschte als im milden Umbrien. Der pragmatisch denkende Dominikus hatte diesen Sachzwängen von vornherein Rechnung getragen, indem er seiner Gemeinschaft den Besitz der erforderlichen Infrastruktur gestattete. Für die Franziskaner musste ihr päpstlicher Freund und Förderer, Gregor IX., den Ausweg finden. Sein Ansatz war, den jungen Orden direkt dem Heiligen Stuhl zu unterstellen – was natürlich, ebenso wie bei den Dominikanern, einen wichtigen kirchenpolitischen Effekt besaß: Jetzt bestanden zwei dynamische Ordensgemeinschaften, mit deren Hilfe Rom direkt in die seelsorgerlichen Strukturen »vor Ort« eingreifen konnte. Als zweiten Effekt konnte der Papst nun (1230) alle Besitzungen der Franziskaner zum Eigentum des Heiligen Stuhls erklären; den Ordensmitgliedern wurde lediglich das Nutzungsrecht überlassen. Dem Wortlaut der Regel war mit dieser juristischen Finesse Genüge getan…

Der gewaltige Widerhall, den das monastische Konzept des Franziskus auslöste, veränderte dessen ursprüngliche Ideen und Ideale in mehr als einer Hinsicht. Hatten in seiner Gemeinschaft zunächst Kleriker und Laien unterschiedslos zusammengefunden, so begann sich bald eine Trennung in »Patres« und »Fratres« auszubilden – um den Seelsorgeauftrag auszuführen, benötigte der Orden geweihte Priester und qualifizierte Prediger, allerdings Priester und Prediger von hohem theologischem Standard! Und so trafen sich Franziskaner und Dominikaner alsbald auch an den neuen Universitäten als Lernende und Lehrende; sie wurden in der Wissenschaft zum spirituellen Kampfgefährten – und nicht selten Konkurrenten. Die akademische Kooperation und Rivalität der beiden urbanen Orden trieb die Entwicklung der abendländischen Universitäten und der mittelalterlichen Wissenschaften entscheidend voran; sie sollte am Ausgang des Mittelalters allerdings auch zu deren zunehmender Verkrustung beitragen…

Zunächst galt es aber viele wichtige, spannende und drängende Fragen gemeinsam zu behandeln und damit das damals moderne akademische Denken, den Einsatz von Intellekt und Logik, zu

*Dominikaner und Franziskaner entwickelten einen neuen Typ von Kirche, die Bettelordenskirche, die weder Querschiffe noch Türme noch aufwändige Schmuckformen aufwies und räumlich an die Predigttätigkeit bestens angepasst war. Eine großartige Repräsentantin dieses Typus ist die Dominikanerkirche »Les Jacobins« in Toulouse.*

entwickeln. Einige dieser drängenden Fragen waren freilich erst durch die Existenz der neuen Orden in die zeitgenössische Welt gekommen. Wozu brauchte es die überhaupt? Gab es für das monastische Leben nicht genügend und auch diversifizierte Möglichkeiten im Rahmen der bewährten Tradition St. Benedikts? »Ora et labora« lautete der Auftrag an den Mönch: (kontemplativ) zu beten und sich seinen Lebensunterhalt mit der Arbeit seiner Hände zu verdienen! Vom Predigen oder gar Dozieren war da ebenso wenig die Rede wie vom »Betteln«, zu dem die Traditionalisten auch den Bezug von Honoraren zählten. Und was sollte dieses Eindringen in die Kompetenzen der Ortsbischöfe und diese direkte Abhängigkeit von Rom – war die Hierarchie von Papst, Bischof, Pfarrer bzw. Kongregation, Abt, Mönch nicht das Gottgebene und Gottgewollte? Nur ein halbes Jahrhundert nach ihrem Entstehen drohte den »Bettelorden« gerade wegen ihres gewaltigen Erfolgs das Aus...

Es war die intellektuelle Brillanz des Dominikaners Thomas von Aquino, die das neue Verständnis von Mönchtum rettete und auf Dauer in der Kirche verankerte. 1256 legte er in Paris in einer großen Verteidigung die Vereinbarkeit des Konzepts von Franziskus und Dominikus nicht nur mit der Heiligen Schrift und den Lehren Jesu dar; er argumentierte auch für seine Berechtigung für die Bedürfnisse von Kirche und Gesellschaft. Die herausragende Leistung des Aquinaten war es dabei, ein dynamisches Verständnis für die Entwicklungen im spirituellen, ökonomischen und politischen Bereich einzufordern, und die Einsicht, dass veränderte Verhältnisse neuer Lösungsansätze bedürfen. Diese Forderung ist seither ein dauerndes Spannungsfeld in der Geschichte der Kirche geblieben.

Bei einem anderen Problem konnten die Franziskaner allerdings nicht auf brüderliche Schützenhilfe rechnen – es traf sie speziell, und es war in letzter Konsequenz unlösbar:

Die »gregorianische Lösung« der Besitz-Frage hatte zwar den Wortlaut des Armutsideals gerettet – doch was war mit seinem Geist? Etliche der klugen Köpfe, die die raue Kutte anlegten, aber auch viele einfache Menschen, die das Bild des »Poverello« aus Assisi im Herzen trugen, als sie sich dem Orden anschlossen, suchten in den Strukturen vergeblich nach dem spirituellen Ideal des Franziskus. Sie versuchten daher, mit Gleichgesinnten ihre Gemeinschaften im Geist des Ordensgründers, so wie ihn sie verstanden, zu reformieren, was prompt den Widerstand der Mitbrüder hervorrief, die pragmatischer, praktischer, bequemer waren – wer mag es beurteilen? Gegen die Kompromisslosigkeit der »Spiritualen«, die in ihrer praktischen Umsetzung die Strukturen des Ordens untergraben hätte, hatten allen Vermittlungsversuche, wie sie vor allem der später heilig gesprochene Ordensgeneral Bonaventura 1257–1264 unternahm, keine Chance; gegen Ende des 13. Jahrhunderts war die franziskanische Bewegung tief gespalten. Dass viele der Spiritualen in ihre theologischen Vorstellungen die nahen Endzeitvisionen des süditalienischen Zisterzienserabtes Joachim von Fiore (†1202) einfügten, gab ihren Predigten eine zusätzliche beunruhigende Dimension.

Wie so viele radikal-puristische Bewegungen stürzten auch die Spiritualen über die Konsequenz ihrer Forderungen: Wenn der Verzicht auf jeglichen Besitz der für die Franziskaner zutreffende Ausdruck der Nachfolge Christi war, dann musste dies doch auch für die gesamte Gesellschaft, auf jeden Fall aber für die Kirche gelten! Gerade die Stellvertreter Christi und seiner Apostel – also der Papst und seine Bischöfe – wären die Ersten, die diesem Ideal zu folgen hätten... Als sie diese Forderung verkündeten und auch nach zahlreichen Diskussionen daran festhielten – Umberto Eco hat diese Phase der Kirchengeschichte in seinem Roman »Der Name der Rose« dramatisch behandelt –, war das Schicksal der »Spiritualen« besiegelt. 1317 wurden ihre Lehren verurteilt, 1323 endgültig als »häretisch« verworfen. Sie wurden nun das Ziel der Heiligen Inquisition, in deren Reihen sich inzwischen auch die Franziskaner zu den Dominikanern gesellt hatten.

Für die Kirche mochte die Armutsfrage damit geklärt gewesen sein – für den »Orden der Minderbrüder« war sie es keineswegs: Die rechte Interpretation und Umsetzung der franziskanischen Ideale – gerade in Hinblick auf den Besitz irdischer Güter und ihre Nutzung – blieb eine Herausforderung, die immer neue Formationen, ja Abspaltungen zur Folge hatte. Schon wenige Jahrzehnte nach dem gewaltsamen Ende des Spiritualenstreits ergab sich eine neue innerfranziskanische Frontziehung: Die Anhänger eines strikten – wenn auch nicht mehr so allgemein-radikalen – Armutsgebots wurden »Observanten« (d. h.: die die Regel Beachtenden) genannt; die inzwischen als die »Konservativen« einzuschätzenden Anhänger des Mönchslebens in den bestehenden Konventen hießen die »Konventualen«. Nach vielen Diskussionen und Konflikten wurden die »Observanten« Anfang des 15. Jahrhunderts als »Orden im Orden« anerkannt; die endgültige Trennung in zwei Ordensgemeinschaften erfolgte 1517, im Jahr von Luthers Thesenveröffentlichung. Und selbst innerhalb der Observanten war manchem Franziskusjünger der Verzicht auf Eigentum noch nicht weit genug gegangen; so bildete sich die Untergemeinschaft der Franziskaner-Eremiten, deren Mitglieder auf den ja auch spirituellen Komfort der Klostergemeinschaft verzichteten. Sie gaben die »stabilitas loci« für eine ständige Pilgerschaft auf den Straßen des Abendlands auf, was ihnen eine überlegene Menschenkenntnis verschaffte; nicht umsonst waren die berühmtesten und erfolgreichsten Buß- und Kreuzzugsprediger des Spätmittelalters wie Johannes Capistrano (†1456) Franziskaner-Eremiten.

Ihre Tradition und ihren Ruf als wortmächtige Volksprediger, die vor allem in kritischen Zeiten die Massen zu Umkehr und Neuaufbruch begeistern konnten, übernahmen im Zeitalter der Gegenreformation die Kapuziner (OFMCap), eine Unterkongregation der Konventualen, die ihrerseits den franziskanischen Geist wieder beleben wollten. Sichtbarer Ausdruck war die Übernahme einer Kutte als Ordenstracht, die die große Kapuze trug, wie sie uns etwa aus Giottos Darstellungen des Lebens des Franziskus bekannt ist. Der 1528 bestätigte Orden hatte 100 Jahre später nicht weniger als 17.000 Mitglieder, darunter zu Paris den berühmten Père Joseph, die sprichwörtliche »graue Eminenz« der Regierungszeit des Kardinals Richelieu. Dem »normalen« Kapuziner mit seiner Wortgewalt und volksnahen Bildersprache hat Friedrich von Schiller mit seiner »Kapuzinerpredigt« in »Wallensteins Lager« ein kongeniales Denkmal gesetzt.

Mit der Volkspredigt erfüllten die verschiedenen Franziskanerzweige höchst erfolgreich einen der Aufträge bzw. Erwartungen, die der Arme von Assisi an seine Gefährten gestellt hatte. Und auch eine zweite Sehnsucht ihres Gründers erfüllten die Brüder in den braunen Kutten: Sie wurden höchst erfolgreiche Missionare. Die Mobilität des urbanen Klosterkonzepts war für den Einsatz in fremden Ländern bestens geeignet; Franziskaner begaben sich auch schon ohne staatlich-militärische Protektion auf die mühe- und gefahrvolle Reise in islamische und »heidnische« Gefilde; bis weit nach Asien und zum Hof des Großkhans finden wir ihre Spuren und Berichte. Und als die iberischen Nationen ihre Energien von der »Rekonquista« gegen die Mauren zur »Konquista« neuer Welten umleiteten, da war auf jedem Entdeckerschiff und bei jeder

Expedition ein Franziskaner-(manchmal auch ein Dominikaner-)Pater dabei, der im neuen Land das Kreuz aufrichtete und die Eingeborenen taufte. Nicht zufällig trägt einer der nördlichsten Vorposten des spanischen Weltreichs in Amerika den Namen San Francisco...

Bei so viel Eifer und Engagement an vorderster Front der gewalttätigen europäischen Expansion müssen die beteiligten Kirchenmänner allerdings auch ihren Anteil an den schlimmen Sünden mit übernehmen, die von den Konquistadoren im Namen nicht nur des Königs, sondern ausdrücklich Gottes begangen wurden. Es waren allerdings auch Theologen – in erster Linie Dominikaner, deren Orden ebenfalls, wenn auch nicht in vergleichbarem Umfang, missionarisch sehr aktiv war –, die sich kritisch und intellektuell konsequent mit den Folgen der Entdeckung so vieler neuer Länder, Völker und Kulturen auseinander setzten. Berühmt wurde so das Eintreten des Dominikaners Las Casas für den Schutz der Ureinwohner Amerikas – dass dieses Eintreten indirekt zur Entstehung des transatlantischen Sklavenhandels, eines der düstersten Kapitel der Geschichte überhaupt, führte, unterstreicht nur, wie schwierig es auch für den Wohlmeinenden ist, in irdischen Dingen das Richtige zu tun. Von weitreichenden Folgen wurde aber auch das Wirken von Las Casas' Ordensbruder Francisco de Vitoria (†1546), der, von den Fragen der Konquista ausgehend, die Grundlagen des modernen Völkerrechts legte.

War der Missionsauftrag, gerade unter den harten, ja brutalen Bedingungen von Spätmittelalter und früher Neuzeit, naheliegenderweise eine zunächst »männliche« Aufgabe, so sprachen die Ideale und Forderungen eines Franziskus bzw. Dominikus natürlich auch Frauen an. Gerade der junge Assiser fand schon früh eine ebenso begeisterte wie unerschütterliche Mitstreiterin in Chiara (Klara) Favarone (1193–1253), die 1212 im Konvent von Portiunkula eine Frauengemeinschaft gründete, die auf denselben Prinzipien aufgebaut war wie die ihres Freundes und Vorbilds Francesco. Nach vielen Problemen und Konflikten mit der Amtskirche wurde der weibliche Zweig des Minoritenordens, bald allgemein »Klarissen« genannt, 1247 anerkannt. Die Diskussionen um den »rechten Geist« und um die Definition von Armut prägten auch die Klarissen, die ihrerseits diverse strengere Unterkongregationen bildeten, bis hin zu Kapuzinerinnen. Ein Grundproblem, das gleichermaßen die früh ins Leben gerufenen Dominikanerinnen betraf, war, dass die Frauenklöster von der priesterlichen Seelsorge und der akademischen Lehre ausgeschlossen waren – zwei Feldern, die Selbstverständnis und Spiritualität der männlichen Orden entscheidend prägten. Die Frage der Seelsorge durch den männlichen Zweig stellte denn auch ein nicht geringes Konfliktpotential dar.

Der ausgeprägt urbane Charakter der beiden Bettelorden führte dann auch dazu, dass sich zum Ersten (Männer) und Zweiten (Frauen) Orden auch früh ein Dritter Orden bildete – Gemeinschaften von Laien beiderlei Geschlechts, die in ihren weltlichen Verhältnissen (Beruf, Ehe) blieben, jedoch in enger Anlehnung an die Mönchs- bzw. Nonnengemeinschaft einige grundlegende Ideale des Ordensgründers zu verwirklichen suchten. Solche »Terziaren« hatte es auch schon bei den alten Orden gegeben, bei Benediktinern oder Prämonstratensern. Zu einer Massenbewegung wurde die Idee des Dritten Ordens aber erst durch das Wirken des Franziskus, der sich mit seinen Predigten bewusst an die »normalen« Bürgerinnen und Bürger von Assisi wandte und die Bildung von Laiengemeinschaften ausdrücklich begrüßte. Die Verknüpfung von urbaner Alltagswelt und monastischem Leben fand somit auf drei Ebenen statt...

*Den Konflikt, der sich zwischen dem Anspruch des Ordensideals und den Realitäten des städtischen Alltags ergeben konnte, provozierte und erlitt in letzter Konsequenz der Florentiner Dominikaner Savonarola. (Porträt aus dem Museo di Castelvecchio, Verona.)*

*San Marco in Florenz; restaurierte Fassade von 1687.*

# San Marco in Florenz

## Malermönch und Höllenprediger

Mitten im Verkehrstrubel der toskanischen Metropole fällt der Blick an einer Straßenkurve auf die schlichte Barockfassade des ehemaligen Dominikanerklosters San Marco. Kirche und Kloster fänden kaum Beachtung, wären sie nicht jahrelang die Heimat des Malermönchs Fra Angelico sowie jenes leidenschaftlichen Sittenpredigers Savonarola gewesen, der als Ketzer auf der Piazza Signoria von Florenz verbrannt wurde.

Silvestrinermönche hatten um 1300 an der Stelle des heutigen Klosters eine Kirche und ein Konventsgebäude errichtet, die aber zu Beginn des 15. Jahrhunderts erhebliche Schäden aufwiesen. 1418 hatte Papst Martin V. den Silvestrinern in Florenz ihren Besitz entzogen, da ihnen eine zu lockere Ordensdisziplin vorgeworfen wurde. Am 21. Januar 1436 berief Papst Eugen IV. Mitglieder des neu gegründeten Ordens der Dominikaner-Observanten von Fiesole in das noch bewohnbare Konventsgebäude. In Florenz herrschten damals die Medici. Cosimo der Ältere (1389–1464) beauftragte den Florentiner Baumeister Michelozzo mit einem Neubau des Klosters (1437–1452). Er nutzte die noch vorhandenen Baureste des Refektoriums und der Sakristei, um darüber das Dormitorium zu errichten. Er erneuerte die Kirchenapsis, die von Papst Eugen selbst eingeweiht wurde. 1444 war auch der Bibliothekssaal fertig, der Erste im Stil der Renaissance, sowie das gesamte Obergeschoss des ersten Kreuzgangs. Der zweite Kreuzgang folgte 1452, 1679 wurde das gotische Kirchenschiff erneuert.

1578 widmeten die Dominikaner von San Marco ihrem Mitbruder Antoninus eine eigene Kapelle. Antoninus war als Mitglied des Konvents 1446 Erzbischof von Florenz geworden. Kaum hundert Jahre später wurde der fromme Dominikanerbischof heilig gesprochen. 1589 wurden seine Gebeine in die neu erbaute Kapelle überführt. Mit dem Dominikanerheiligen liegen in der Kapelle auch die Humanisten Pico della Mirandola und Angelo Poliziano bestattet.

War es Zufall oder der Genius loci, der im Kloster der Brüder des heiligen Dominikus zu Florenz gleich mehrere künstlerische Talente hohen Ranges entstehen ließ? Denn außer Fra Angelico ragte eine zweite künstlerische Persönlichkeit der Renaissance hervor: Fra Bartolomeo, der 1490 nach San Marco kam und schon ein Jahr später Prior des Klosters wurde. Ein anderer Prior von San Marco machte dagegen Kirchengeschichte: Girolamo Savonarola (1452 bis 1498), der nach Vertreibung der Medici vier Jahre lang durch seine Bußpredigten so großen Einfluß auf die Bevölkerung von Florenz ausübte, dass er als ihr heimlicher Führer galt. Er kämpfte gegen die Verweltlichung der Kirche, verstrickte sich aber in politisch-theokratische Neuerungsversuche und forderte die Absetzung des berüchtigten Papstes Alexander VI. sowie die Einberufung eines Konzils zur Durchführung der Kirchenreformen. Savonarola wurde exkommuniziert, im Kloster verhaftet und auf die Streckbank gespannt. Dann verurteilte ihn die städtische Signoria als Ketzer zum Tode durch den Strang. Vor dem Palazzo Vecchio auf der Piazza Signoria wurde das Urteil vollstreckt und seine Leiche verbrannt.

Den Glanz und Ruhm, den das Florentiner Dominikanerkloster zu jener Zeit längst hatte, hat auch das Schicksal Savonarolas nicht mehr trüben können. Fra Giovanni (1387–1455), den die Zeitgenossen »Beato Angelico«nannten, hatte es in in den Jahren 1438 bis 1450 durch seine Kunst zu einer Weihestätte besonderer Art gemacht. Für ihn war die Malerei nicht Selbstzweck, sondern Verherrlichung Gottes und seiner Heiligen, ein Mittel zur Belehrung und Erbauung sowie zur Förderung der Frömmigkeit. In diesem Sinne verstand er auch die Kunstwerke, mit denen er die mehr als 40 Zellen seiner Mitbrüder unter Mitarbeit seiner Malergehilfen geschmückt hatte. Der große Kunsttheoretiker und Maler der Renaissance, Giorgio Vasari, sagte über Fra Angelico: »Er verachtete alle weltlichen

Dinge, lebte rein und fromm und war den Armen ein treuer Freund... Unausgesetzt beschäftigte er sich mit der Malerei und wollte nie anderes als heilige Gegenstände darstellen.« Und der Kulturkritiker Jacob Burckhardt ergänzte Vasaris Charakteristik um folgendes Urteil: »Der Gemütsart dieses frommen Malers stand der Ausdruck der Leidenschaft und des Bösen nicht zu Gebote.« Die Strenge der Gotik hatte sich bei Fra Angelico verwandelt in einen Stil der sanften Formen. So wurde er ein Meister der Frührenaissance. Weder in Rom noch in Cortona oder Orvieto, wo der begnadete Mönch seine Kunst gleichfalls ausübte, finden sich so viele Zeugnisse seiner Malerei wie in San Marco.

Schon kurz nach Betreten des ehemaligen Klosters begegnet der Betrachter dem nahezu lebensgroßen Bild der »Verkündigung«, einer besonders innigen Darstellung und einem Beispiel seines »weichen« Stils. Dieses Kunstwerk hat ihn weltbekannt gemacht. Nicht minder geprägt durch diese Malweise sind auch die Christusszenen, mit denen er und seine Mitarbeiter die Zellen des Dormitoriums ausstatteten. Umso befremdlicher ist daher sein Bild von der »Verspottung Christi« – das hasserfüllte Gesicht eines Folterknechtes, der dem ohnmächtig scheinenden Schmerzensmann ins Antlitz spuckt, während sich Maria und der heilige Dominikus entrückt der Szene fernhalten. Zwei Zellenbereiche auf dem Dormitoriumskorridor erinnern noch heute an die »klassische« Zeit des Klosters. Hier liegt die Klause des ehemaligen Priors Savonarola, in dem das bekannte Porträt des Sittenpredigers (mit Heiligenschein!) von Fra Bartolomeo und einige Darstellungen vom Sterben Savonarolas auf der Piazza Signoria aufbewahrt werden. Eine weitere Zelle erinnert an den Medici-Herrscher Cosimo den Älteren, der sich von Zeit zu Zeit zu geistlichen Übungen nach San Marco zurückzog.

Einen Blick in die Bibliothek, den von drei schlanken Säulen mit jonischen Kapitellen getragenen Büchersaal, sollte jeder Besucher tun. (Vorhergehende Orientierung über die Öffnungszeiten empfiehlt sich.) Grund für die zeitweilige Schließung der Bibliothek sind die wertvollen Handschriften, die das Kloster noch aus der Mönchszeit besitzt. Das ehemalige Kleine Refektorium beherbergte eines der bekannten Abendmahlsbilder von Ghirlandaio, auf dem der Maler eine reale Architektur in die Darstellung einbezogen hat, sodass ein scheinbarer Ausblick in eine Gartenlandschaft entsteht. Das »Jüngste Gericht« aus dem gleichen Raum schuf Fra Bartolomeo noch vor seinem Klostereintritt mit dem Maler Albertinelli, der nach Bartolomeos Entschluss, das freie Künstlerleben gegen eine strenge Ordensdisziplin zu tauschen, den Malerkittel an den Nagel hängte und Schankwirt oder Weinhändler wurde.

In Fra Angelicos Museum finden sich einige Hauptwerke des Malermönchs wie die »Kreuzabnahme« und eine weitere Darstellung des »Jüngsten Gerichts«, von dem Giorgio Vasari sagt, dass es »jeden, der es betrachtet, zu Andacht und Verehrung bewegt«. In der Tat sind Fra Angelicos Figuren meist Heilige, Symbole der Unschuld und Frömmigkeit. Dennoch sind es menschliche Figuren und keine weltentrückten jenseitigen Gestalten.

Im Kapitelsaal von einst – nur durch ein Gitter vom Hof getrennt – hängt Fra Angelicos monumentale Komposition der »Kreuzigung« mit bewegten Figurengruppen, unter denen die wichtigsten Ordensheiligen erkennbar sind. Hier insbesondere zeigt sich, dass monumentale Darstellungen – das Bild nimmt eine ganze Wand ein – nicht zu den künstlerischen Stärken des Malermönchs zählen. Der Eindruck herrscht vor, als handle es sich mehr um eine allegorische Darstellung des Kreuzigungsgeschehens, um das sich eine Heiligenschar versammelt.

Im Hof ist eine Glocke (»La Piegnona – die Jammernde«) aufgestellt, die seinerzeit auch zu den Predigten Savonarolas gerufen hatte. Am 8. April 1498 hatte sie Sturm geläutet, als das Volk von Florenz im Kloster Savonarola ergriffen und vor das Tribunal der Signoria geschleppt hatte. Für die Signoria hatte sich die Glocke durch ihr Geläute für Savonarola »mitschuldig« gemacht. Wie ein menschliches Wesen wurde sie »verurteilt« und »verbannt«. Aus der »Verbannung« kehrte die Glocke ins Kloster San Marco zurück.

Die Klosterkirche von San Marco erlebte im Laufe der Jahrhunderte wiederholt Veränderungen. Hinter der Flachdecke im Innern befindet sich noch ein schön bemalter Dachstuhl. Fra Bartolomeo hatte für den Innenraum die sogenannte »Baldachin-Madonna« geschaffen; Ordensheilige umstehen den Thron Mariens. Interessant sind die Darstellungen der Heiligen Cosmas und Damian, zweier Heiligen aus der römischen Zeit, die von Heilkundigen (»medici«) angerufen werden. Die herrschenden Medici erkoren beide Patrone der Heilkunst zu Fürsprechern ihrer Dynastie...

Das Altarfresco, das ein Mosaik imitiert, zeigt die Gottesmutter in der Kleidung und Pose einer byzantinischen Kaiserin. Im Übrigen birgt der Altarraum die Grabplatte des weltbekannten Filippo Brunelleschi, des Architekten der Florentiner Domkuppel. Den ersten Kreuzgang schmücken 28 Fresken mit Szenen aus dem Leben des heiligen Antonin. Über den Eckportalen finden wir auch Fra Angelico wieder, wo oberhalb der Lünetten Episoden aus Christi Leben abgebildet sind, z. B. über dem Portal zur Pilgerherberge Christus als Wallfahrer.

In der alten Pilgerherberge, deren Altar der Leineweberzunft einen Tabernakel von Ghiberti enthält, finden sich einige Tafelgemälde des seligen Fra Angelico, die zuvor anderen Florentiner Kirchen gehörten.

San Marco und sein Dominikanerkonvent hatten unmittelbaren Kontakt mit den Menschen dieser Stadt. Ihre religiöse Gemeinschaft, ihre Predigten richteten sich an Großstadtmenschen, die allen säkularen Einflüssen der diesseitsbezogenen Renaissance ausgesetzt waren. Ein Savonarola konnte nur aus einem Kloster erstehen, das die Gefahren eines entchristlichten Lebenswandels tagtäglich vor seinen Pforten erfuhr. San Marco hat durch die Menschen, die in dieser bewegten Zeit in seinem Kloster wirkten, eine kulturgeschichtlich einmalige Bedeutung erlangt.

### Das Kloster in der Kunstmetropole

*Das typische Großstadtkloster San Marco liegt mitten im Cityverkehr an der gleichnamigen Piazza. Vom Dom führt der Weg auf der schnurgeraden Via Cavour und der ebenso geradlinigen Via Rocosoli auf den Vorplatz und die Kirche des*

*Mit Pinsel und Palette verkündete Fra Angelico das Gotteslob: sein Kreuzigungsbild aus dem einstigen Kapitelsaal von San Marco.*

*ehemaligen Dominikanerklosters. Außer montags ist das Kloster alle Tage zu besichtigen: dienstags bis samstags von 9 bis 14 Uhr, sonn- und feiertags von 9 bis 13 Uhr. Regelmäßige Besichtigungszeiten für die Bibliothek sollte man im Kloster selbst erfragen.*

# VI.

# Nonnenleben

## KLOSTERFRAUEN ZWISCHEN EVA UND MARIA

**»Magd der Demut?«**

Die legendäre »Päpstin Johanna«, die im 9. Jahrhundert mehr als zwei Jahre den Heiligen Stuhl innegehabt haben soll, hat es natürlich niemals gegeben. Bis heute ist es keiner Katholikin gelungen, sich an die Schalthebel der kirchlichen Macht vorzuarbeiten, und bis heute ist das Verhältnis des Klerus zu den Frauen höchst ambivalent. Sie, die in den Urgemeinden erwiesenermaßen geschätzt und anerkannt waren, wurden gleichwohl – so scheint es zumindest – vom Apostel Paulus zum Schweigen verdammt: »Mulier taceat in ecclesia – Das Weib schweige in der Kirche!« Die Kirchenväter des frühen und hohen Mittelalters gingen freilich noch einen Schritt weiter und wurden nicht müde, die Frau als Reinkarnation der ursündigen Eva anzuprangern, als »notwendiges Übel«, das, körperlich und geistig dem Manne unterlegen, dem Teufel als nur allzu willfähriges Werkzeug diene, um die Menschen geradewegs in die Hölle zu führen...

Mit der weiblichen Sexualität tat sich die Kirche von Anfang an schwer; sie propagierte das Idealbild der christlichen Frau, die still und zurückgezogen lebte, wenig auf ihr Äußeres achtete und insbesondere sexuelle Enthaltsamkeit übte. Nur wenn sie den Versuchungen des Fleisches widerstehe, könne die Frau dazu beitragen, dass am Tage des Jüngsten Gerichts Evas Sünde gesühnt sei. Die Jungfrau galt folglich als »qualitativ wertvoller« als die Verheiratete, denn Geschlechtsverkehr wurde als sündhaft angesehen. Um dies allen deutlich zu machen, bemühte Martin von Tours das Bild von der »unberührten Wiese der Jungfräulichkeit«, die er mit dem »Feld der Ehe« verglich, »das die Schweine und Viehherden der Unzucht aufgewühlt haben«...

Unerreichbares Ideal für die »verwerflichen« irdischen Frauen war die Gottesmutter Maria, die reine und keusche »Magd der Demut«, deren kirchlich geförderte Verehrung seit dem 12. Jahrhundert deutlichen Aufschwung erfuhr. Wollten sie diesem Vorbild möglichst nahe kommen, so gab es für die damaligen Frauen nur einen Weg, und der führte in die Klausur eines Klosters! Weil die Kirche die Weiblichkeit einzig und allein in der Gestalt der keuschen Nonne billigte und die »Bräute Christi« daher allen übrigen Frauen überordnete, plädierte der hl. Hieronymus dafür, Töchter am besten unmittelbar nach der Geburt ins Kloster zu geben.

*Eine französische Handschrift des 14. Jahrhunderts vermittelt uns diesen Einblick in einen Nonnenkonvent bei der Eucharistie und bei einer Prozession. Die Äbtissin ist am Krummstab als ihrem Amtssymbol zu erkennen.*

Seit dem Beginn des 4. Jahrhunderts ahmten auch Frauen die Mönche nach, »verließen die Welt«, um in Einsamkeit oder in Gemeinschaft ein Leben in Armut, Keuschheit, Askese und Besinnung zu führen. Das erste abendländische Frauenkloster wurde 360 in Rom von der Adeligen Marcella eingerichtet, die zum Kreis um den hl. Hieronymus gehörte. Um 530 gründete Scholastika, die (Zwillings-)Schwester Benedikts von Nursia, ein Nonnenkloster in der Nähe von Montecassino, das sie der Führung und der Regel ihres Bruders unterstellte. Von dort aus breiteten sich Benediktinerinnenklöster über ganz Europa aus.

Im Frankenreich setzte mit der Mission irischer Mönche im 7. Jahrhundert eine regelrechte Gründungswelle von Nonnenklöstern ein. Meist waren es hochadelige Damen wie die Merowingerköniginnen Radegunde und Bathilde, die solche Frauenklöster stifteten (Sainte-Croix bei Poitiers, Chellessur-Marne), verfügten sie doch sowohl über die politischen wie finanziellen Möglichkeiten. Freilich waren nicht alle, die hier Aufnahme fanden, »Mägde der Demut«. So vermochte sich auch Benedikts Regel, die 792 allgemein verbindlich für das Frankenreich eingeführt worden war, nicht völlig durchzusetzen. Die zahlreichen adeligen Witwen und vornehmen unverheirateten Töchter dürften meist wenig Interesse an einer strengen Handhabung des »Ora et labora« gehabt haben. Viele von ihnen betrachteten das Kloster als einen Ort der Ruhe und der Versorgung; die wenigsten waren aus Überzeugung Ordensfrauen geworden – die Blütezeit der Frauenklöster war noch nicht gekommen!

**Hochkonjunktur in Nonnenklöstern**

Die leidenschaftliche Kreuzzugsbegeisterung, in die Papst Urban II. die abendländische Christenheit mit seinem Aufruf anno 1095 versetzt hatte, ging auch an den Frauen nicht spurlos vorüber. Auch sie wollten, in der Hoffnung auf den Erlass aller Sündenstrafen, an der Befreiung des Heiligen Landes teilhaben! Nachdem die Seldschuken den »Volkskreuzzug« aus Armen, Frauen und Kindern 1096 niedergemetzelt hatten, sah sich der Papst gezwungen, die weitere Teilnahme von Frauen und Kindern zu verbieten. Nicht verbieten konnte der Papst die »allgemeine spirituelle Mobilmachung« auch und gerade der hochmittelalterlichen Frauenwelt. Sie äußerte sich in einer vielschichtigen und vitalen Frömmigkeitsbewegung, die in der Suche nach einem »apostolischen Leben« in Demut und Askese Ausdruck fand. Heutzutage würden wir viele dieser Frauen wohl als »Aussteigerinnen« bezeichnen, suchten sie gottgefälliges Leben in der Nachfolge Christi doch weit entfernt von der Kirche mit ihrer Verstrickung in Macht, Ruhm und Reichtum. Um Gott nach ihren Vorstellungen zu dienen, drängten sie jetzt verstärkt in die Klöster, die diesem plötzlichen Ansturm nicht gewachsen waren: Die Frauenklöster hatten bislang in der Regel nur adlige Frauen aufgenommen; nun klopften auch Städterinnen aus der Mittel- und Unterschicht und Bäuerinnen an die Klosterpforten, viel mehr, als schließlich aufgenommen werden konnten. Die »Protestbewegung« gegen die Verweltlichung der Kirche bescherte den Klöstern Hochkonjunktur!

Unter diesem Ansturm wurde im Hochmittelalter eine Vielzahl neuer Frauenorden geschaffen, zumal sich die von den Männern geführten Orden gegen die Gründung neuer Nonnenklöster wehrten, bedeuteten sie doch mehr Verantwortung und zusätzliche Arbeit. Nachdem die Prämonstratenser noch im 12. Jahrhundert die Zahl ihrer Frauenklöster begrenzt hatten, drängten die frommen Schwestern vor allem in den Zisterzienserorden, der 1132 sein erstes Nonnenkloster eröffnet hatte. Die besondere »Attraktivität« der Reformorden lag dabei in ihrer strengen Askese. Später gründeten auch die Bettelorden – Franziskaner und Dominikaner – und die Augustiner, Karmeliten und Kartäuser eine »zweite Abteilung« für Frauen, sodass es um 1300 in Europa etwa gleich viele Nonnen wie Mönche gab. Allein in Deutschland stieg die Zahl der Frauenklöster von etwa 70 um das Jahr 900 auf 150 um 1100 und rund 500 im Jahre 1250! Tausende von Frauen legten nach dem Noviziat die Gelübde von Armut, Keuschheit und Gehorsam ab...

Mit der strengen Askese war es aber auch bei den Nonnen oft bald vorbei, mochten auch weiterhin Gebet und Arbeit den Tagesablauf bestimmen, ganz wie Benedikts Regel es vorschrieb. Dem Gebet waren täglich vier bis fünf, manchmal sogar noch mehr Stunden gewidmet. Das erste Chorgebet fand morgens um zwei Uhr statt, das letzte abends um acht. Die Idee der (körperlichen) Arbeit wurde im 13. Jahrhundert jedoch weitgehend fallen gelassen, denn die Nonnen hatten wiederholt und mit ausdrücklicher Berufung auf ihr »schwaches Geschlecht« darauf hingewiesen, dass sie diese Arbeiten nicht im für Männer vorgesehenen Maße bewältigen könnten.

Dies betraf in erster Linie die Feldarbeit, doch ließ man nun auch die Hauswirtschaft – Kochen, Waschen, Putzen, Gartenbau – nach Möglichkeit von Mägden und Laienschwestern erledigen. Wenn die Nonnen in armen Klöstern derlei Arbeiten selbst verrichteten, so taten sie es der Not gehorchend und in der Regel keineswegs fröhlich und freiwillig...

In den reicheren Klöstern bestand die Arbeit der Ordensfrauen neben dem häufig verachteten Spinnen und Weben (was man nach Möglichkeit ebenfalls von den Mägden verrichten ließ) im Wesentlichen aus dem Abschreiben und Illuminieren von Büchern, der Stickerei und der Malerei. Die restliche Zeit des Tages war – neben Gebet und Gottesdienst – mit Lesen, den drei Mahlzeiten und wohl auch mit Gesprächen ausgefüllt, wenngleich die Regeln die Schwestern immer wieder zur Schweigsamkeit mahnten. (In manchen Klöstern verständigten sich die Nonnen mit einer Art Taubstummensprache, wie die Quellen berichten: Eine Schwester, die Fisch haben wollte, wedelte mit den Händen hin und her, und wenn sie um die Milch bat, begann sie »an ihrem kleinen Finger zu ziehen, als ob sie melken würde... «)

Karitative Tätigkeiten wie Krankenpflege wurden im Hochmittelalter von Nonnen nur selten ausgeübt, was man mit den strengen Klausurbestimmungen begründete. Lediglich die Frauen, die der Augustinerregel folgten, fügten seit dem 13. Jahrhundert den drei Gelübden ein viertes hinzu, das ihnen die Krankenpflege auferlegte. Als vorrangiges Ziel des Klosters galt nicht die tätige Nächstenliebe, sondern das Seelenheil der Nonnen selbst und jener, für die sie beteten.

### Kloster, Kerker, Kinderheim

Obwohl theoretisch jede ungebundene Frau Nonne werden konnte, wurden weiterhin fast ausnahmslos nur Töchter des Adels oder des wohlhabenden Bürgertums aufgenommen. Frauen aus niederen sozialen Schichten durften höchstens als Laienschwestern oder Mägde dienen. Der Grund für diese ungleiche Behandlung, die es so ausgeprägt bei den Männerklöstern nicht gab, lag in dem Brauch begründet, dass von den Mädchen beim Eintritt eine »Mitgift« erwartet wurde, wenngleich dies nach dem Kirchenrecht nicht zur Bedingung gemacht werden durfte. Doch dieses »Gewohnheitsrecht« ließ sich nicht mehr ausrotten...

*Die Verehrung der Gottesmutter spielte in der Spiritualität der Nonnengemeinschaften stets eine besondere Rolle. Hier versammeln sich die Schwestern des Klosters Zoffingen unter dem Schutzmantel der Madonna. (Gemälde des 18. Jahrhunderts.)*

Die Motive der gut situierten Frauen, die freiwillig ins Kloster eintraten, waren höchst unterschiedlicher Natur: Viele entschieden sich durchaus aus religiöser Überzeugung, um in der klösterlichen Enthaltsamkeit ihre volle spirituelle Erfüllung zu finden. Im Mittelalter war der Vorrang der religiös motivierten Askese vor dem weltlichen Leben eindeutig; der Dienst an Gott zählte unendlich mehr als alle Macht der Welt. So kehrten nicht wenige Frauen der Welt bewusst den Rücken, verzichteten auf den Reichtum ihrer Familie oder schlugen die Ehe mit einem vermögenden und vornehmen Mann aus, um sich, bescheiden genährt und gekleidet, ganz ihren religiösen Zielen zu widmen.

Andere Frauen heirateten nicht, aus religiöser Furcht vor den »Sünden des Fleisches«, die von Predigern und Beichtvätern eifrig genährt wurde. Die von der Kirche vertretene Wertschätzung der Jungfräulichkeit und die Geringschätzung der Ehe mit all ihren Alltagssorgen und dem sündhaften Geschlechtsverkehr verfehlten nicht ihre Wirkung, sodass nicht wenige Frauen den Schleier nahmen, mit dem sie den Makel der Weiblichkeit verloren. Zu unmittelbar war die Furcht der damaligen Menschen vor der Hölle; und da der Satan in der mittelalterlichen Einbildungskraft überall herumschlich und vor allem die Frauen in Versuchung führte, so war man hinter Klostermauern wohl am sichersten aufgehoben! Wie hoch der Anteil der Frauen war, die zunächst aus religiöser Überzeugung ins Kloster eintraten, lässt sich heute nicht mehr feststellen. Unbestreitbar ist aber, dass auch handfeste wirtschaftliche Motive eine nicht unerhebliche Rolle spielten. Mittelalterliche Frauenklöster hatten noch zahlreiche andere Funktionen neben der spirituellen Erfüllung: Eine Vielzahl von Witwen zog das Ablegen der Ordensgelübde einer Wiederverheiratung oder der Witwenschaft in der Welt vor. Im Kloster konnte man das Leben in würdevoller Zurückgezogenheit und frei von allen Alltagssorgen beschließen. Das galt auch für Frauen, die sich im Einvernehmen von ihren Ehemännern getrennt hatten: Das Mittelalter kannte praktische keine andere Möglichkeit der Scheidung.

Daneben gab es viele andere Gründe, die Frauen dazu bewegen konnten, ins Kloster einzutreten: eine unglückliche Liebe, die Unfähigkeit, Kinder zu bekommen, Enttäuschungen aller Art. Bisweilen mag auch die Flucht aus der männlich-martialisch geprägten Welt, aus der Enge und Düsternis einer Burg ausreichender Beweggrund gewesen sein. Belegt ist allerdings auch, dass neben religiöser Berufung und freiwilliger Überlegung auch Zwang eine Rolle spielte: Als der Franziskaner Berthold von Regensburg 1246 das Frauenkloster Niedermünster visitierte, fand er heraus, dass fast alle Nonnen bereits im Alter von vier, fünf Jahren von ihren Eltern ins Kloster gebracht worden waren. Das Mindestalter war zwar, je nach Orden, auf acht bis zwölf Jahre festgelegt, doch glaubte man die Mädchen umso besser auf das Klosterdasein prägen zu können, je jünger sie waren...

Warum man in Adelskreisen und in der bürgerlichen Oberschicht Töchter ins Kloster schickte, erklärt sich aus den Besonderheiten der mittelalterlichen Gesellschaft: Die Familie war aus Prestigegründen bestrebt, die Töchter entweder »standesgemäß« oder gar nicht zu verheiraten – der Gedanke, mit einem »unwürdigen« Schwiegersohn und dessen Nachkommenschaft bzw. deren Erbansprüchen konfrontiert zu sein, erschien unerträglich! Eine standesgemäße Hochzeit war aber für den Brautvater ein teures Vergnügen. Etliche Mädchen blieben so nicht aus freier Entscheidung ehelos, sondern weil ihre Väter schlicht die Mitgift nicht aufbringen konnten. Die »Aussteuer« einer Tochter beim Eintritt ins Kloster lag erheblich niedriger – wenn man sich nicht gerade auf eines der vornehmsten Klöster versteifte –, und so war Nonne zu werden für vornehme Mädchen die einzige Alternative zur Ehe. Waren »überzählige«, aber auch verwachsene, kränkliche oder geistig zurückgebliebene Töchter erst einmal im Kloster untergebracht, hatte die

Familie dreierlei erreicht: Das Mädchen war versorgt, es war vor außerehelichen Beziehungen geschützt, die Schande über die Familie bringen konnten, und als Nonne genoss die junge Frau gesellschaftliches Ansehen. Der Wille der Tochter spielte bei alledem kaum eine Rolle, gleichgültig, wie alt sie war. Auch Ehefrauen, die aus persönlichen oder politischen Gründen missliebig geworden waren, fanden sich häufig gegen ihren Willen im Kloster wieder – für Männer wie Frauen die etwas humanere Form des Kerkers!

Natürlich hatten Nonnen, die gegen ihren Willen ins Kloster gesteckt worden waren, keine rechte Freude am keuschen, demütigen und gehorsamen Leben. Für die Klöster blieb dies nicht folgenlos, und so reißen die Berichte nicht ab, die den sittlichen Verfall vor allem in den Frauenklöstern beklagen, wobei sich die Skandalgeschichten im 14. und 15. Jahrhundert zu häufen begannen. Wo die fromme Überzeugung fehlte, da musste die klösterliche Disziplin zwangsläufig Risse bekommen: Die Einhaltung der Gebetszeiten wurde nicht mehr so genau genommen, die Gebete wurden lustlos und in Windeseile heruntergerasselt. Müßiggang und Langeweile machten sich breit; manche Nonnen wurden eitel und legten sich modische Kleidung zu – Silbergürtel, geschlitzte Überröcke, Pelze – oder hielten sich Haustiere, besonders kleine Hunde. Daneben kursierten immer wieder Gerüchte über luxuriöses Klosterleben, exzessiven Alkoholgenuss und selbst über »Sünden des Fleisches« innerhalb oder außerhalb der Klostermauern. Gewiss können nicht alle diese Geschichten als üble Verleumdung abgetan werden – wenn die spirituelle Erfüllung fehlte, waren solche Verstöße eine Flucht aus Melancholie und Depressionen. Und keineswegs waren alle Klöster von diesem sittlichen Verfall betroffen. Während sich die Klagen im spätmittelalterlichen, besonders klosterreichen England zusehends häuften, erlebten große Gebiete Deutschlands und der Niederlande im 14. Jahrhundert eine Blüte der Frauenorden, waren die Nonnenklöster oft Stätten einer tiefen und fruchtbaren Mystik.

**Selbstentfaltung hinter Klostermauern**

Nicht zu bestreiten ist zudem, dass das Klosterleben sich bei vielen Frauen gerade der gehobenen Schichten einer ausgesprochenen Beliebtheit erfreute: Für ein Mädchen, das nicht heiraten wollte, bot das Kloster die einzige Alternative, denn die Möglichkeiten einer Berufsausbildung und damit einer wirtschaftlichen Selbständigkeit waren in Adelskreisen gar nicht gegeben und auch ansonsten äußerst beschränkt. So glich der Verzicht auf ein »Leben in der Welt« nicht selten einem »Sprung in die Freiheit«, auch wenn uns dies heute paradox erscheint. Doch muss man sich die Rechtsstellung der mittelalterlichen Frau vor Augen halten: Verheiratete Frauen unterstanden ihrem Ehemann, ledige dem Vater oder Bruder. Ein Mann war ständiger Vormund und besaß die Verfügungsgewalt über ihren Besitz; der Wille der Frau war rechtlich ohne Bedeutung; als »Anhängsel« eines Mannes unterschied sie sich nicht wesentlich von einer Magd. Ende des 14. Jahrhunderts schrieb ein Pariser Gelehrter, Frauen müssten alle Anforderungen ihres Mannes widerspruchslos erfüllen, seien sie nun vernünftig oder unvernünftig, denn die Liebe einer guten Ehefrau zu ihrem Gatten müsse der Treue eines Hundes gleichen. Es ist anzunehmen, dass viele seiner Geschlechtsgenossen genauso dachten, und auch die Kirche schlug in die gleiche Kerbe…

Ist es da verwunderlich, wenn manche Frau »Heirat? Nein, danke!« sagte? Ein gutes Beispiel ist die Lebensgeschichte der Prämonstratenserin Oda von Rivreulle (1131/37–1158), die gegen ihren Willen verheiratet werden sollte. Als sie während der

Trauung gefragt wurde, ob sie den vom Vater ausgesuchten Mann heiraten wolle, kam es zum Eklat: Die Braut sagte »nein«, sie wolle weder diesen noch irgendeinen anderen! Um den Ernst ihres Entschlusses zu demonstrieren und weitere Verheiratungsversuche ihrer Eltern zu boykottieren, schnitt sie sich die Nase ab! Gewiss ist es nicht in allen Familien so dramatisch zugegangen, und doch steht Odas Geschichte für das Bedürfnis vieler Frauen, lieber in einer weiblichen Gemeinschaft Gleichgesinnter zu leben. Der Eintritt ins Kloster war für manche junge Frau der einzig mögliche Fluchtweg aus der Tyrannei einer Zwangsheirat und den damit verbundenen Familien- und Ehepflichten – insbesondere des permanten Kindergebärens, das damals zahllose Frauen das junge Leben kostete. Nonnen erfreuten sich hingegen einer bis zu viermal höheren Lebenserwartung! Vielmehr als ihre »Ketten« hatten die Frauen also nicht zu verlieren, wenn sie statt eines Ehemanns den Schleier nahmen. Das Leben hinter Klostermauern garantierte ihnen eine sowohl wirtschaftlich als auch gesellschaftlich abgesicherte Existenz. Von der Hausarbeit und den Alltagssorgen, die Ehe, Haushalt und Kindererziehung mit sich brachten, befreit, konnten sich die Frauen im Kloster viel leichter auf sich selbst und ihre Interessen konzentrieren – sei es die Lektüre, die Musik, das Malen oder Schreiben.

Lesen und Schreiben konnten im Mittelalter die wenigsten Frauen, und die meisten von ihnen waren Nonnen. Das Recht einer Nonne auf Ausbildung war seit den Anfängen des weiblichen Ordenswesens anerkannt: Alle Mädchen, die in ein Kloster eintraten, erhielten einen umfassenden Unterricht. Die Sprach- und Lektürekenntnisse, die im klösterlichen Unterricht vermittelt wurden, ermöglichten es zahlreichen Frauen, selbst schriftstellerisch tätig zu werden. In den Nonnenklöstern entstanden zahlreiche lateinische wie deutsche Schriften, Lebensbeschreibungen, Chroniken, prophetische oder mystische Traktate, die das hohe Bildungsniveau der Ordensfrauen belegen. Eine der berühmtesten Dichterinnen des frühen Mittelalters war Hroswitha (Hrotsvith) von Gandersheim (um 935 bis nach 975). Schon jung ins Kloster Gandersheim eingetreten, war sie von der Äbtissin Gerberga, einer Nichte Kaiser Ottos I., sorgfältig erzogen und ausgebildet worden. Die gelehrige Schülerin begann schon bald, die Legenden der Heiligen als Tischlektüre für die anderen Nonnen in Verse zu setzen. In der Bibel und in den Schriften der Kirchenväter wohl bewandert, kannte sie gleichermaßen die Werke römischer Dichter wie Vergil, Ovid, Horaz, Plautus und vor allem Terenz, den sie sich bei ihren eigenen lateinischen Theaterstücken zum Vorbild nahm. Ihre Absicht dabei war, den Sieg christlicher Frauentugenden über weltliche Laster hervorzuheben, wobei sie aber nicht die Realitäten der Welt vergaß. So geht es in zweien ihrer Dramen um Frauen, die im Bordell landen, dort aber von heiligen Männern überzeugt werden, umzukehren und Buße zu tun…

Noch eindrucksvoller waren die herausragenden Leistungen der Benediktinerin Hildegard von Bingen (1098–1179), Mystikerin und Visionärin, die seit ihrem achten Lebensjahr im Kloster lebte. Ihr Lehrer war der Mönch Volmar; er gab ihr Unterricht in Latein und in den Schriften der Kirchenväter, sprach mit ihr über die Kräuter und ihre Wirkungen, über die Natur des Menschen ebenso wie über die Komposition eines Liedes. Derartig vielseitig ausgebildet, blieb Hildegard zeit ihres Lebens an allen möglichen wissenschaftlichen Fragen interessiert. In privaten Studien bildete sie sich auf den Gebieten der Medizin, Naturgeschichte, Mineralogie und Kosmologie zur Expertin aus. Ihre medizinischen Abhandlungen über Krankheitsursachen und Behandlungsmethoden, Emp-

*Nonnenklöster waren für lange Zeit der einzige Ort, an dem auch Frauen akademisch und literarisch wirken konnten: Hroswita von Gandersheim liest ihren Mitschwestern aus ihren Werken vor. (Nach einer Zeichnung von P. Thumann.)*

*Zu den herausragenden Vertreterinnen des Ordenslebens an der Schwelle zur Renaissance gehört die Mystikerin – und Politikerin – Katharina aus Siena (1347–1380). (Tafelbild mit ihrer Stigmatisierung, 1499, Stadtarchiv Siena.)*

fängnis, Schwangerschaft und Geburt sind bis heute bekannt geblieben. Im Kloster wurden damals gebildete Frauen ganz wertfrei und offen über die Anatomie von Mann und Frau und über ihre intimsten Begegnungen unterrichtet. Für die Nonne Hildegard war es daher völlig normal, dass ein Mann »in der rechten Liebe und Zuneigung zu seiner Frau den Beischlaf ausübt« – eine revolutionäre These in der damaligen Zeit!

Die Liste gelehrter Klosterfrauen ließe sich anhand der schriftlichen Zeugnisse, die sie hinterließen, noch lange fortsetzen. Sie verdeutlicht jedenfalls, dass eine begabte und interessierte Nonne, wenn sie verständige Lehrer fand, ihre Fähigkeiten und ihre Individualität im Kloster durchaus entfalten und die Fundamente ihrer Bildung erheblich besser und unbehinderter ausbauen konnte als Frauen »in der Welt«.

Als in der Reformationszeit zahlreiche Frauenklöster geschlossen wurden, spalteten sich die Ordensfrauen jedenfalls in zwei Lager: Die einen empfanden die Maßnahme als lang ersehnte Befreiung aus einer aufgezwungenen Lebensform. Die anderen aber weigerten sich, die Sicherheit der Klöster zu verlassen, diesen Hort der Entfaltung ihrer verschiedenen Talente, die ansonsten mit großer Wahrscheinlichkeit ungenutzt geblieben wären. Für begabte Frauen begann mit der Aufhebung der Klöster jedenfalls eine harte Zeit, bis ihnen allmählich die Teilhabe an den Männern offenen weltlichen Bildungsmöglichkeiten gestattet wurde…

### Ohne Regel und Gelübde: Die Beginen

Noch vor der Reformation hatte die weibliche Spiritualität jedoch eine weitere, ungewöhnliche Blüte hervorgebracht: die Bewegung der Beginen. Nicht jede Frau mit klösterlichen Neigungen war sich, bei aller Frömmigkeit, sicher, dass sie das Tor zur Welt ein für allemal zuschlagen wollte. Nicht wenige haben daher mit dem Gedanken gespielt, ob sie das eigene Dasein nicht auch »in der Welt« fromm und enthaltsam gestalten könnten, vielleicht auch »probeweise«, zeitlich begrenzt, sollte der Wunsch nach Ehe und Familie doch noch übermächtig werden. Aus solchen Überlegungen heraus – und auch, weil die Frauenklöster damals nicht alle Eintrittswilligen aufnehmen konnten – entstand im 13. Jahrhundert das, was wir heute als »Alternativbewegung« bezeichnen würden: Die »Beginen« (die Herkunft des Namens ist ungeklärt) entschlossen sich zu einem »apostolischen Leben« in der Nachfolge Christi, ohne in ein Kloster mit lebenslanger Verpflichtung einzutreten.

Die Bewegung ging von mehreren Städten der Niederlande aus – Brügge, Lüttich, Brüssel – und verbreitete sich rasch über das Rheinland sowie nach Nord- und Südfrankreich. Die ersten Beginen waren wohl religiös hoch motivierte Damen aus Adelskreisen und dem reichen Bürgertum. Bald folgten ihrem Beispiel aber auch weniger begüterte Städterinnen – Beginen mussten ja nicht die oft beachtliche »Mitgift« aufbringen, die Klöster von Novizinnen verlangten. Sie verdienten sich zudem ihren Lebensunterhalt durch Nähen, Spinnen und Weben oder als Waschfrauen; einige arbeiteten auch in der Krankenpflege oder als Lehrerinnen. Es waren vornehmlich junge Frauen, aber auch solche, die sich von ihren Männern getrennt hatten oder verwitwet waren, die sich da entschlossen, ein zwar religiös geprägtes, gleichwohl aber weitgehend selbstbestimmtes Leben zu führen – ohne Regel und ewiges Gelübde; lediglich die beige-graue Tracht diente als gemeinsames Merkmal.

Wo sie leben wollten, war ihnen freigestellt: Während die einen die Gemeinschaft Gleichgesinnter bevorzugten – ein solches »Beginenhaus« umfasste in der Regel etwa 12 Frauen –, blieben andere daheim bei Eltern oder Familie.

Das Beginendasein erfreute sich rasch großer Beliebtheit. Wir wissen, dass es 1350 allein in Straßburg 600 Beginen gab, in Köln sogar 1.170, die in Konventen lebten – die unbekannte Zahl allein lebender kommt noch dazu. Ohne dass sie dies bewusst beabsichtigt hätten, schufen sich die Beginen einen Freiraum in der spätmittelalterlichen Gesellschaft, der ihnen weder als Ehefrau noch als Nonne möglich gewesen wäre: Es gab keine Klausur, sie konnten sich frei in der Welt bewegen und die Gemeinschaft jederzeit verlassen, etwa um zu heiraten. Gleichzeitig entzogen sie sich, wenn auch oft nur vorübergehend, der Unterordnung unter einen Abt, Ehemann oder Vater. Ob und wieweit dieser »moderne« Aspekt überhaupt ins Gewicht fiel, lässt sich heute allerdings nicht mehr feststellen.

Die Blütezeit der Bewegung war ohnehin nur von kurzer Dauer. Missstände gab es bereits in der zweiten Hälfte des 14. Jahrhunderts, als die Phase wirtschaftlicher Prosperität zu Ende ging und die Zünfte, die die Tätigkeit der Beginen bislang wohl oder über geduldet hatten, massiv gegen diese »Schwarzarbeit« Front machten. Gleichzeitig trat die Kirche auf den Plan: Hatte man zunächst die frommen Frauen »in der Welt« hoch geachtet, so begegnete man ihnen inzwischen doch mit Misstrauen, da sie so ganz ohne Regel und Kontrolle lebten. Mehr und mehr gerieten die Beginen in den Verdacht der Ketzerei, und viele von ihnen entschlossen sich durch den Druck der Inquisition, auf die gewählte Lebensform lieber zu verzichten. Die Zahl der Beginen ging deutlich zurück; 1452 lebten in Köln noch etwa 560 Frauen in Konventen, und ständig wurden es weniger. Doch ganz ließen sich die couragierten Damen nicht bezwingen: Der 1230 in Brügge geründete Beginenhof bestand bis 1928! Und noch heute kann der Besucher der weiträumigen Anlage dort eine Oase der Stille inmitten der geschäftigen Großstadt finden…

*Kirche und Kreuzgang des ehemaligen Doppelklosters Fontevrault.*

# Fontevrault

## DOPPELKLOSTER IN AQUITANIEN

Kunstfreunde und Touristen, die dem Lauf der Loire und der Kette ihrer prächtigen Burgen und Schlösser folgen, kommen nur selten an jenen Ort südlich des Stroms, der eines der kostbarsten Juwele des Anjou birgt: das Kloster von Fontevrault. Im 12. und 13. Jahrhundert galt die Abtei als eine Sehenswürdigkeit, lebten doch Mönche und Nonnen an einem Ort in einem Doppelkloster, gemeinsam im Dienst an unheilbar Kranken (Aussätzigen), darunter Pilger auf dem Weg nach Santiago de Compostela.

Damit war das Kloster Fontevrault keine absolute Seltenheit. Schon um die Wende vom 11. zum 12. Jahrhundert gab es dreißig Doppelklöster in Frankreich, denen nicht etwa ein Abt, sondern eine Äbtissin vorstand. In Fontevrault waren allein sieben von ihnen königlichen Geblüts, darunter. Die Bourbonenprinzessinnen Renée (†1534), Louise (†1574) und Eleonore (†1611). Als bedeutendste Äbtissin gilt aber Gabrielle de Rochechouard-Martemort, deren Bildnis im Kloster erhalten blieb und eindrucksvoll erkennen lässt, von welch durchdringender Intelligenz die Klostervorsteherin gewesen sein muss und welches Durchsetzungsvermögen sie besaß, um auch mit aufbegehrenden Mönchen fertig zu werden. Gabrielle de Rouchechouard war übrigens die Schwester der Marquise de Montespan, einer Geliebten Ludwigs XIV.

Theologisch hatte das Mittelalter keine Probleme mit der Besetzung hoher geistlicher Ämter durch Frauen. Nach dem Wort Christi am Kreuz »Siehe da, deine Mutter!« nahmen die Äbtissinnen die Funktion einer »Stellvertreterin Christi« in ihrem Klosterbereich wahr. Auch moralisch bedeutete die Existenz von Doppelklöstern kein Hindernis. Männer und Frauen fanden sich hier in asketischem Geiste von Gebet und Buße sowie im Dienste am Mitmenschen zusammen. Erst die Lockerungen der Sittenstrenge in späteren Jahrhunderten führte wieder zur Trennung dieser Ordensgemeinschaften.

Die Regel des heiligen Benedikt war die Grundlage auch dieser Doppelklöster. Gleichzeitig gab es Ordensneugründungen wie die des heiligen Norberts von Xanten, der im frühen 12. Jahrhundert mit der Gründung des Prämonstratenserordens klösterliche Gemeinschaften für Männer und Frauen – auch in der Form von Doppelklöstern – schuf. Schon zu Norberts Zeiten umfasste der weibliche Teil seines Ordens rund 10.000 Nonnen. Eine ähnliche Neuorientierung fand sich unter den Anhängerinnen des heiligen Franz von Assisi, die mit dem Namen der heiligen Klara verbunden ist.

1099 hatte Robert von Arbrissel die Klostergemeinschaft von Fontevrault ins Leben gerufen. Robert stammte aus der Diözese Rennes, wo er 1047 geboren wurde. Nach pädagogischen Studien und einer Lehrertätigkeit war er einer der bedeutendsten Prediger seiner Zeit geworden. Papst Urban II. betraute ihn mit der Werbung für einen Kreuzzug. Sein größtes Verdienst aber war die Organisation und Betreuung der Büßergruppen, aus denen die neuen Ordenskonvente von Männern und Frauen entstanden. Das Gelände, das Robert von Arbrissel in Fontevrault zur Verfügung stand, hatte Herzog Wilhelm IX. von Aquitanien dem verehrten Prediger und Eremiten gestiftet. Der Schutz und das Wohlwollen des herzoglichen Hauses waren der Abtei auch weiterhin sicher, ebenso beträchtliche Dotationen, die das Kloster zu einem der reichsten des Landes machten. Wesentlichen Anteil an dem noblen Ruf von Fontevrault hatte vornehmlich die Enkelin des Herzogs Wilhelm IX., Eleonore von Aquitanien (altfrz. Aliénor), die nach einer Ehe mit Ludwig VII., dem König von Frankreich, Heinrich II. Plantagenet auf dem englischen Thron heiratete. Königin Eleonore war die Mutter des Richard Löwenherz und des schwachen englischen Königs Johann Ohneland. Nach einem bewegten Leben fand sie in Fontevrault ihren Alterssitz, wo sie 1204 im Alter von 82 Jahren verstarb.

Schwere Jahre für Fontevrault kamen mit der Reformation, als Hugenotten das Kloster durch Überfälle hart bedrängten. Schlimmer erging es den Klosterinsassen noch während der Französischen Revolution, als Fontevrault geplündert und verwüstet wurde. Die Gebäude wurden in Brand gesteckt, und manche der Nonnen endeten auf dem Schafott. 40 Äbtissinnen hatten bis zum Blutjahr 1792 in Fontevrault regiert. Ihre Leprosenstation und das Heim für öffentliche Büßerinnen (Prostituierte u. a.) waren damals bereits aufgegeben. Fast 200 Jahre dauerte es, ehe der totale Zerfall des Klosters gestoppt werden konnte. Durch die 1963 einsetzenden Restaurierungsarbeiten wurde der Mittelteil mit der Abteikirche wieder in Stand gesetzt.

Als Robert von Arbrissel das Doppelkloster gründete, waren auf dem Areal vier Quartiere entstanden: eines für die Nonnen von Grandmoutier, das andere für die Mönche von Saint-Jean, das Saint-Lazare-Hospiz für Leprose und andere unheilbar Kranke sowie das Büßerinnenheim La Madeleine. Den Priestermönchen oblag die pastorale Betreuung im gesamten Klosterkomplex. Unverwechselbar für Fontevrault ist der achteckige Turm an der Südwestecke des Frauenklosters. Lange galt der romanische Zweckbau mit den vier Kuppeln an den Ecken und einer kleinen über der Vierung – einem umgekehrten Pinienzapfen ähnlich – als die Kapelle des Frauenklosters. Doch der pittoreske Turm gehörte nicht zu den geistlichen Bauten des Klosters – er war die Küche von Fontevrault! Die originelle Dachkonstruktion war nichts anderes als ein raffiniertes Rauchabzugssystem. Dennoch war es kein bloßes baumeisterliches Vergnügen an gewagten Dekorationen; Kuppeln hatten im Mittelalter auch ihren tiefen symbolischen Sinn. Sie galten als das Symbol des Himmels, der überirdischen Vollkommenheit. Die äußerlich so auffallende Küche von Fontevrault war nicht weniger bemerkenswert in ihrer Kapazität: Sie war eine Küche für viele hungrige Mäuler. Für das Jahr 1166 ist uns die Zahl der Mittagsmahlzeiten überliefert – es waren täglich an die 3.000!

Strebepfeiler unterteilten den eigentlichen Küchenraum mit fünf offenen Herdfeuern in den Nischen des Raumes. Zwanzig Kamine sorgten für die nötige Belüftung. Ursprünglich verfügte der Küchenraum über acht Feuernischen. Drei von ihnen mussten später bei der Erweiterung des Refektoriums im 16. Jahrhundert abgebrochen werden. Dieser Speisesaal mit schönem Rippengewölbe lag im Süden, parallel zum Klosterkomplex der Frauen, nur getrennt durch den großen Kreuzgang, von dessen frühester Form kaum noch etwas vorhanden ist.

Gleichfalls um die Mitte des 16. Jahrhunderts schloss sich an den Ostflügel des Frauenklosters der zeltartig überwölbte zweischiffige Kapitelsaal an. Zur gleichen Bauphase gehören auch die Renaissance-Treppe und das Dormitorium im Obergeschoss. Die Kranken waren unmittelbar neben dem Kapitelsaal in einem eigenen Spitalbereich untergebracht. Abseits davon lag das Leprosenheim Saint-Lazare. Die Quarantänestation besaß einen eigenen Kreuzgang, in dem sich die Kranken frei bewegen konnten, und eine Kapelle. Auch das Spital Saint-Benoît in der Nähe des Frauenklosters verfügte über ähnliche eigene Einrichtungen. Noch sichtbar sind Baureste des alten Krankenhauskomplexes aus dem 16. und 17. Jahrhundert.

Anders die alte Abteikirche, die in ihrer strengen Schönheit bis zum heutigen Tag ein faszinierendes Beispiel zisterziensischer Baukunst ist: 84 Meter lang ist der Hallenbau aus der ersten Hälfte des 13. Jahrhunderts mit einem Chorumgang. Besonders beeindruckend sind die Rundbögen mit reichem Kapitellschmuck. Berühmt wurde die Abteikirche vor allem durch die Königsgräber, die bis zur Französischen Revolution links unterhalb der Vierung standen. Die Revolutionstruppen hatten die Sarkophage aufgebrochen und die Gebeine in alle Richtungen verstreut. Für Gottesdienste war die Kirche von da an nicht mehr verwendbar. Damit war eines der eindrucksvollsten Gotteshäuser Aquitaniens für lange Zeit seiner geistlichen Bestimmung entzogen. Aus dem Kloster war ein Gefängnis geworden, und aus dem Langhaus hatte die Anstalt einen Schlafsaal für die Häftlinge gemacht.

Die Sarkophage, die unter der Besetzung so sehr gelitten hatten, wurden wieder aufgefunden. Im rechten

Seitenschiff wurden sie nunmehr aufgestellt. Es handelt sich hierbei um Monumente aus Tuffstein mit dreifarbigen Grabplatten, auf denen der Bestattete liegend dargestellt ist – eine kleine dynastische Versammlung aus dem höchsten europäischen Fürstenadel…

### Mutter der Könige

*Begraben wurde als erster in Fontevrault Englands König Heinrich II. aus dem Hause Plantagenet-Anjou (1154–1189). Er war der zweite Ehegatte der Eleonore von Aquitanien, die 1204 in Fontevrault verstarb. Neben ihr liegt ihr berühmter Sohn Richard Löwenherz (1157–1199) bestattet, der ab 1189 englischer König war. Eine vierte, nicht mehr eindeutig identifizierbare Figur aus Holz soll vielleicht Isabella von Angoulême darstellen, die dritte Ehefrau des englischen Königs Johann Ohneland (1199–1216). Durch die Wiederherstellung eines Teils der alten Klostergebäude haben die Sarkophage einen würdigen Platz gefunden – eine nationale Gedenkstätte für Franzosen und Engländer gleichermaßen.*

*Eine große Gemeinschaft wie die der Mönche und Nonnen von Fontevrault benötigte auch ein großes, separates Küchengebäude.*

*Alcobaça; Inneres der ehemaligen Abteikirche nach Osten.*

# Alcobaça

## DIE »BERNAUERIN« AUF PORTUGIESISCH

In Portugal lebt ihre Liebesgeschichte als nationale Version von Romeo und Julia fort, auch wenn es sich eher um das Gegenstück zur »Bernauerin« handelt, jener Augsburger Baderstochter, die Herz und Hand des zukünftigen Herzogs von Bayern gewann und deshalb auf Befehl ihres Schwiegervaters in der Donau ertränkt wurde. Niemand, der in der Abtei von Alcobaça vor den Prunksärgen von Pedro und Ines steht, kann sich dem romantischen Zauber entziehen, der ihre sterblichen Hüllen umgibt.

Pedro I., König von Portugal 1357–1367, hatte am Ende seines Lebens verfügt, dass die Sarkophage der geliebten Ines und sein eigenes Grabmonument im Querschiff von Alcobaça sich gegenüber stehen sollten – bei der Auferstehung am Jüngsten Tage würden sich die Liebenden als erstes in die Augen sehen. Doch bis zur Mitte des 20. Jahrhunderts dauerte es, ehe der Wunsch des Königs erfüllt wurde; bis dahin standen beide Sarkophage in der Grabkapelle.

Und so hatte alles begonnen: König Alfons IV. (1325 bis 1357) hatte für seinen Sohn Pedro Konstanze von Kastilien zur Gattin ausersehen. 1339 war die spanische Braut am Hofe Alfons' IV. eingetroffen, in ihrem Gefolge die Hofdame Ines de Castro. Pedro folgte zwar dem Gebot des Vaters und ehelichte die von diesem bestimmte Braut – seine Liebe gehörte aber der Hofdame. Als der königliche Vater von der verbotenen Liebe erfuhr, verbannte er Ines aus dem Lande. Konstanze, die Ehefrau Pedros, starb nach sechs Ehejahren 1345. Ines kehrte daraufhin aus dem Exil zurück, aber aus Furcht vor dem Vater versteckte Pedro die Geliebte in einem Kloster zu Coimbra. Die Heirat zwischen dem Thronfolger und Ines konnte Alfons IV. aber nicht verhindern; vier Kinder gingen aus der Ehe hervor. Alfons IV. fürchtete nun kastilische Ansprüche auf den portugiesischen Thron; die Hauptgefahr sah er in der Person der verhassten Schwiegertochter. 1355 ereilte sie ihr Schicksal: Vom König gedungene Mörder brachten Ines und zwei ihrer Söhne um.

Nach dem Mord an Ines begehrte Pedro gegen den grausamen Vater auf; die Rebellion schlug fehl. Wenig später starb der König, und Pedro als Nachfolger auf dem Thron rächte den Tod seiner Ehefrau auf grausamste Weise. Nachdem er der Täter habhaft geworden war, ließ er sie vor dem Kastell von Santarem hinrichten. Bei lebendigem Leibe wurden sie gehäutet, und die Henker rissen ihnen die Herzen aus dem Körper. Seit diesem Tag schwankt das Bild König Pedros in der Geschichte. Viele Untertanen verliehen ihm den Beinamen »der Grausame«, für andere war er aber »der Gerechte«.

Den Leichnam der geliebten Ines ließ der König exhumieren und zu einer nachträglichen Krönung in die Kathedrale von Lissabon bringen, wo die Granden der Toten, die mit Krone und Purpurmantel bekleidet war, huldigen mußten. Ein festlicher Zug begleitete die tote Königin schließlich nach Alcobaça. Auch literarisch fand das Schicksal der Liebenden seinen Niederschlag. Im 3. Gesang der »Lusiadas« von Luis de Camões heißt es: »Für so eine Liebe reichte das Leben nicht aus…«

Als Pedro I. die Augen schloss, war Alcobaça bereits seit 200 Jahren eine weit über Portugal hinaus bekannte Abtei, hing ihre Gründung doch mit der portugiesischen Unabhängigkeit zusammen: 1139 waren in der Nähe von Leiria die Mauren von Alfonso Henriques vernichtend geschlagen worden; die Großen des Landes hatten daraufhin den siegreichen Feldherrn zum König ausgerufen. Das bedeutete gleichzeitig das Ende der bisherigen kastilischen Oberherrschaft. Alfonso Henriques hatte vor der Schlacht der Gottesmutter die Stiftung eines Klosters am Zusammenfluss von Rio Alcoa und Rio Baça versprochen. Für die Besiedlung wollte der geistliche Mitstreiter für die Unabhängigkeit Portugals, der Ordensreformator Bernhard von Clairvaux, Sorge tragen. Burgundische Zisterzienser wurden nach Alcobaça entsandt.

Mit dem Abschluss der Verhandlungen, in denen König Alfons VII. von León-Kastilien die Loslösung Portugals anerkannt und auch der Papst als neuer Lehnsherr des Landes sein Einverständnis erklärt hatte, trafen die ersten Mönche in Alcobaça ein. Sie fanden einen unwirtlichen, kargen Landstrich inmitten bewaldeter Höhen vor, der aber schon nach wenigen Jahren unter der Hand geschickter und ökonomieerfahrener Zisterzienser zu einem blühenden Wein-, Obst- und Gemüse-Anbaugebiet Portugals wurde.

1148 konnte der Grundstein des Klosters in Anwesenheit des Königs gelegt werden. Der Bau der ersten Abtei erfolgte 1152 bis 1154. Die schlichte Anlage genügte den ersten Bewohnern, die ohnehin – der Ordensregel gemäß – zunächst mit der Urbarmachung des Landes beschäftigt waren. Ein Neubau wurde erforderlich, als das Kloster – gleichfalls gemäß der Zisterzienserregel – auf die volle Sollzahl, »tausend Mönche weniger einen«, angewachsen war.

1178 wurde mit einem neuen Klosterbau begonnen; 1222 wurde der letzte Stein gesetzt. Die Abtei von Alcobaça galt als eines der bedeutendsten Baudenkmäler der Zeit und eine der größten Leistungen frühgotischer Architektur in Europa. Auch mehrere Umbauten des 16. und 17. Jahrhunderts, vor allem die dem Langhaus vorangestellte Barockfassade, konnten nicht den besonderen Eindruck gotischer Baukunst mindern.

Schon Ende des 13. Jahrhunderts (1296) eröffneten die Zisterzienser von Alcobaça die erste öffentliche Schule des Landes für Laien, in der Theologie, Logik und Grammatik gelehrt wurden. Die Schule war die Vorstufe der Universität von Coimbra. Bedürftigen Studenten konnten Stipendien gewährt werden. In der Abtei etablierte sich auch die erste Apotheke des Landes; die Klosterbibliothek war bald die größte in ganz Portugal. Der Abt von Alcobaça gehörte zu den Granden des Landes. Mit dem Titel »Rat Seiner Majestät« war er als »Generalgouverneur« eine der einflussreichsten Persönlichkeiten, die über 13 Städte, drei Seehäfen und zwei Schlösser herrschte. Mit Privilegien und Geschenken des Hofes bedacht, konnte sich der Klostervorstand leisten, die besten in- und ausländischen Baumeister in Dienst zu nehmen. Für die Könige war Alcobaça eine Zufluchtstätte bei drohender Gefahr. Außerdem diente sie den königlichen Familien als Grablege.

Schweren Schaden an den Baulichkeiten richtete das verheerende Erdbeben von 1755 an, ehe napoleonische Truppen am Ende des Jahrhunderts die Abtei verwüsteten und den gesamten wertvollen Kirchenschatz plünderten. Mit dem Bürgerkrieg im frühen 19. Jahrhundert endete die große Zeit des Klosters von Alcobaça. Die Barockaltäre wurden geschändet, die Abtei 1834 säkularisiert und die Wohnanlage der Mönche in eine Reiterkaserne umfunktioniert. Danach diente sie als Armenhaus und Speicheranlage. Seit 1930 steht die Abtei von Alcobaça unter nationalem Denkmalschutz.

Der Abteikomplex, bestehend aus der Klosterkirche, Kreuzgängen, Dormitorien, der Bibliothek, dem Gästetrakt, der Küche und den Wirtschaftsräumen, bildet ein architektonisches Quadrat. Mit 106 Metern Länge und 21 Metern Breite ist die frühgotische Hallenkirche das größte Gotteshaus Portugals. Frühgotisch war auch die Eingangsfront mit ihren beiden Glockentürmen, ehe 1725 eine 25 Meter breite und 42 Meter hohe Barockfassade der Klosterkirche vorangestellt wurde. Eine imposante Treppe im manuelischen Stil führt zum Hauptportal hinauf. (»Manuelik« nennt man die spezifisch portugiesische Verbindung von Stilelementen der Gotik und der Renaissance, in der auch Einflüsse iberomaurischer Baukunst erkennbar sind. Der Name stammt von König Manuel I. [1495–1531].)

Geblieben sind das frühgotische Hauptportal und die nur leicht veränderte Fensterrose. Flankiert wird die Fassade von zwei Marmorskulpturen der Patrone des Klosters, des heiligen Benedikt und des heiligen Bernhard (von Clairvaux). Die vier Kardinaltugenden finden sich zu beiden Seiten der Fensterrose und oberhalb dieser, in einer Fassadennische, eine marmorne Statue der Gottesmutter (»Nossa Senhora d'Alcobaça«). Im Innenraum fasziniert die klassi-

*Kreuzgang in Alcobaça.*

*Alcobaça, Real Abadia Santa Maria:*
*Hinter barocker Fassade strenge klassische Gotik.*

sche Strenge und schmucklose Klarheit gotischer Linienführung. Das Langhaus hat drei gleich hohe Schiffe, von denen die beiden äußeren ungleich schmäler sind als das Hauptschiff. Das einstige Gestühl der Kirche wurde ebenfalls ein Opfer der Franzosen, die das Kloster verwüsteten.

Das Querhaus teilt sich in zwei Schiffe; zu ihm gehören vier Seitenkapellen. Beherrscht werden die Querflügel von den beiden imposanten Sarkophagen der Ines de Castro und Pedros I. Der Hauptaltar wird von acht Rundpfeilern umrahmt, dahinter der Chorumgang mit neun apsisbildenden Kapellen.

Auch die 1370 im Flamboyantstil entstandenen Sarkophage von Ines und Pedro wurden durch die Franzosen schwer beschädigt. Auf der Suche nach wertvollen Schätzen zerstörten sie Teile des Figurenschmucks. Sechs Gestalten mit Tierköpfen und mit monströsen Menschengesichtern (hinter denen man die Physiognomien der Ines-Mörder vermutet) tragen die Bahre der Königin. Auf den Längsseiten des Sarkophags sind Szenen aus der Passion Christi abgebildet. Ein umlaufender Fries zeigt die Wappen Portugals und der Familie de Castro. Auf dem flachen Grabmalsdeckel stützen sechs betende Engel die liegende Figur der Ines in wallendem Kleid und mit der Krone auf dem Kopf. König Pedros Sarkophag wird von sechs Löwen – Symbolen der königlichen Macht – getragen. Bilder aus dem Leben des heiligen Bartholomäus, des Königs Schutzpatron, schmücken die Längsseiten des Marmorsarges. Am Fußende hält ein Relief das Sterben des Königs fest, auf der Gegenseite sind in einer Rosette Szenen aus der gemeinsamen Zeit der Liebenden dargestellt.

In den rechts an das Querhaus angebauten Grabkapellen, in denen bis 1956 die Prunksärge Ines de Castros und König Pedros standen, ehe sie in das Querhaus übergeführt wurden, finden sich weitere königliche Grabstätten. So in der »Sala dos Túmulos« die Sarkophage der Königinnen Urraca und Brites, sitzend zwischen fünf Kinderskulpturen. In der gegenüber liegenden »Capela da Morte de São Bernardo« ruhen ihre königlichen Gatten Alfons II. (1211 bis 1223) und Alfons III. (1245–1279). Auch hier hausten die Truppen Napoleons. Die farbigen Terrakottafiguren, darunter eine den Tod des heiligen Bernhards darstellend, wurden sämtlich zerstört.

Vom linken Seitenschiff aus gelangt der Besucher in den »Kreuzgang des Schweigens« (»Claustro do Silêncio«; 1308–1311) – einen stimmungsvollen Ort, der über die Arkaden und Orangenbäume des Innenhofs hinweg einen schönen Ausblick in den Klostergarten erlaubt. Über ein gotisches Brunnenhaus mit einem reichverzierten Renaissancebecken erreichten die Mönche das Refektorium, das auch aus der frühesten Zeit der Abtei stammt. Die ursprünglich lichte Halle, deren Gewölbe von acht Säulen getragen wird, wurde später zugemauert. Heute befindet sich dort ein kleines Museum.

Erhalten blieb auch die ehemalige Lesekanzel mit ihrem laubenartigen Treppenaufgang. Von der Kanzel wurde täglich während der Mahlzeiten die Bibel gelesen. Ein originelles Detail ist die schmale Tür, durch die die Mönche eintraten. Sie war gleichzeitig eine Art »Gewichtskontrolle«. Fiel es einem Klosterbruder schwer, diese Türe zu passieren, wurde ihm eine klostereigene Diät verordnet.

Zu den sehenswerten Baulichkeiten der Abtei gehört die ehemalige Klosterküche – eine große Halle mit großem Marmortisch und einem 18 Meter hohen Kaminabzug, unter dem für die tausend Mönche zur gleichen Zeit zwei Ochsen gebraten werden konnten. Ein Kuriosum besonderer Art waren die riesigen Wasserbecken, die vom Wasser des Flusses Alcoa gespeist wurden. So kamen frische Flussfische ins Haus. Der britische Reiseschriftsteller William Beckford notierte in seinen »Reflections of an Excursion of Alcobaça and Batalha« über die klösterliche Fischversorgung: »Mitten durch die riesige gewölbte Halle ... verlief ein munteres Bächlein von klarstem Wasser, das durch durchbrochene Holzbehälter floss und alle Sorten und Größen der besten Flussfische enthielt.« Im Übrigen hielt Beckford die im 18. Jahrhundert mit Kacheln ausgelegte Küchenhalle für »den vornehmsten Tempel der Schlemmerei ganz Europas«.

Der Kreuzgang und das linke Kirchenschiff hatten Zugänge zur »Königshalle« (»Sala dos Reis«), einem quadratischen Raum, dessen vier hohe Rundsäulen ein Netzwerkgewölbe stützten. Den unteren Teil der ansonsten weiß gekalkten Wände schmückt ein Fries mit der Geschichte des Klosters, dargestellt auf den »Azulejos« genannten blauen Fliesen, die, aneinander gefügt, die Wandbilder ergeben. »Azulejos« kamen als Import über nach Spanien geflohene Flamen ins Land; im 16. Jahrhundert begann die Azulejosproduktion in Portugal. Ende des 18. Jahrhunderts, so wird berichtet, gab es sogar eine königliche Töpferei »do Rojo«, die Azulejos auch in Blau-Lila, Gelb und in Grün-Braun herstellte. Im 19. Jahrhundert nahm die Produktion immer mehr ab. Die industrielle Massenproduktion hatte den alten Manufakturen den Rang abgelaufen.

In der »Sala dos Reis« zieren außerdem Terrakottafiguren mit den Porträts fast aller portugiesischen Könige bis zu José I. (1750–1777) die Wände. Hergestellt wurden sie im 18. Jahrhundert von Künstlern der Mönchsgemeinschaft. Von der berühmten öffentlichen Bibliothek blieb leider nur noch eine Ruine. Die Revolutionäre, die 1835 während des Bürgerkriegs das Kloster verwüsteten, hatten auch die alten Handschriften in alle Winde zerstreut...

**Azulejos, Wein und Ginjas**

*Alcobaça, ein Ort in der Estremadura (Distrikt Leiria) mit rund 4.000 Einwohnern, liegt 110 Kilometer nördlich von Lissabon, 14 Kilometer von Nazaré. Der Ort ist erreichbar über die Nationalstraßen N 1 und N 8–6 (Strecke Nazaré), von Leiria über die N1 und die N 8. Die Eisenbahn fährt bis Valado (acht Kilometer bis Alcobaça).*

*Noch zu besichtigen sind die Abteikirche, der Königssaal, die Grabkapelle, die Sakramentskapelle und die Sakristei, außerdem der Große Kreuzgang, der Kapitelsaal, ein Dormitorium, das Refektorium und die Küche mit ihren Vorratsräumen. Zur Zeit ist im Kloster eine Schule untergebracht. Auch einige Behörden unterhalten hier ihre Büros.*

*Eine Woche lang im Oktober sind das Klostergelände und der Vorplatz Mittelpunkt eines Marktes für landwirtschaftliche Geräte, Obst und Gemüse, für Azulejos-Töpferwaren, Klöppelarbeiten und Lederprodukte. Der Weinbau der Gegend liefert hervorragende weiße und rote Kreszenzen sowie den »Ginjas«, einen Sauerkirschlikör.*

*Mit den Sarkophagen für Ines und sich selbst schuf König Pedro nicht nur Denkmäler seiner Liebe, sondern initiierte auch Meisterwerke portugiesischer Steinmetzkunst. Hier ein Detail von der Seitenwand des königlichen Sarkophags.*

# VII.
# Gebete für das Seelenheil
## Klöster als Grablegen

**Ein Grab bei den Heiligen**

Anno 1106, am Tag seiner Hochzeit mit der Kaisertochter Agnes, so erzählt es die Legende, stand Markgraf Leopold III. von Österreich auf dem Söller seiner Burg, als ein plötzlicher Windstoß den Brautschleier der zukünftigen Markgräfin davonwehte. So sehr man das kostbare Gewebe danach auch suchte – es blieb unauffindbar. Neun Jahre später jedoch, als der Markgraf in den Donauauen auf die Jagd ritt, schlugen plötzlich die Hunde an. Als Leopold nach der Ursache forschte, entdeckte er auf einem Holunderstrauch den Schleier seiner Gemahlin – völlig unversehrt, als sei er erst tags zuvor dorthin geraten. Dies erschien dem frommen Grafen als ein Zeichen, und er beschloss, an dieser Stelle ein Kloster zu errichten…

So reizvoll diese Geschichte von der Gründung Klosterneuburgs, des »Hausklosters« der Babenberger, auch sein mag – die historischen Fakten sahen natürlich etwas weniger romantisch aus: Die Beweggründe Leopolds, wie diejenigen all jener anderen adeligen Familien, die seit dem 7. Jahrhundert beschlossen hatten, diese so genannten Hausklöster zu gründen, waren erheblich prosaischer: Einerseits förderten Stiftung und Besitz eines solchen Klosters das gesellschaftliche Ansehen der Gründerfamilie nicht unerheblich. Zum anderen profitierte der Adel auch materiell von seinen Stiftungen: Im Bedarfsfall musste das Kloster dem Stifter und seinem Gefolge Unterkunft und Verpflegung stellen; die Mönche erledigten seinen Schriftverkehr; die Vasallen des Klosters hatten ihm Heeresdienst zu leisten, und schließlich war für die Zukunft der unverheiratbaren Töchter und Söhne gesorgt! Darüber hinaus erfüllten diese Klöster auch noch einen sehr frommen, aber wiederum nicht uneigennützigen Zweck: Die Klosterkirche sollte der Gründerfamilie als Grablege dienen. Man wollte möglichst in unmittelbarere Nähe der – meist ebenfalls selbst gestifteten – Reliquienschreine zur letzten Ruhe gebettet werden, dort, wo Gott und die Heiligen den ganzen Tag mit Gebeten angerufen wurden. Als Sünder – und das waren schließlich alle Menschen – war man nach dem Tod unbedingt auf das Erbarmen Gottes angewiesen und hoffte, ihn durch Fürbitten gnädig stimmen zu können. Doch nicht jeder wagte es, sich im Gebet direkt an den Allmächtigen zu wenden; stattdessen schaltete man lieber einen Vermittler ein – die Gottesmutter und eben die Heiligen. Sie hatten sich als Menschen bewährt und lebten nun in Gottes Herrlichkeit im Himmel!

Mit dem Aufblühen des Heiligenkultes der Merowingerzeit hatte auch die Reliquienverehrung einen gewaltigen Aufschwung erfahren. Denn wie bei so vielen Völkern ein Ahnen- und Totenkult im Mittelpunkt ihres religiösen Handelns stand, so verehrten auch die Christen seit Anbeginn die Gebeine ihrer Märtyrer bzw. die Überreste all jener als heilig verehrten Männer und Frauen, die ihren Glauben auf bemerkenswerte Weise gelebt hatten. Jeder Altar musste daher mindestens eine Reliquie, ein wundertätiges Stück der Erinnerung an einen Heiligen, aufweisen. Dieser Wunsch, nach dem Tode den Heiligen so nahe wie möglich zu sein, weil man auf deren Fürsprache und unmittelbaren Beistand am Tag des Jüngsten Gerichts hoffte, führte dazu, dass jeder, der es irgendwie konnte, für sich die Erlaubnis erwirkte, beim Altar oder im Chorraum einer Kirche bestattet zu werden. Eine Synode zu Nantes hatte zwar bereits im 7. Jahrhundert beschlossen, dass in Kirchen grundsätzlich niemand bestattet werden solle, doch über derlei Verbote wusste man sich hinwegzusetzen. Freilich, ein solches Begräbnis blieb den Geistlichen und hoch gestellten Laien, die sich kostspielige Stiftungen leisten konnten, vorbehalten. Auf eine Vorzugsbehandlung konnten vor allem jene hoffen, die die Kirche geplant, gebaut und finanziert hatten. So wurde auch Markgraf Leopold von Österreich nach seinem Tod in der Kirche von Klosterneuburg beigesetzt, nachdem er das Stift mit reichen Schenkungen bedacht hatte.

Familiengrablegen in Klöstern gab es so bald überall in Europa. Das berühmteste Beispiel ist wohl die Abteikirche von Saint-Denis im Norden von Paris, Nekropole des fränkisch-merowingischen, später des französischen Königtums. Um 630 ließ der Frankenkönig Dagobert Kloster und Kirche über dem Grab des heiligen Dionysius erreichten und mit den edelsten Materialien ausstatten. Seine Nachfolger taten es ihm gleich: Jeder, der hier seine letzte Ruhe fand, hatte dem Kloster weitere Stiftungen an Land, Kunstwerken und Reliquien zukommen lassen, sodass Saint-Denis mit der Zeit zur mächtigsten und prächtigsten Abtei Frankreichs wurde.

Die Abteikirche von Westminster wurde zur Grabeskirche der Könige von England; die Zisterze Heilsbronn bei Ansbach diente den frühen Hohenzollerngenerationen als Grablege, so wie Poblet beim spanischen Tarragona den Königen von Aragon oder die Abteikirche von Dießen den Grafen von Andechs. Die Tiroler Landesfürsten wählten Stams bei Innsbruck zu ihrer Grabstätte, einen Ort, an dem sich bereits eine vielbesuchte Wallfahrtskirche zum hl. Johannes dem Täufer befand ...

### Tod und Teufel

Eines hatten alle diese Klöster gemeinsam: Sie waren besonders freigiebig ausgestattet. Die privilegierte Grabstätte nahe den Reliquienschreinen mochte womöglich nicht ausreichen; es war besser, dem Seelenheil auch noch durch umfangreiche Stiftungen nachzuhelfen! Und die aufwändig gestalteten Grablegen selbst hatten zusätzlich den angestrebten Effekt, dass ihre »Insassen« nicht vergessen wurden, dass ihnen durch ständige fürbittende Gebete der Weg zur himmlischen Herrlichkeit erleichtert wurde.

Der Tod war den Menschen des Mittelalters ja viel gegenwärtiger als uns Heutigen. Der Gedanke an ihn ließ sich nicht verdrängen, denn Seuchen, eine hohe Kindersterblichkeit und eine insgesamt sehr viel geringere Lebenserwartung brachten den Menschen immer wieder ins Bewusstsein: »Media vita in morte sumus – mitten im Leben sind wir vom Tod umfangen«, wie es der Mönch Notker von St. Gallen im 9. Jahrhundert formulierte. Von Geburt an war man mit dem Tod konfrontiert. Man musste sich auf ihn vorbereiten, musste versuchen, das Leben so einzurichten, dass man von der letzten Stunde nicht im Zustand der Todsünde überrascht wurde. Denn die bange Frage, die jeden Menschen beschäftigte, lautete: Was kommt danach?

Der Dualismus von Paradies und Hölle prägte das Weltbild des mittelalterlichen Menschen, wobei man sich weniger mit dem himmlischen Lohn als mit den gefürchteten Höllenstrafen beschäftigte. Auf tausenderlei Arten wurden sie schließlich geschildert, in Predigten, auf Miniaturen, auf Fresken und in gelehrten Abhandlungen. Die sinnlich-konkreten Höllenängste, von denen die Menschen damals geplagt wurden, sind uns heute kaum nachvollziehbar. Im Mittelalter aber war die Hölle, die ein gelehrter Mann wie Thomas von Aquin »im tiefsten Teil der Erde« lokalisierte, ein Ort unvorstellbarer und nie endender Qualen, und in der Ausmalung der Höllenstrafen für die Sünder kannte die Phantasie keine Grenzen.

*Sarkophag von König Pedro in der ehemaligen Abteikirche von Alcobaça.*

Lediglich die Armen brauchten sich keine allzu großen Sorgen um ihr Seelenheil und das Leben nach dem Tod zu machen. Sie lebten in der tröstlichen Gewissheit, dass ihnen dereinst alles Leid auf dieser Welt im Himmel vergütet werde. Für alle anderen aber, vor allem für die Reichen und die Mächtigen, stellte sich die Situation völlig anders dar. Das Wort Christi, dass eher ein Kamel durch ein Nadelöhr gelange als ein Wohlhabender ins Himmelreich, prägte ihr Verhalten und ihre Einstellung zum Tod: Am Tag des Jüngsten Gerichts zählten weder Gut noch Geld, weder Throne noch Truhen, kein Sieg auf dem Schlachtfeld oder was man sonst im Leben erreicht hatte. Und da es wohl nur den wenigsten

Christen gelang, im irdischen Leben ihre Sünden wieder gutzumachen, stand, wie strenge Theologen mutmaßten, zu befürchten, dass die meisten Menschen zur Hölle fahren würden. Die permanente Konfrontation mit der ewigen Verdammnis wäre gar nicht zu ertragen gewesen, hätte man nicht alle zur Verfügung stehenden Mittel genutzt, diese Angst irgendwie zu reduzieren.

Bis zu einem gewissen Umfang half da schon die Lehre vom Fegefeuer: Schon Augustinus (354 bis 430) hatte sich mit der Überlegung beschäftigt, dass es einen Ort geben müsse, an dem die Seelen eine läuternde Strafe für solche Sünden durchlaufen können, die zwar vergeben, aber vor dem Tod noch nicht völlig abgebüßt waren. Papst Gregor I. hatte diese Vorstellung gebilligt und zugleich den Gedanken ausgesprochen, dass die Qualen der Seele in diesem Fegefeuer durch Gebete der noch lebenden Freunde und Verwandten gemildert und abgekürzt werden könnten. Diese Aussicht machte den verängstigten Sündern wieder Hoffnung, und natürlich war man bereit, für das Seelenheil auch materielle Opfer zu bringen…

Gebete für das Seelenheil der Verstorbenen waren seit den Anfangszeiten der Kirche gebräuchlich, und spezielle Seelenmessen lassen sich bereits im Jahr 250 nachweisen. Als sich die Lehre vom Fegefeuer im 12. und 13. Jahrhundert im Glauben der abendländischen Christenheit endgültig etablierte, erhielten diese Gebete aber eine völlig neue Qualität: Sie verliehen den Lebenden einen nicht geringen Einfluss auf das Leben nach dem Tode.

Gebete für das Seelenheil der Menschen waren von jeher die Hauptaufgabe der Mönche und Nonnen gewesen, denen das Heil der Welt naturgemäß besonders am Herzen liegen musste. Als man in zunehmendem Maße begann, auf die Wirksamkeit von Fürbitten, Gebeten und Messen für die Verstorbenen zu vertrauen, wuchs der Kirche ein neues, unerhörtes Machtinstrument zu: die Macht über die Seelen im Fegefeuer! Und dabei ging es den Kirchenmännern keineswegs nur um die geistliche Macht, sondern häufig genug um schlichten materiellen Gewinn. Wenn Mönche und Nonnen durch ihre Gebete den Verstorbenen schon solche unschätzbaren Dienste für die Minderung der Qualen im Fegefeuer leisteten, dann sollte sich das auch in klingender Münze auszahlen. Gebete, die den Weg zum ewigen Leben ebneten und beschleunigten, waren bald nur noch für festgelegte materielle Zuwendungen zu haben, nicht mehr für »Gotteslohn« allein. Im Klartext: Wer genug Geld hatte, der versuchte, sein Seelenheil durch fromme Stiftungen zu erkaufen.

Einen Widerspruch sah darin niemand; das Geld war lediglich das Mittel zum guten Zweck. Die Christen des Abendlands waren es ohnehin gewohnt, ihre Treue zu Gott und seiner Kirche durch Abgaben auszudrücken. Warum also nicht auch für die ewige Seligkeit bezahlen, wenn die Möglichkeit dazu vorhanden war? Die mittelalterlichen Totenbücher weisen auf Heller und Pfennig aus, wie viel jeweils für die Gebet der Mönche und Nonnen und für Seelenmessen gezahlt wurde. Ohne dieses Geld hätten viele der großen Klöster und Kirchen gar nicht gebaut werden können…

### » … die Seele aus dem Feuer springt!«

Im Laufe der Jahrhunderte des Mittelalters wurde Tausende von Stiftungen für das Seelenheil gemacht, denn die Durchführung von Seelenmessen und Fürbitten war in jedem Fall an eine solche Stiftung gebunden. Die Erlangung des Seelenheils war mit Aufwendungen verbunden, die auch allgemein sichtbar waren: Das konnte Land sein, ein Weinberg, eine Mühle, aber auch Kirchenausstattungen, Altäre, Reliquienbehälter, Kreuze, Weihrauchgefäße und vieles mehr. Uns Heutigen mag dies reichlich materialistisch vorkommen, für die Menschen des Mittelalters aber gab es keine strikte Trennungslinie zwischen dem Materiellen und dem Geistigen. Nur so ist es wohl auch zu erklären, dass klösterliche Gemeinschaften, die sich ausdrücklich dem Armutsideal verschrieben hatten, über diese Stiftungen zu erheblichem Reichtum gelangten und dies in der Regel auch ohne schlechtes Gewissen akzeptierten.

In den Schoß ist der Kirche dieser Reichtum freilich nicht gefallen, sie hatte darum kämpfen müssen. Das ursprüngliche germanische Wartrecht hatte nämlich eine unentziehbare Anwartschaft der Söhne auf das Vermögen des Hausvaters bestimmt. Ohne ihre Zustimmung konnte dieser weder unter Lebenden noch im Tode darüber verfügen. Die Kirche konnte aber allmählich einen Freiteil durchsetzen, das sogenannte »Seelgerät«, d. h. die um des Seelenheils willen getroffenen Schenkungen an kirchliche Institutionen. Und diese Seelgeräte erfreuten sich rasch gewaltiger Popularität – bei den Gebenden ebenso wie bei den Empfangenden...

Graf Gumprecht II. von Neuenahr beispielsweise stiftete dem Kölner Kloster Mariengarten, das seiner Familie als Grablege diente, im Jahr 1484 unter anderem einen kostbaren Altar. Die Klosterfrauen waren dafür verpflichtet, viermal wöchentlich eine Seelenmesse zu feiern und nach dem Tod für ihn und seine Angehörigen zu beten. Und je reicher der Stifter war, umso größer die Aufwendungen. War es aber nur der Reichtum, der zu »prozentualer Investition« in das Seelenheil führte? Hatten die Reichen und Mächtigen nicht auch mehr Anlass, um dieses Seelenheil zu fürchten?

Die prächtigsten Familiengrablegen des spätmittelalterlichen Abendlandes sind zweifellos die Kartausen vom Champmol und von Parma – die eine die letzte Ruhestätte der Herzöge von Burgund, die andere diejenigen der Visconti, Herren von Mailand. Beide Familien hatten die Mittel, die besten Künstler ihrer Zeit zu beschäftigen; sie hatten aber auch ein Kerbholz, bei dessen Sündenumfang man schon viel Glauben an die Macht des Gebets benötigte, wollte man dennoch an die Aufnahme ins Paradies hoffen... Und interessanterweise beriefen die Bauherren auch den extremen Kartäuserorden in ihre Grabklöster, von dessen Gebeten man sich, ob der strengen Askese, zweifellos eine besonders starke Wirkung erhoffte!

Ob einfacher Stadtbürger oder mächtiger Herzog: Die Hilfe, die der Seele durch Messen, Gebete und Fürbitten geleistet wurde, war für den mittelalterlichen Menschen mehr als nur eine vage Hoffnung, sie schien real und durch Vorbilder »konkret« belegbar. Der Engelthaler Nonne Adelheid Langmann (†1375) war so in einer Reihe von Visionen von Christus verkündet worden, er habe auf ihre Fürbitten hin bestimmte Zahlen von Seelen aus dem Fegefeuer befreit: einmal 4.000, dann wieder 10.000, 20.000 oder gar 30.000. Eine andere eifrige Klosterfrau, Mechtildis, die etwa zur selben Zeit lebte, gab an, nicht weniger als 70.000 Seelen gerettet zu haben. Freilich galt auch hier: »(Nur) wenn das Geld im Kasten klingt, die Seele aus dem Feuer springt!«

Zumindest Markgraf Leopold dürfte aufgrund seiner reichen Schenkungen an Klosterneuburg tatsächlich in den Himmel gekommen sein: Im Jahr 1485 wurde der ebenso fromme wie großzügige Stifter heilig gesprochen...

# Certosa di Pavia

## An den Sarkophagen lombardischer Fürsten

*Giangaleazzo Visconti (†1401), ein harter Machtpolitiker seiner Epoche, hoffte im Kartäuserkloster den ewigen Frieden zu finden. (Seinen Sarkophag schuf Giovanni Giacomo della Porta.)*

Kaum zehn Kilometer von der lombardischen Hauptstadt liegt in der eher langweiligen Ebene zwischen Pavia und Mailand die Certosa di Pavia. Jacob Burckhardt hielt sie für das »erste dekorative Prunkstück Italiens und der Welt«. Gemessen an den Unsummen, die das Mailänder Herzogsgeschlecht der Visconti und Sforza in das Bauvorhaben hineinsteckten, war es nach Vorstellung der Zeitgenossen »das kostspieligste und prächtigste Kloster, das je gebaut wurde«. Da die frommen Herzöge aber die Kartause zur Ehre Gottes und für das eigene Seelenheil bauten, war ihnen das Kloster den Aufwand wert.

Herzog Giangaleazzo Visconti, der sich ein Kloster als Mausoleum für seine Familie gewünscht hatte, war – der Legende nach – auf diesen Platz gestoßen, als er während der Jagd in dem dortigen Sumpfgelände eingesunken war. Junge Mädchen, die den Vorfall bei der Ernte beobachtet hatten, fanden den um Hilfe rufenden Jäger so komisch, dass sie ihm frech ins Gesicht lachten. Das aber erboste den um sein Leben bangenden Herzog so sehr, dass er ausrief: »Diesen Ort wird nie wieder ein Weiberrock betreten.« Noch im gleichen Jahr soll der Grundstein des Klosters gelegt worden sein (13. August 1396). Giangaleazzo starb 1402. In der Vierung der von ihm gestifteten Kartäuserkirche stellte man knapp hundert Jahre später den Prunksarg auf, in dem seine Gebeine ruhen.

Ein zweiter Sarkophag verschafft der Certosa di Pavia das besondere Interesse frommer und anderer Besucher. Gestaltet von dem genialen Cristoforo Solari (Mailand), einem kleinwüchsigen, buckligen Bildhauer, sollte er die letzte Ruhestätte des Sforza-Herzogs Ludovico il Moro und seiner Gattin Beatrice d'Este werden. Das prachtvolle Grabmal entstand im frühen 16. Jahrhundert. Ludovico starb 1508, elf Jahre nach Beatrice: Nicht nur in der Lombardei kennt man die Geschichte von Liebe und Tod des Mailänder Herzogpaares: Die heitere, junge Beatrice war hochschwanger im Winter 1496/97 in depressive Stimmung verfallen. Ein Ball am 21. Januar 1497 sollte sie aufmuntern. Doch das fürstliche Tanzvergnügen musste bald abgebrochen werden, da die Herzogin über heftige Schmerzen klagte. Beatrice brachte ein totes Kind zur Welt. Eine halbe Stunde verstarb die junge Herzogin selbst, erst 22 Jahre alt. Der Sarg der Herzogin wurde zunächst nach einem nächtlichen Umzug mit tausend Fackeln vor dem Hochaltar des Klosters Santa Maria delle Grazie aufgestellt, in dem zu dieser Zeit Leonardo da Vinci bei der Arbeit an seinem weltberühmten »Abendmahl« war. Ludovico war außerstande gewesen, am Begräbnis seiner geliebten Gattin teilzunehmen. Eingeschlossen im schwarz verhangenen Zimmer seiner Residenz, trauerte er um Beatrice vierzehn Tage lang. Nur einmal am Tag verließ er unerkannt sein Gemach, um das Grabmal seiner toten Frau aufzusuchen. Herzog Ludovico starb in französischer Gefangenschaft. Als Solari den Prunksarkophag für das herzogliche Paar fertig gestellt hatte, verkauften die Dominikaner von Santa Maria delle Grazie das Grabmal Beatrices an die Kartäuser in Pavia zu einem geringen Preis. Auch dieses Doppelgrab entging im Laufe der Jahrhunderte nicht der Plünderung, es steht heute leer.

Ihren kunsthistorischen Ruf verdankt die Certosa vor allem der prunkvollen Kirchenfassade aus weißem Marmor, den die Mailänder Domhütte geliefert hatte. Begonnen 1474 in einem Übergangsstil von der Spätgotik zur Renaissance, zählt sie neben der des Domes von Orvieto zu den schönsten Italiens. Gegliedert in ein fünfteiliges Erdgeschoss und ein dreiteiliges Obergeschoss, jeweils abgeschlossen durch Galerien, bietet sie – obwohl unvollendet – den Anblick eines geschlossenen Ganzen. Den Sockel bilden Puttenreliefs, die Kaiserköpfe tragen, dazu Reliefs und Statuen in den eingelassenen Nischen. Auch die übrigen Flächen strotzen von kunstvollen Reliefs und Figuren, an deren Ausführung eine ganze Reihe von Bildhauern beteiligt war.

A·LVD·M·SFORTIÆ·ET·BEATRICIS·VXORIS·IN·ECCLESIA·POSITA·S·M·GRATIA
DOM·MDXIV·IN·HOC·TEMPLO·TRANSLATA·ET·HIC·ANNO·DOM·MDCCCXCI·C

1460 wurde die Klosterkirche, ein gotisches Langhaus von 83 Metern und 53 Metern Breite, mit einem Dach versehen. Aber es sollte über 130 Jahre dauern, ehe der Kirchenbau mit den jeweils sieben Rundbogenkapellen rechts und links neben dem Mittelschiff eingeweiht werden konnte. Für den Ausbau der Kapellen verwendeten die Architekten Marmor in allen Farben des Spektrums. Ursache der langen Bauzeit war nicht zuletzt der Geldmangel im herzoglichen Haus.

Die Kirche birgt wertvolle Kunstschätze, darunter Gemälde von Perugino, Luini und Mantegna, ein Elfenbeintriptychon (1409) mit 66 Flachreliefs und 94 Statuetten (in der Sakristei). Dazu gehören auch das Chorgestühl, der prachtvolle Hochaltar, das Eingangstor zur »Brunnenkapelle« mit den Büsten von sieben Herzoginnen aus dem 15. Jahrhundert, das Deckengemälde (1600) in der Neuen Sakristei sowie die Terrakottaverzierungen im Kreuzgang. Neben der Kirche befindet sich das Kloster für 24 Kartäusermönche, die in Einzelhäusern lebten. Die von bedeutenden Baumeistern der Renaissance errichteten »Apartments« enthalten einen Schlafraum, ein Arbeitszimmer, einen Holzverschlag als Werkstatt sowie einen kleinen Garten zur Eigenbewirtschaftung. Umgeben ist jeder Bau von einer Mauer mit schmuckvollem Tor, an dem ein Laienbruder jedem Pater das vegetarische Essen reichte. In der Kirche kamen die Mönche dreimal am Tag zusammen – zur Messe, zum Abendgebet und zum Nachtoffizium. Der Kartäuserorden ist eine klösterliche Gemeinschaft, die nie reformiert wurde. Ihr Wahlspruch lautete: »Numquam reformata quia numquam deformata – Nie reformiert, weil nie deformiert!« Der Kreuzgang, eingefasst von weißen Marmorsäulen in den mit Terrakotten geschmückten Arkardengängen, diente der Meditation und der Erholung der Mönche – zwei bis drei Stunden am Tag.

*Lebensnah ist in der Certosa auch das Doppelgrabmal, das Cristoforo Solari zwischen 1497 und 1499 für Herzog Ludovico »il Moro« Sforza und Beatrice d'Este schuf.*

*Certosa di Pavia; Fassade der Kirche und Konventgebäude.*

Erst 1947 trennte sich der Orden von seiner schönen Kartause. Heute wird das Kloster von Zisterziensern bewohnt. Sie bewirtschaften auch einen Bauernhof, dessen Produkte u. a. der Eigenversorgung dienen.

**»Chartreuse« à la Pavia**

*Die Kartause von Pavia kann im Sommer von 9.30 Uhr bis 11.30 Uhr und von 14.30 Uhr bis 18 Uhr, im Winter von 9.00 bis 11.30 Uhr und von 14.30 Uhr bis 16.30 Uhr besichtigt werden (montags geschlossen).*

*Die heute dort lebenden Zisterziensermönche nehmen auch zeitweilig männliche Gäste auf, um sie am meditativen Leben ihrer Gemeinschaft teilnehmen zu lassen. Nach alten Rezepten wird der gelbgrüne Kräuterlikör hergestellt, der in dem kleinen Likörmuseum in der Pförtnerklause neben der Kirche zum Kauf angeboten wird. Der Gewinn aus dem Erlös dient wohltätigen Zwecken.*

# Canterbury

## DER MORD IM DOM UND DIE PILGER

Die Geschichte von Canterbury und seiner weltberühmten Kathedrale beginnt – der Legende zufolge – auf einem römischen Sklavenmarkt, wo im 6. Jahrhundert Papst Gregor dem Großen einige kindliche Blondschöpfe auffallen. Auf die Frage nach ihrer Herkunft antworten sie: »Angli sumus – Wir sind Engländer«, worauf der Papst mit dem Wortspiel erwiderte: »Non Angli, sed angeli – Nicht Engländer seid ihr, sondern Engel.« Papst Gregor soll die Begegnung, so will es die Legende, zum Anlass genommen haben, die ferne Insel zu missionieren. 597 entsandte er den Mönch Augustinus mit der Weisung, die Christianisierung Englands von London aus, wo auch der Bischofssitz des päpstlichen Missionars sein sollte, zu beginnen.

Bei seiner Ankunft wurde der päpstliche Abgesandte von König Ethelbert von Kent empfangen. Er, der mit einer bereits getauften Prinzessin aus Franken verheiratet war, führte Augustinus nach Canterbury, und dort begann dieser das Evangelium zu predigen. Canterbury wurde zur Wiege des Christentums in England, was Stadt und Kathedrale bis heute eine herausragende Stellung in der englischen Kirche verschafft.

Dem ersten Klosterbau folgte die Kathedrale erst rund 400 Jahre später, nachdem die Normannen unter Wilhelm dem Eroberer 1066 nach England eingedrungen waren. Von dieser ersten, schon stattlichen und aufwändig geplanten Kathedrale, die bis 1130 entstand, sind immer noch große Teile erhalten wie die Krypta, der Unterbau der Osttürme und die Umfassungsmauern des Chores. Die Canterbury Cathedral wurde zu einer Hauptsehenswürdigkeit der Insel; sie ist bis heute die meistbesuchte Kirche Englands. Schon von weitem zieht der 78 Meter hohe Mittelturm »Bell Harry« die Aufmerksamkeit der Besucher auf sich. Die üppig verzierten Fassaden im spätgotischen Perpendicular-Stil verlocken zu näherer Betrachtung. An die ersten Förderer des Christentums erinnern die Statuen König Ethelberts – er hatte sich bald nach der Ankunft Augustins taufen lassen – und seiner Ehefrau Bertha über dem Westportal, das ins Langhaus der Kirche führt: 175 Meter lang, 27 Meter breit und 27 Meter hoch – eine faszinierende sakrale Halle mit einer Flucht schlanker Säulen und Galerien sowie einem prächtigen Deckengewölbe, und ein klassisches Beispiel des frühgotischen Early-English-Style. Eingeführt hatte die Gotik der französische Architekt Wilhelm von Sens; Canterbury war sein erstes englisches Demonstrationsobjekt – alle Kathedralen der Folgezeit werden Canterbury zum Maßstab nehmen. Wilhelm von Sens gestaltete nach dem Brand von 1174 den hoch gelegenen Chor neu. Der Chor – durch eine Steinwand (15. Jahrhundert) vom Langhaus getrennt – bildet für sich bereits eine Kirche: das Presbyterium, ausgestattet mit einem filigranen Fächergewölbe und doppelten, übereinander liegenden Säulenreihen, mit reichlichem Zierrat versehen. Das Baumaterial dafür ließ der Architekt eigens aus der Normandie heranschaffen.

Im Chorumgang finden sich schöne Buntglasfenster – um 1180 stand die Glasmalerei in höchster Blüte. Außerdem fanden hier Canterburys Erzbischöfe in monumentalen Sarkophagen ihre letzte Ruhestätte. Unter den beiden Kapellen im linken Seitenschiff erregt das »Martyrdom« das besondere Interesse. Hier fand das bedeutendste Ereignis in der Geschichte der Kathedrale statt, der »Mord im Dom«, verübt an Thomas Becket, dem damaligen Erzbischof, durch König Heinrich II. am 29. Dezember 1170.

Der aus gutbürgerlicher Familie stammende Thomas kam mit 15 Jahren nach Paris, wo er bei den berühmten Scholastikern Petrus Abaelardus und Petrus Lombardus seine Studien betrieb. 1140 kehrte er nach England zurück. Bald danach taucht sein Name in den Matrikellisten der Universität Bologna unter den Studiosi des Kirchenrechts auf. 1155 ist Thomas Becket in unmittelbarer Nähe König

*Auch heute noch überragt die gewaltige gotische Kathedrale die Häuser von Canterbury/Kent.*

Heinrichs II. anzutreffen. Zwischen dem lebensfrohen Gelehrten und dem temperamentvollen Monarchen entwickelt sich eine enge Freundschaft; König Heinrich macht Becket zu seinem engsten Vertrauten und Staatskanzler. Als der erzbischöfliche Stuhl durch den Tod des bisherigen Amtsinhabers frei wird, tritt Thomas Becket an dessen Stelle. Die Ernennung erfolgt jedoch nicht ohne Hintergedanken: Dem König kommt es darauf an, endlich Macht über die englische Kirche, vor allem die Kontrolle über deren eigenständige Rechtsprechung, zu erlangen. Erzbischof Becket stellt sich dem Drängen der Krone entgegen. Der Konflikt weitet sich aus, wird durch die persönliche Entfremdung zweier Freunde immer bitterer. Der Erzbischof muss ins Exil nach Frankreich. Der Papst wird als Vermittler angerufen, kurzfristig kommt es zur Versöhnung, doch zum Frieden kommt es nicht. König Heinrich stellt weitere Forderungen; Becket seinerseits greift die Bischöfe Englands an, die seinem Kurs nicht folgen, droht mit Bann und Absetzung.

Der König tobt, als er davon erfährt: »Gibt es denn niemanden in meinem Reich, der mich von diesem lästigen Priester befreit?« ruft er wütend aus. Vier Ritter deuten dieses Wort als Befehl: Am 29. Dezember 1170 kommt es beim Vespergottesdienst in der Kathedrale zu einem Handgemenge, in dessen Verlauf Thomas Becket niedergestochen wird und stirbt. Ein abgewetzter Stein und ein Ewig-Licht erinnern heute noch an die Bluttat in der Kathedrale. Den König erfasst Reue. Barfuß tritt er an den Marmorsarg des ermordeten Bischofs und nimmt die Buße auf sich: Vom Klerus der Kathedrale läßt er sich auspeitschen. Kirchenpolitisch bleiben Mord und Bußakt ohne Folgen. Die englische Kirche muss zwar Abstriche an ihrer Eigenständigkeit hinnehmen, doch geht noch immer ein direkter Weg nach Rom, an der Krone vorbei.

Die Folgen für Canterbury waren dagegen weit reichend: Der erschlagene Erzbischof wurde wie ein Heiliger verehrt. Aus allen Himmelsrichtungen setzen sich Pilgergruppen in Bewegung; Canterbury wird zu einem der größten Wallfahrtszentren des Mittelalters. Der ursprüngliche Marmorsarg wird durch einen Goldschrein ersetzt und in der »Trinity Chapel« hinter dem Hochaltar aufgestellt. Auf dem Steinboden erinnern Abschürfungen an die Scharen von Pilgern, die, auf den Knien rutschend, sich den Gebeinen des Heiligen näherten.

*Kreuzgang der Kathedrale von Canterbury mit dem typischen Sterngewölbe und der aus Wappensteinen gebildeten Kielleiste.*

Schon zwei Jahre nach seinem gewaltsamen Tod wird Thomas heilig gesprochen. Viele der Nachgeborenen wollten auch im Tode dem Märtyrerbischof nahe sein. So ließ sich neben Thomas Beckets Grabmal König Heinrich IV. – als einziger englischer Monarch – in Canterbury begraben. Auch der »Schwarze Prinz«, ein populärer Haudegen des Hundertjährigen Krieges, fand hier seine letzte Ruhestätte. Eindrucksvoll sind die Buntglasfenster, die in zwölf Szenen das Leben und Sterben des heiligen Thomas Becket wiedergeben.

Von besonderer Kostbarkeit war der Schrein, der die sterblichen Überreste des Heiligen enthielt. Er bestand aus reinem Gold und war verziert mit Edelsteinen, darunter ein besonders wertvoller Rubin. Zweimal am Tag wurde die Schutzhaube vom Schrein entfernt, um ihn den Pilgern zu zeigen. König Heinrich VIII., der die Reformation in seinem Land einführte, machte 1538 Thomas Becket noch einen »Prozess«, in dem die Anklage auf Hochverrat und Rebellion lautete. Nach einem Schuldspruch ließ er die Gebeine des Heiligen verbrennen. Den Schrein sowie alle Weihegeschenke erklärte der König für das Eigentum eines »Verräters« und damit der Krone verfallen. Zeitgenossen berichten, dass die Besitztümer Thomas Beckets zwei große Truhen mit Gold und Edelsteinen füllten und nur von sechs starken Männern gehoben werden konnten. Weitere Kirchenschätze fielen in der Folgezeit ebenfalls der Krone zu. 1540 jagte Heinrich VIII. schließlich auch den letzten Mönch von Canterbury davon.

Mit der Vernichtung der Reliquien Thomas Beckets zerschlug der König auch das blühende Wallfahrtswesen. Aus der römisch-katholischen Kathedrale war eine anglikanische Bischofskirche geworden. Der Marmorthron in der »Corona Chapel« (um 1200) fand auch nach der katholischen Zeit, wo er Sitz des neu geweihten Erzbischofs war, weiter liturgische Verwendung bei der Inthronisation der anglikanischen Erzbischöfe.

Ursprünglich hatte der Sarkophag Thomas Beckets in der Krypta gestanden. Diese fünfschiffige Unterkirche ist der älteste Teil der Kathedrale (um 1100) und sicherlich auch die schönste der ganzen Insel. Mit ihrem wuchtigen, wenn auch düsteren Gewölbe nimmt sie den gesamten Bereich unter dem Chor ein. In den Seitenkapellen finden sich noch normannische Fresken.

Nördlich der Kathedrale schließen sich die übrigen Klostergebäude an. Vom linken Seitenschiff der Kathedrale hatten die Mönche Zugang zum spätgotischen Kreuzgang mit seinen 825 Wappen-Schlusssteinen, die an die damals bedeutendsten Familien Englands erinnern. Auch das Kapitelhaus mit der Kathedralverwaltung und die Bibliothek gehören mit zum Canterbury-Klosterkomplex. Bemerkenswert ist der am Rande des Klosters erbaute, mit reichem romanischem Dekor verzierte Wasserturm. Er versorgte schon im hohen Mittelalter das Kloster und seine Gäste mit

Frischwasser. Chronisten berichten, während der Pestzeit sei die Hygiene bei den Canterbury-Mönchen so hoch gewesen, dass das Kloster vom »Schwarzen Tod« nahezu verschont blieb und nur vier Mönche erkrankten.

Die Erinnerung an Canterburys große Vergangenheit wäre nicht vollständig, wollte man nicht einiger weiterer bedeutender Persönlichkeiten gedenken, die den Ruf Canterburys weit über die Insel hinaus getragen haben. Zu ihnen gehört Anselm von Canterbury (1033–1109), der wie später Thomas Becket im Streit über die Oberhoheit des Staates mit dem König in Konflikt geriet. Anselm, der mit seinen Hauptwerken »Monologion«, »Proslogion« und »Cur Deus homo?« (Warum ist Gott Mensch geworden?) und seinem Motto von der »fides quaerens intellectum« (dem nach Einsicht suchenden Glauben) zum »Vater der Scholastik« wurde, setzte sich mit Willhelm II. und Heinrich I. hart auseinander. Wiederholt wurde er ins Exil getrieben, erst kurz vor seinem Tode 1109 kam es zur Aussöhnung mit König Heinrich I.

Nach der Ermordung Thomas Beckets hatten sich an dessen Grab zahlreiche Wunder ereignet. Aus allen englischen Grafschaften kamen Pilgergruppen nach Canterbury, dabei auch solche, die aus der Wallfahrt eine Vergnügungstour machten. Von Letzteren berichtet einer der größten mittelalterlichen Dichter Englands, Geoffrey Chaucer. In einem Gedicht von 1387, das als «Canterbury Tales« in die Weltliteratur einging, wird besonders das »Wallfahrtswesen« derer anschaulich, die darunter eine lustige Landpartie verstanden. In Form einer Rahmenerzählung stellt Chaucer eine Pilgergruppe vor, die sich aus Mitgliedern verschiedener Schichten zusammensetzt. Auffällig ist das Fehlen der obersten (Hochadel) und der untersten sozialen Schichten; dafür gab es umso mehr Teilnehmer aus dem wohlhabenden Bürgerstand – wie Chaucer selbst. Die religiöse Motivation gilt weitgehend nur als Vorwand. Gefahren von außen gab es kaum, Wegelagerer vergriffen sich nicht an den mehr oder minder frommen Büßerprozessionen; diese selbst konnten sich dagegen fast alle Rüpeleien erlauben. Lärmend und grölend zogen sie durch nächtliche Straßen, zur Empörung der braven Bürger… Chaucer begegnet seiner Pilgergesellschaft von 27 Männern und drei Frauen im Gasthaus »The Tabard« (»Zum Heroldsrock«) im Londoner Vorort Southwark. Dort läßt er jeden sich vorstellen. Im weiteren Verlauf schildert er den ersten und letzten Tag der Reise. Dagegen erfährt der Leser nichts über den Gesamtverlauf der Reise oder deren Dauer – für die von Chaucer gewählte Reiseroute werden es sechs Tage für Hin- und Rückreise gewesen sein.

Chaucer kommt es darauf an, dass jeder Leser sich in einer seiner Pilgertypen wiederfindet. Sie sind dem Leben abgelauscht, wenn auch manchmal von derbem Zuschnitt – Ritter und Knappe, Mönch und Nonne, Scholar und Kaufmann, Anwalt und Gutsherr, Pfarrer, Müller und ein halbes Dutzend anderer Berufe und Stände. Ihnen allen ordnet er Fehler, Tugenden und Laster zu, dabei ist er nicht eben zimperlich in Darstellung wie Wortwahl.

Auch mit dieser Form der »Wallfahrt« hat Heinrich VIII. radikal Schluss gemacht. Canterbury als ein blühender Ort christlichen Denkens und Lebens sowie von internationalem Renommee wurde zum ausschließlich nationalen Denkmal. Doch die Erinnerung blieb – nicht zuletzt in Gestalt der herrlichen Kathedrale, die religiöse Wirren, die Reformation und sogar den »Mord im Dom« überstand.

### Abends in der Kathedrale

*Canterbury ist eine Gründung der Römer, heute der Verwaltungssitz der Garten-Grafschaft Kent. Auf die Kathedrale zu läuft die jetzige Fußgängerzone (St. Peter's Street, High Street, The Parade); Führungen durch die Kathedrale finden dreimal am Tage statt und dauern etwa eine Stunde. Empfehlenswert sind die Abendandachten in der Kathedrale (montags bis freitags 17.30 Uhr, samstags und sonntags 15.15 Uhr).*

*Berühmte literarische Bearbeitungen des Themas »Mord im Dom« und der Canterbury-Wallfahrten entstanden durch Geoffrey Chaucer («Canterbury Tales«), T. S. Eliot («Mord im Dom«) und Jean Anouilh («Becket oder die Ehre Gottes«).*

*Pilgerhut und Pilgerstab waren das Kennzeichen der Wallfahrer, die in großer Zahl und über weite Entfernungen im Abendland unterwegs waren.*

# VIII.
# An heiliger Stätte
## Kloster und Pilgerschaft

### Wunder und Wallfahrten

»Bei Gott! Wäre der heilige Benedikt jetzt da, er ließe die Türen zusperren!« Dieser Stoßseufzer soll einem verzweifelten Mönch namens Theodulf entschlüpft sein, nachdem es auch an diesem Tag immer wieder an die Klosterpforte gepocht hatte und schon wieder eine Pilgergruppe Einlass und Unterkunft für die Nacht begehrte. Theodulf wird die weit gereisten, müden Frauen und Männer dennoch kaum abgewiesen haben, schließlich hatte Benedikt von Nursia in seiner berühmten Regel auch bestimmt: »Alle Gäste, die zum Kloster kommen, werden wie Christus aufgenommen... Allen erweise man die ihnen gebührende Ehre, besonders den Glaubensgenossen und den Pilgern.«

Als der Mönchsvater diese Zeilen schrieb, waren allerdings noch vergleichsweise wenige Menschen unterwegs, um »heilige Stätten« aufzusuchen. In der ausgehenden Antike pilgerten fromme Christen vornehmlich nach Rom, zu den Gräbern der Apostel und natürlich ins Heilige Land, wo Jesus gelebt und gelitten hatte. Eine solch weite und kostspielige Reise konnte sich freilich noch lange nicht jeder leisten; die Pilgerfahrten bleiben daher fast ausschließlich reichen Adeligen und hohen Geistlichen vorbehalten. Wenn so eine kleine Gesellschaft in einem Kloster um Nachtquartier bat, war es für die gastfreundlichen Mönche auch kein Problem, die Pilger »wie Christus« aufzunehmen.

Mit der Zeit erweiterte sich aber der Kreis der Pilgerziele und damit der Kreis der Pilger. In der Merowingerzeit begann man, auch die Gräber der Heiligen aufzusuchen, also jener außergewöhnlichen Menschen, die entweder das Martyrium durchlitten oder die Forderungen des christlichen Tugendkatalogs vorbildhaft erfüllt hatten. Bis zum 10. Jahrhundert waren 25.000 Heilige kanonisiert worden, sodass an Nothelfern im Himmel wahrhaftig kein Mangel mehr herrschte. Denn dass die Heiligen noch aus dem Jenseits Wunder wirken und das Schicksal der Lebenden beeinflussen konnten, stand für den mittelalterlichen Menschen außer Frage. Zahllose Bedrängte, Kranke und Not Leidende suchten daher an den Gräbern der Heiligen und an den Stätten ihrer Wunder Trost und Hilfe.

Zum Grab des hl. Martin in Tours pilgerten nicht nur Könige und Adelige, sondern auch zahlreiche einfache Leute in der Hoffnung auf Erhörung ihrer Gebete. Wurde das Anliegen erhört, dann wurde dieses Ereignis sogleich zum Wunder erhoben, was den Glauben an die Macht des Heiligen zusätzlich stärkte. Jede Kirche, die die Reliquie eines Heiligen barg, konnte damit zum Wallfahrtsort werden, vorausgesetzt, es gab entsprechende »Public Relations«. Alles Staunen Erregende, vermeintlich »Wunder«bare, jedes Ereignis, das den Rahmen des Gewöhnlichen überschritt, wie überraschende Krankenheilungen, begründete den Ruhm einer heiligen Stätte. In vielen mittelalterlichen Heilungsberichten heißt es denn auch, auf Fürbitten der Heiligen hin habe der Wallfahrer seine Gesundheit viel schneller zurückerhalten, als die Ärzte dies für möglich gehalten hätten. Und wer glaubte, von einem Heiligen Hilfe und Heilung erfahren zu haben, der erzählte natürlich davon weiter...

Wächter der Heiligengräber waren in den meisten Fällen Mönche, wenn sich über der Grabkammer eine Abtei erhob. An einer viel besuchten Wallfahrtskirche hatten die frommen Brüder alle Hände voll zu tun, und es waren nicht nur seelsorgerische

Aufgaben, die sie zu erfüllen hatten, sondern auch und vor allem organisatorische: Der Besuch beim Heiligengrab sollte schon pietät- und würdevoll vonstatten gehen, was bei einem starken Pilgeransturm nicht immer leicht zu erreichen war. Um ein Mindestmaß an Disziplin zu gewährleisten, musste ein Ordnungsdienst eingerichtet werden; der hatte gleichzeitig darauf zu achten, dass das Grab des Heiligen vor Beschädigung geschützt und der Diebstahl wertvoller Reliquien verhindert wurde. Die hohe Diebstahlsgefahr ergab sich nicht nur aus sündhafter Habgier, sondern auch aus einem fehlgeleiteten frommen Bedürfnis, irgendein – oder dieses bestimmte – Heiligenrelikt in Besitz zu bringen. Die mittelalterlichen Annalen sind voll von geklauten Heiligen; der berühmteste Fall ist sicher derjenige des Evangelisten Markus, dessen Mumie venezianische Kaufleute anno 828 aus Alexandria in die spätere »Markusrepublik« entführten.

Um sich den bisweilen gewaltigen Andrang in den Pilgerzentren vorzustellen, muss man sich nur vor Augen halten, dass allein im Jahr 1466 nicht weniger als 130.000 Wallfahrer das Schweizer Benediktinerkloster Einsiedeln besucht haben, das aufgrund der zahlreichen Wunderberichte zu den bedeutendsten Wallfahrtsorten der Christenheit zählte. Die Unruhe, die dieses Treiben für das Klosterleben mit sich brachte, kann man sich vorstellen, und die Haltung der Mönche zum »Pilgerrummel« war denn auch zwiespältig: Durch die vielen Besucher kamen die Wallfahrtsklöster zu Wohlstand; die prächtigen Kirchenbauten, die Kostbarkeiten in Gold und Elfenbein und all die kunstvollen Gewebe und Stickereien, mit denen die Heilungen und Wunder des Gnadenortes bezahlt wurden, waren nicht gering zu schätzen. Es gab aber auch Mönche, die für ihre religiösen Übungen Ruhe und Einsamkeit bevorzugten und die sich dann über die Wundertaten »ihrer« Heiligen ärgerten. Es half auch nicht viel, dass bereits seit karolingischer Zeit bei Klöstern, die eine viel besuchte Wallfahrt betreuten, die Einrichtung eines eigenen Oratoriums vorgeschrieben war, damit die Mönche unbehelligt ihr Stundengebet verrichten konnten – die ständigen Pilgermassen mussten Meditation und Kontemplation zwangsläufig stören.

Aus diesem Grund fühlte sich der Erzbischof von Mainz sogar veranlasst, der als heilig verehrten Hildegard von Bingen (†1199), die in der Kirche ihrer Klostergründung Rupertsberg bei Bingen beigesetzt war, zu gebieten, keine Wunder mehr zu wirken, damit an ihrem Grab endlich Ruhe einkehre! Die Mönche des französischen Klosters Gramont drohten sogar damit, die Gebeine des hl. Stefan von Muret (†1124) in eine Kloake zu werfen, wenn er ihren Konvent durch weitere Wunder störe...

### Askese, Buße und Vergnügen

Nachdem der Kreis der verehrten Heiligen und der aufgesuchten Wallfahrtsstätten im Laufe des frühen Mittelalters immer größer geworden war, nahm etwa seit der Jahrtausendwende die Zahl der Wallfahrten rasch zu, vor allem auch dank der jetzt angebotenen organisierten Pilgerreisen. Gegen 1400 gab es ungefähr 10.000 sanktionierte Wallfahrtsziele für die abendländischen Christenheit!

Nur wenige Pilger zogen jetzt noch nach Palästina. Seitdem die Kreuzfahrer 1291 die letzten Stützpunkte im heiligen Land hatten räumen müssen, war die Wallfahrt nach Jerusalem wieder mit besonderen Schwierigkeiten und Gefahren verbunden. Nutznießer dieses Verlustes waren die großen abendländischen Wallfahrtsziele, denn Millionen von Pilger waren auch weiterhin fest entschlossen, ihr Seelenheil in der Ferne zu fördern: Ausgerüstet mit einem weiten, regenfesten Umhängemantel von dunkler Farbe (aus diesem für die »pèlerinage« = Pilgerschaft typischen Kleidungsstück wurde

*Reliquienschreine und andere Kostbarkeiten mit religiöser Bedeutung waren Anziehungspunkte für die Pilgerscharen. (Markusschrein aus Mittelzell/Reichenau, 14. Jahrhundert.)*

später die »Pelerine«), einem breitkrempigen Allwetterhut und dem Pilgerstab, der als Stütze, Waffe gegen wilde Tiere und als Hilfe bei Überqueren von Bächen diente, waren im späten Mitteltalter ständig Scharen von Menschen unterwegs – zu nahen oder weit entfernten Pilgerzielen, wochen-, oft monate- oder gar jahrelang.

200.000 bis 500.000 Pilger überquerten allein Jahr für Jahr die Pyrenäen oder wagten sich in winzigen Schiffen durch die stürmische Biskaya, um im nordspanischen Santiago de Compostela die Gebeine des Apostels Jakobus d. Ä. aufzusuchen. Frankreich lockte die Pilger vor allem zum berühmten Inselkloster Mont-Saint-Michel in der Normandie. Zu diesem, dem Erzengel Michael geweihten Kloster zogen vor allem deutsche Pilger in großen Scharen – schließlich war St. Michael der »Landespatron« –, die Franzosen sollen ihnen den Spitznamen vom »deutschen Michel« verpasst haben…

Was bewog nun alle diese Menschen, Familie, Haus und Sicherheit zu verlassen, oft für lange Zeit, und allerlei Unbill und Gefahren auf sich zu nehmen? Ein Motiv war allen gemeinsam: Man wollte das Wohlgefallen Gottes erwerben und für sein Seelenheil vorsorgen. Wie die iro-schottischen Mönche einst in der »Heimatlosigkeit um Gottes willen« ein Ideal gesehen hatten, so wollte nun auch der Pilger Gott und den Heiligen ein ähnliches Opfer bringen. Wallfahren galt als eine ebenso vollkommene wie beliebte Form der Askese, zudem mit symbolträchtigen Zügen: Der Pilger ahmte durch seine Wanderung den Zug des Gottesvolks ins Gelobte Land nach. Pilgern war auch ein Form der Buße: Denjenigen, die außergewöhnliche Sünden öffentlich bekannt hatten, wurde die Wallfahrt vom Bischof als Werkzeug zur Läuterung auferlegt; später bediente sich auch die weltliche Autorität dieser Sanktionen. Andere wiederum gingen auf Pilgerfahrt, um ein Gelübde zu erfüllen oder um Heilung

*Votivbilder berichten von der Hilfe in Notfällen, die durch die Anrufung von Heiligen erfolgte, und solche Überlieferungen zogen weitere Wallfahrer an.*

zu erreichen. Nicht zu übersehen ist aber auch ein anderes Motiv: Man pilgerte, ähnlich wie die heutigen Touristen, um fremde Länder, Sitten und Gebräuche kennen zu lernen, um Abenteuer zu erleben und der Eintönigkeit des Alltags zu entgehen. Und da zumindest die kürzeren Wallfahrten kaum Gefahren noch große Mühen bargen, dafür umso mehr Abwechslung und Zerstreuung boten, konnte es durchaus geschehen, dass das religiöse Ziel ein wenig in Vergessenheit geriet, und statt in frommen Gebeten endete die Wallfahrt nicht selten mit dem Besuch von Jahrmärkten und anderen weltlichen Vergnügungen. Wie lebenslustig es auf Pilgerschaft bisweilen zugehen konnte, das kann man in Chaucers »Canterbury Tales« ungeschminkt nachlesen.

### Gastfreundschaft hinter Klostermauern

Dieser gewaltige Pilgerstrom, der sich kreuz und quer durch Europa schob, musste natürlich auch beherbergt, verköstigt und betreut werden. Auch wenn es schon gewerbliche Gasthäuser gab, so haben die Klöster doch bis zum späten Mittelalter Pilger bereitwillig und unentgeltlich aufgenommen, mochten Mönche wie jener Theodulf auch noch so sehr darüber stöhnen. Viele Abteien haben sich geradezu in den Pilgerdienst gestellt, wenn sie verkehrsgünstig lagen; häufig waren sie auch eben eine oder zwei Tagereisen voneinander entfernt und oftmals dort, wo man sie am dringendsten benötigte: an Pässen und wichtigen Flussübergängen und in den Bergen, wo Schnee und Unwetter die Reisenden bedrohten.

Den berühmten Pilgerweg nach Santiago de Compostela säumten etliche cluniazensische Klöster, und im Hochmittelalter ließen die Mönche von Cluny sogar eine Art Reiseführer für die Pilger zusammenstellen. Dieser »Liber Sancti Jacobi«, der die Wallfahrer begleiten sollte, enthielt die Hymnen, die dem Heiligen gewidmet waren, erzählte seine Lebensgeschichte und seine Wundertaten. Er beinhaltete aber auch allerlei praktische Hinweise und Beschreibungen der Stationen des Wegs. In diesen »Ratschlägen an den Reisenden« fand sich zudem ein kleines baskisches Wörterbuch, eine Liste der Flüsse, deren Wasser gut und heilbringend war, sowie eine Aufzählung der Reliquien, die unterwegs besucht werden sollten.

Der geplagte Theodulf hat freilich nicht ohne Grund gejammert, denn für die Mönche bedeutete die exzessive Gastfreundschaft eine Menge Arbeit, zumal dann, wenn sie die Pilger wirklich »wie Christus« aufnehmen wollten. Davon kann man in der Regel gewiss ausgehen, wenn auch Benedikts Forderungen nur selten so hervorragend erfüllt wurden wie in der Abtei von Roncesvalles, deren Gastfreundschaft sogar in einem Gedicht besungen wurde: Jedermann, so hieß es darin, sei den Mönchen herzlich willkommen. An der Klosterpforte wurde den müden und hungrigen Wanderern kostenlos Brot gereicht; im Kloster selbst standen ihnen ein Barbier und ein Flickschuster zur Verfügung – praktische Lebenshilfe! Nicht nur in Roncesvalles werden die frommen Brüder ihr Bestes gegeben haben. In den meisten Fällen konnten die Gäste, die im Kloster Herberge fanden, mit einer warmen Mahlzeit rechnen: einer Suppe oder einem aus Hülsenfrüchten oder Hirse bestehenden Brei, dazu Bier, Wein oder Apfelmost. In ganz armen Klöstern war freilich auch die Verpflegung karg; dort gab es mitunter nur Brot und Wasser. Doch der Pilger konnte sicher sein, dass auch seine Gastgeber nichts Besseres erhielten...

Das Klausurleben durfte durch den Pilgerstrom möglichst keine Störung erfahren. Das Gästehaus musste daher abseits stehen und durfte keine Verbindung zu den Schlafräumen der Mönche besitzen. Die Räume waren mit Tischen und Bänken ausgestattet, gegebenenfalls wurden auch Küchengerät und Tischwäsche von den Mönchen zur Verfügung gestellt. Im Schlafraum sollte eine ausreichende Zahl von Betten stehen – oft zwölf, entsprechend der Zahl der Apostel, bzw. ein Vielfaches davon. In Cluny boten getrennte Räume vierzig Männern und dreißig Frauen Unterkunft. Für die Nacht mussten die Mönche auch Bettwäsche, Decken und Nachtgeschirr bereithalten, Dinge, die im Gepäck der Pilger keinen Platz fanden. Im Winter und bei nasskalter Witterung, wenn sich die Pilger wärmen und ihre Kleidung trocknen mussten, war auch noch ausreichend Brennmaterial zur Verfügung zu stellen. Waren große Scharen unterzubringen wie in den berühmten Wallfahrtsorten, wurden sogar Zelte aufgeschlagen. Und Reitpferde und Maultiere waren ebenfalls zu versorgen...

Am störendsten empfanden die Mönche ihre Gäste, wenn sich diese zwar »wie Christus« aufnehmen ließen, aber dennoch wenig Rücksicht auf den Ort nahmen, an dem sie Herberge fanden. Sie waren ja nicht der klösterlichen Disziplin unterworfen, redeten und lachten, so lange und so laut sie wollten, und das oft bis weit nach Mitternacht, wie Klagen aus Mönchsmund berichten.

Im Normalfall blieben die Pilger allerdings nur einen, höchstens drei Tage, es sei denn, ungünstige Witterung oder Krankheit ließen ein Weiterziehen nicht zu. Doch wenn sie dann aufbrachen, konnten sie ziemlich sicher sein, dass ihnen am nächsten Abend erneut Gastfreundschaft in einem Kloster zuteil werden würde. Millionen von Pilgern sind im Mittelalter von barmherzigen Mönchen aufgenommen worden, haben, von Dunkelheit und Kälte getrieben, von Hunger und Durst geplagt, erschöpft und durchnässt, im Kloster eine Bleibe gefunden – und das oft nur für ein »Vergelt's Gott!« Die eindrucksvolle Mobilität der spätmittelalterlichen Gesellschaft wäre ohne die hoch entwickelte »touristische Infrastruktur« des monastischen Abendlands gar nicht möglich gewesen.

# Montserrat

## Die schwarze Madonna Kataloniens

Nur eine knappe Autostunde (60 Kilometer) von Barcelona entfernt Richtung Norden wächst aus der Ebene, einem trockenen Land, nur dürftig bewachsen mit Mandel- und Olivenbäumen, das Felsmassiv des Montserrat – zehn Kilometer lang und fünf Kilometer breit, nach allen Seiten steil abfallend – unvermittelt heraus. Eine wilde Felslandschaft, die von alters her die Phantasie der Katalanen beflügelte: In dem bizarren Felsgebilde sahen diese einen zornig aufgerichteten Hahnenkamm oder den stacheligen Rückenpanzer einer Riesenechse.

Nicht minder phantastisch waren die mystischen Spekulationen oder die Legende, die Götter hätten in einer Strafaktion eine sündige Stadt in die Luft geschleudert. Aus den herabfallenden Trümmern sei das Felsmassiv entstanden. In christlicher Zeit besangen die Katalanen den »heiligen Berg« als einen von Engeln mit goldenen Sägen bearbeiteten Felsstock (Montserrat = »Zersägter Berg«). Der Montserrat galt auch als die Gralsburg, die der französische Troubadour Chrétien de Troyes und der deutsche Minnesänger Wolfram von Eschenbach als »Monsalvatsch« in ihren Epen erwähnen – vermutlich aber eine Verwechslung mit dem kleinen Wallfahrtsort Salvatierra am Pyrenäen-Südrand. Für die geologische Wissenschaft ist das Felsmassiv aus Kalk und Ton aus den Fluten eines riesigen Sees aufgetaucht, nachdem die Wassermassen nach einer Naturkatastrophe abgeflossen waren. Das geschah vor rund 40 Millionen Jahren. Bis an die Felsregion reichen heute Kiefernwälder und bis vor kurzem eine grüne, artenreiche Vegetation mit rund 1500 verschiedenen Pflanzensorten heran, über der der starke Duft von Rosmarin, Geißblatt und Jasmin lag. 1986 hat ein Feuersturm dieses Naturparadies weitgehend zerstört.

In einer Felsspalte auf der Nordseite in 725 Meter Höhe, wo sich heute der riesige Klosterkomplex ausdehnt, stand bereits zur Römerzeit ein Heiligtum der Venus. Frühchristliche Eremiten zog es gleichfalls dorthin, ehe die frommen Brüder des heiligen Benedikt von Ripoll hier ihr erstes Kloster bauten. Eng verbunden mit der Klostergründung ist die Legende rund um das Gnadenbild, das dem Montserrat seinen Weltruf einbrachte und ihn nach Santiago de Compostela zum beliebtesten Wallfahrtszentrum Spaniens machte: Als 717 die Mauren die Stadt Barcelona belagerten, befand sich das Gnadenbild, eine Lindenholzmadonna mit Jesuskind, in der Kirche des heiligen Justus. Dorthin, so heißt es weiter, soll es der heilige Jakobus als eine Arbeit des Evangelisten Lukas gebracht haben, nachdem er in Spanien eingetroffen war. Bischof Petrus, in Sorge, das wundertätige Muttergottesbild könne in die Hände der Ungläubigen fallen, ließ die Skulptur auf den Montserrat in eine Felshöhle bringen, wo sie 150 Jahre verborgen blieb. Hirtenjungen sollen sie wieder entdeckt haben. Als in Barcelona der Bischof von dem Fund erfuhr, veranlasste er, wie die Legende wissen will, ihre Rückführung in die Bischofsstadt. In feierlicher Prozession geleitete man die Madonna bergabwärts. Aber schon kurze Zeit später wurde den Trägern die Statue so schwer, dass sie sie absetzen mussten. Der Bischof erkannte darin ein Zeichen Gottes, ließ an der gleichen Stelle eine Kapelle errichten und das Marienbild dort aufstellen.

Eine erste urkundliche Erwähnung dieser christlichen Andachtsstätte stammt aus dem Jahre 880. Erst 975 siedeln sich die Benediktiner hier an, 1075 nehmen sie eine bedeutende Erweiterung des Klosters vor. Doch erst 1409 erhebt Papst Benedikt XIII. die Klostergemeinschaft vom Montserrat zur Abtei. Ein knappes Jahrhundert später ist unter der Schiffsmannschaft des Kolumbus ein Mönch vom Montserrat – er soll der Kleinen Antillen-Insel den Namen des Klosterbergs gegeben haben.

Der Ruf der wundertätigen Madonna mit dem Jesusknaben auf dem Schoß, rußgeschwärzt vom Wald bren-

*Die gotische Figur der »Schwarzen Madonna« von Montserrat.*

*Die mehrfach zerstörte Abtei Montserrat schmiegt sich an die Felsen des gleichnamigen Gebirgszugs.*

nender Kerzen, der sie seit Jahrhunderten umgibt, verbreitete sich wie ein Lauffeuer in ganz Spanien. »La Moreneta« nennen sie die Spanier wegen ihrer dunklen Färbung. Bei den Katalanen heißt sie auch »Santa Imatje«, bei den übrigen Bewohnern der iberischen Halbinsel »Santa Imagen«. Ein Wallfahrtsstrom ohnegleichen setzte zum Montserrat ein. Neunmal suchte Karl V. beim Gnadenbild geistliche Zuflucht. Hier empfing er die Nachricht von seiner Krönung, hier fasste er 1556 den Entschluss, der Welt zu entsagen und sich in das Kloster San Juste zurückzuziehen. Auch Karls Großeltern, Ferdinand von Aragon und Isabella von Kastilien, waren Pilger auf dem Montserrat, als sie die Nachricht von der Entdeckung Amerikas erhielten. Karls Sohn, Philipp II., stiftete sogar eine neue Kirche. Alle spanischen Habsburger ließen vor dem Gnadenbild von Montserrat ihre Sterbekerzen weihen. Zu den großen Heiligen der Neuzeit, die vor der Schwarzen Madonna den Entschluss zu einem Gott geweihten Leben fassten, gehört auch Ignatius von Loyola, der 1522 seinem kriegerisch-weltlichen Dasein abschwor und sich auf die Gründung seines Jesuitenordens vorbereitete.

1812 drangen napoleonische Truppen in die Abtei von Montserrat ein und verwüsteten Kloster und Nebengebäude so gründlich, dass heute nur noch wenige Reste übrig geblieben sind. Außerdem plünderten sie die Kirchenschätze. Reste davon wurden schließlich Opfer der Karlistenkriege (1835–1860). 1835 wurden die Mönche aus dem Kloster vertrieben; bis 1844 blieb die Abtei verwaist. Nach dem Wiederaufbau des Klosters im 19. Jahrhundert wurde die Wallfahrt zum Montserrat wieder aufgenommen. Unterdessen finden jährlich über 700.000 Pilger den Weg zur wundertätigen Madonna. Darunter sind viele junge Paare, die sich vor der Gottesmutter den Bund fürs Leben versprechen oder um Kindersegen bitten. Auch manche spanische Königin trat mit letzterem Anliegen die Pilgerschaft zum Montserrat an. Schwere Tage kamen auf das Felsenkloster noch einmal während des Bürgerkriegs in den 1930er Jahren zu, als die Mönche Opfer eines antireligiösen Fanatismus wurden. Der Konvent wurde 1936 aufgehoben. Erst 1939 kehrten die Mönche wieder auf den heiligen Berg zurück.

Außer der pastoralen Betreuung des täglichen Pilgerstroms widmen sich die Benediktiner auf dem Montserrat – zur Zeit rund 100 Mönche – den Wissenschaften. Herausragende Gebiete sind die Bibelexegese, die Geschichte und die Musik. Die klösterlichen Gelehrten haben eine kostbare Bibliothek mit mehr als 200.000 Bänden zur Verfügung. Die Musik steht auf dem Montserrat in besonders hohem Ansehen. Seit dem 12. Jahrhundert existiert die Musikschule »Escolania«, in der vor allem der Gregorianische Choral gepflegt wird. Die Mönchsgemeinschaft wird bei den täglichen Stundengebeten durch Chorknaben aus der Musikschule verstärkt. Zahlreiche Pilger wohnen den Horen um 7.15 Uhr, 12.15 Uhr und am späten Nachmittag zur Vesper bei.

Beliebt unter den Katalanen sind besonders das »Salve Regina« und der Choral »Virolei«, in dem das Gnadenbild besungen wird: »Du Rose des April / du schwarze Madonna des Berges,/ du Stern des Montserrat,/ strahle über Katalonien/ und für uns zum Himmel empor.« Unter den Museen des Klosters findet insbesondere das Bibelmuseum Beachtung, in dem die wertvollsten Codices untergebracht sind.

Die Zufahrt zum Kloster – in der Ausdehnung schon eine kleine Stadt – endet an den Parkplätzen, die zu einer Aussichtsterrasse führen. Von hier aus geht der Blick weit ins Land bis an die Pyrenäen und übers Meer sogar bis zu den Balearen, wenn das Wetter klar ist. Über die »Plaça de la Creu« und hinter einem fünf- bzw. dreifachen Torbogen über die »Plaça de la Santa Maria« gelangen die Besucher in die Basilika. Diese Stiftung Philipps II. aus dem 16. Jahrhundert und gleichfalls Opfer der Zerstörungswut französischer Truppen, musste in der Folgezeit von Grund auf erneuert werden. Von außen ist als einziger Teil der mittelalterlichen Klosteranlage, der der Verwüstung entging, der Kreuzgang vorhanden. Die Fassade der Klosterkirche weist noch Elemente der Renaissance auf; der Figurenschmuck, Christus und die Apostel, stammt jedoch aus der Zeit um 1900. Die neuzeitliche Ausstattung des Innenraums wird nur schwach erhellt durch den Schimmer der Votivkerzen, die dem Gnadenbild von Pilgern geopfert werden.

Das Gnadenbild ist der Mittelpunkt des Gotteshauses. Erhöht hinter dem Hauptaltar blickt die 95 Zentimeter hohe, geschwärzte Skulptur der Gottesmutter mit dem Kinde in Würde und Mütterlichkeit auf die Pilger herab, die sich ihr dicht an dicht vom rechten Seiteneingang her nahen. Der Thron der Madonna ist wie der Hintergrund des Standbildes silbern ausgeschlagen. Auch der Altar ist versilbert – ein Werk katalanischer Künstler nach dem Bürgerkrieg. Mit einem Kuss auf die rechte Hand des Gnadenbildes, die einen Apfel hält, drücken die Wallfahrer ihre Verehrung aus. Hand und Apfel, der gleichfalls berührt wird, ragen aus einem Glassturz hervor, unter dem sich die hölzerne Plastik aus Sicherheitsgründen befindet. Längst ist die Legende widerlegt, die das Gnadenbild und seine Entstehung in das 8. oder 9. Jahrhundert datiert. Die Lindenholzmadonna vom Montserrat stammt aus der Spätromanik oder frühen Gotik.

Über den linken Querhausarm verlassen die Pilger die Basilika wieder, vorüber an den Votivgaben – Krücken, silbernen und wächsernen Gliedmaßen zum Dank für erfolgte Heilungen nach einer Pilgerfahrt zur Schwarzen Madonna – sowie an Opferkerzen. (Vom Montserrat stammt übrigens die älteste bekannte Votivtafel, 1323.) Hier fließt auch die heilige Quelle, die »Font de la Via«. Von der »Plaça de l'Abat Oliva« geht der Kreuzweg ab, mit großen Stationsgruppen (zwischen 1904 und 1919 entstanden). Auch sie mussten nach dem Bürgerkrieg erneuert werden. Den Stationsweg schließt eine Kapelle ab, die der »Virgin de la Soledad« geweiht ist. Von der 13. Station zweigt der Weg zur »Eremita Sant Miquel« (19. Jahrhundert) ab. An dieser Stelle stand einst die Eremitage eines Einsiedlers aus dem 10. Jahrhundert.

Schon kurz nach dem ersten großen Klosterbau im 11. Jahrhundert hatte sich die Bruderschaft der Almosensammler gebildet, die bis in den Norden Frankreichs und in den tiefsten Süden Italiens die wundertätige Madonna vom Montserrat bekannt machten. Im 13. Jahrhundert sorgte König Alfons X. der Weise (1252–1282) für die Verbreitung des Klosterrufes durch seine überall in Kastilien gesungenen »Cantigas«, Lieder, in denen er die Wunder pries, die die Gottesmutter vom Montserrat gewirkt hatte. Aus dem 14. Jahrhundert sind detaillierte Schilderungen über Pilgeraufenthalte mit Gebeten und Liedern überliefert. Aus jener Zeit sind auch die frommen Rundtänze bekannt, in denen man die »Sieben Freuden Mariens« feierte. Das Gedenken an die »Sieben Schmerzen Mariens« kam in späterer Zeit hinzu, bis während der Gegenreformation diese Gebetstexte durch den Rosenkranz abgelöst wurden.

Die Hauptfeste des Klosters werden am 27. April und am 8. September, Mariä Geburt, gefeiert. Die Wallfahrten zur Patronin Kataloniens waren und sind nicht immer nur religiöser Natur. Die politischen Autonomiebestrebungen Kataloniens fanden und finden nicht selten Ausdruck in einer demonstrativen Pilgerreise zum Montserrat. Besonders deutlich wurde das katalanische Selbstbewusstsein während des autoritären Franco-Regimes. Gefördert wurde vor allem die katalanische Sprache in den Schriften, die das Kloster herausgab. Auch die Predigten der Benediktiner wurden und werden in katalanisch gehalten. Eine scharfe oppositionelle Haltung nahm Abt Aureli Escarré ein. Sein Engagement für soziale Gerechtigkeit, für demonstrierende Arbeiter und Studenten sowie für politische Häftlinge, aber auch die Erklärung, er halte das herrschende Franco-Regime für im Wesen »unchristlich«, trugen ihm folgenreiche Kritik ein, auch von kirchlicher Seite. Als Mitarbeiter einer Konzilskommission wurde er während des II. Vaticanums nach Rom gerufen, von wo er nicht mehr, bis zu seinem Amtsverzicht 1966, in seinen Konvent zurückkehren durfte. Die Amtsübergabe an seinen Nachfolger Don Cassiano Just musste in Mailand stattfinden. Abt Don Cassiano, ein gebürtiger Katalane, geriet bald ebenfalls in Gegensatz zum Regime, als er gegen den verhängten Ausnahmezustand protestierte. Noch 1970 fanden 300 spanische Intellektuelle, die sich mit dem Regime überworfen hatten, Aufnahme und Schutz im Kloster von Montserrat…

**Mit der Schwebebahn ins Kloster**

*Das Bergkloster ist von Barcelona aus (60 Kilometer) in einer guten Autostunde über die Autobahn nach Martorell und weiter nach Olesa (über die Landstraße) erreichbar. Auch öffentliche Autobusse verkehren von Barcelona auf den gut ausgebauten Zufahrtsstraßen. (Samstags und sonntags kann es wegen der großen Zahl von Besuchern zu Staus kommen.) Von Olesa aus sind es noch acht Kilometer bis Monistrol, wo die Straße in steilen Windungen zum Kloster abbiegt und dort an den Parkplätzen endet. Auch eine Schwebebahn können Besucher von Olesa aus (kurz hinter einer Talbrücke mit Hinweisschild »Aeri«) benutzen. Zur Schwebebahn führt auch eine Eisenbahnverbindung; Ausgangspunkt: Barcelona Plaça d'Espanya. Eine Zahnradbahn geht zur »Cueva de la Virgin«, der Grotte, hinauf, in der das versteckte Gnadenbild von Hirtenjungen aufgefunden worden sein soll. Für einen mehrtägigen Aufenthalt stehen mehrere Hotels mit rund 2.000 Betten zur Verfügung, darüber hinaus eine weniger kostspielige Pilgerherberge mit 800 Betten. Außerdem besitzt das Klostergelände ein Postamt, eine große Gaststätte und eine Reihe von Verkaufsläden.*

*Die Pracht der Abteikirche spiegelt auch den Stolz der Katalanen auf dieses religiöse und kulturelle Zentrum wider.*

# Maulbronn

## Kloster auf evangelisch

Bis in die jüngste Gegenwart galt das Kloster Maulbronn im Württembergischen als eines der besterhaltenen Zeugnisse der Zisterzienserarchitektur auf deutschem Boden. Aber die mittelalterliche Klosteranlage, die seit der Reformation im Besitz der evangelischen Landeskirche Württembergs ist und seit 1993 zum »Unesco Weltkulturerbe« gehört, ist seit geraumer Zeit Gegenstand wissenschaftlicher Forschung: Der Baubestand nimmt Schaden durch Feuchtigkeit, Gebäudeteile zeigen Risse in Wänden und Gewölben. Auch die Farbschichten »pudern«. Schließlich ist an der östlichen Außenwand erkennbar, dass sie »baucht«, d. h. nach außen kippt...

Die Geschichte der Abtei geht in die erste Hälfte des 12. Jahrhunderts zurück, als der Grundherr Walter von Lomersheim den Zisterziensern zu Neuburg im Elsass sein Erbgut Eckenweiher (heute zu Mühlacker gehörig) schenkte. Der dortige Baugrund war jedoch für eine Klostergründung ungeeignet. Bischof Günther von Speyer stellte daraufhin den Mönchen das abgelegene Gelände im Salzachtal zur Verfügung, das die Zisterzienser bald in ein blühendes Land verwandelten. Seen entstanden, Obstgärten, Viehweiden, Weinhügel, Waldungen und eine Maulbeerplantage. Sie alle gaben Zeugnis vom Fleiß und Geschick der Mönche im weißen Habit. Der Güterbesitz vermehrte sich – nicht zuletzt durch Schenkungen – so schnell, dass die Maulbronner in wenigen Jahrzehnten in mehr als hundert Orten Ländereien besaßen.

Der Name Maulbronn hängt eng mit der Klostergründung zusammen. So erzählt es jedenfalls die Legende: Im Gewölbe des Brunnenhauses ist auf einem Fresko die Geschichte festgehalten, nach der Mönche ein Maultier vor sich hertrieben, das an einer waldigen Stelle eine Wasserquelle entdeckte. Der »Maultier-Brunnen« wurde Urzelle der späteren Abtei.

Die Westhälfte der Klosteranlage, die 1360 mit einer steinernen Mauer und vier Ecktürmen umgeben wurde, enthielt den Wirtschaftshof mit den Landwirtschaftsgebäuden und Werkstätten, darunter auch eine Schmiede und die so genannten »Fruchtkästen«. Im »Faustturm« wohnte 1516 der historische Doktor Faustus. Die Osthälfte des Klosters teilten sich Kirche und Klausurgebäude. Dahinter befanden sich das Krankenhaus, das Novizengebäude und der Mönchsfriedhof. In späterer Zeit war der Novizenbau das Gästehaus. Die Gesamtanlage durchfloss die kanalisierte Salzach, die die Klostermühle betrieb. Zwar wurde der Bach schon im Mittelalter wieder umgeleitet oder überbaut, aber die Feuchtigkeit des Bodens drang weiter in die Wände und machte dem Baubestand zu schaffen.

Die auffälligste Eigenheit der Klosterkirche sind die fehlenden Glockentürme. Nur ein Dachreiter über der Vierung kennzeichnet die Zisterzienserabteien, die weder Pfarr- noch Pilgerkirchen waren. Streng wie die reformierte benediktinische Ordensregel ist auch die Gestalt der Klosterkirche von außen. Schmucklos präsentiert sich ebenso das Innere der romanischen Pfeilerbasilika. Erst mit einer Flachdecke ausgestattet, erhielt sie 1424 ein gotisches Kreuzgewölbe. Aus den frühesten Bauperioden der Romanik und Gotik stammen der Lettner zwischen Presbyterium und Laienkirche sowie das reich geschnitzte Chorgestühl. Aus dem späten 15. Jahrhundert (1473) datiert das große Kruzifix vor dem Lettner, das aus einem einzigen Sandsteinblock gemeißelt wurde. Zu den bemerkenswerten Skulpturen der Basilika gehört auch das Standbild der Abtei-Patronin, eine aus Lindenholz geschnitzte Madonna (13. Jahrhundert), die in einer Nische der Chornordwand steht.

*Die rekonstruierte Gesamtansicht der Zisterze Maulbronn gibt einen guten Eindruck von der autarken Einheit, die eine Klostersiedlung darstellte.*

Das »Herz der Abtei« ist nach wie vor der romantische Kreuzgang in der Mitte der Klosteranlage. An ihn schließen sich der netzgewölbte Kapitelsaal, das Herren- und das Laienrefektorium an. Ein Teil des Kreuzgangs war das Parlatorium, der einzige Raum des Klosters, in dem die Mönche miteinander sprechen konnten. In den Kreuzgang hinein ragt das Brunnenhaus. Aufgefangen wurde das Wasser in drei übereinander liegenden Schalen, in denen sich die Mönche nach der Arbeit und vor den Stundengebeten waschen konnten. Ein Treppenaufgang rechts und links neben dem Kreuzgang verband jeweils die Räumlichkeiten des Herren- und des Laienbrüderdormitoriums. Trotz der strengen Observanz, der die Zisterzienser unterworfen waren – ihre Nachtruhe endete bereits zwischen 1.45 Uhr und 2.45 Uhr – existierten in Deutschland im 13. Jahrhundert 130 Männer- und 230 Frauenklöster. Bernhard von Clairvaux charakterisierte den Lebensstil der Zisterzienser so: »Strenge Zucht erscheint ihnen lieb, das Fasten süß, der nächtliche Gottesdienst kurz, die Handarbeit angenehm. Überhaupt kommt ihnen alle Strenge unserer Lebensweise wie Erquickung vor.«

Die Reformation traf die weißen Mönche härter als alle übrigen Klostergemeinschaften. 1534 hatte der württembergische Herzog Ulrich das Maulbronner Kloster aufgehoben, aber schon vorher hatte die Abtei Erfahrungen mit den Anhängern der neuen Konfession gemacht. Während der Bauernkriege waren die Aufrührer in das Kloster eingedrungen, hatten die Kunstschätze geplündert und große Schäden an den Bücherbeständen angerichtet. Um überleben zu können, waren die Mönche gezwungen, einen Teil ihrer Bibliothek zu veräußern. Martin Luther hatte sich zwar in seiner Schrift »De votis monasticis« (1521) strikt gegen das Klosterleben und für den Dienst am Nächsten ausgesprochen – der Mensch habe sich nicht in Ausnahmesituationen wie im Kloster, sondern in Familie und Beruf zu bewähren –, dennoch hielt er die alten Ordenseinrichtungen für geeignet, auch der neuen Konfession zu dienen, und zwar in der Ausbildung des theologischen Nachwuchses. Herzog Ulrichs Sohn Christoph richtete bereits 1556 eine Ausbildungsstätte für den Theologennachwuchs in Württemberg mit einem evangelischen Abt an der Spitze ein; das theologische Seminar besteht noch heute in Maulbronn. Aus dieser Theologenschule gingen u. a. der Astronom Johannes Kepler (1571–1630) und die Dichter Friedrich Hölderlin (1770–1843) und Hermann Hesse (1877–1962) hervor. Noch während des 16. Jahrhunderts war Maulbronn Treffpunkt bedeutender theologischer Disputationen. Im April 1564 behandelten württembergisch-lutherische Theologen und Calvinisten aus der Pfalz bei einem Gespräch über das Abendmahl das Thema der »Ubiquität«, der Vereinbarkeit der leiblichen Realpräsenz Christi mit der Lehre des Sitzens »zur rechten Hand« Gottes. Am 19. Januar 1576 wurde bei einem weiteren Theologen-Disput die Grundlage zur so genannten »Konkordienformel« gelegt, einem Lehrbekenntnis der lutherischen Theologie, dem sich die meisten lutherischen Territorien anschlossen. Als Maulbronn 1629 während des Dreißigjährigen Krieges von kaiserlichen Truppen besetzt wurde, folgte durch das Restitutionsedikt Kaiser Ferdinands noch einmal eine kurze katholische Periode. 1632 eroberten schwedische Reiter das alte Kloster, in dem sie bis 1634 verblieben. Das katholische Intermezzo war zu Ende. Durch den Westfälischen Frieden (1648) wurde Maulbronn endgültig der Landeskirche Württembergs zuerkannt.

In der Erzählung »Unterm Rad« von Hermann Hesse heißt es: »Der das Kloster besuchen will, tritt durch ein malerisches, die hohe Mauer öffnendes Tor auf einen weiten und sehr stillen Platz.« Das war einmal. Die Stille ist einem zum Teil lauten Tourismus gewichen, seitdem die herrliche Anlage zu einem Kulturerbe der Welt wurde. Trotz der Schäden gehört Maulbronn nach wie vor zu den schönsten geschlossenen Klosteranlagen auf deutschem Boden. Die 30 Einzelgebäude haben noch ihr altes Fachwerk mit Schneckengiebeln und Vordachtreppen. Immerhin erachteten es die württembergischen Herzöge für wert, in der Klosteranlage 1588 eine eigene Residenz zu schaffen. Im ehemaligen Marstall befindet sich heute das Rathaus der Gemeinde. Die wechselhafte Geschichte des Klosters wird noch einmal

*Maulbronn; das Refektorium der Chormönche.*

in einem Museum innerhalb der Gesamtanlage lebendig. Die eigentliche Besiedlung der heutigen Gemeinde begann erst 1809, 1838 erfolgte die rechtliche Bestätigung. 1886 wurde Maulbronn das Stadtrecht verliehen.

### Fromme Insel zwischen Wäldern und Wein

*Maulbronn im heutigen Enzkreis ist ein kleines Städtchen von 6.000 Einwohnern am Südwestrand des Strombergs inmitten von Wäldern und Rebenhügeln. Besucher erreichen die Klosteransiedlung über die B 35 Bretten – Vaihingen a.d. Enz. Beim Bahnhof Maulbronn-West zweigt die Straße zum Kloster ab (drei Kilometer).*

*Die Öffnungszeiten des Klosters sind von April bis November von 8.30 Uhr bis 18.30 Uhr täglich außer montags; von November bis April: 9.30 Uhr bis 13 Uhr und von 14 Uhr bis 17 Uhr (täglich außer montags).*

*Eine besondere Attraktion sind die Orgelkonzerte und andere musikalische Aufführungen sowie Schauspiele, über die die örtliche Touristik-Information Auskunft gibt.*

# IX.
# Klostersturm

## Das Mönchtum in der Reformation

»Vier Haare von der Jungfrau Maria, ein Windelstückchen aus Bethlehem, eine Strähne vom Barte Jesu« und vieles mehr... Nach einer Bestandsaufnahme vom Jahr 1510 besaß allein die Wittenberger Schlosskirche rund 5.000 Reliquien, die gegen einen angemessenen Obulus zu besichtigen waren – ein Umstand, der so manchen zum kritischen Nachdenken anregte. Warum nur gegen Geld? War Gott vielleicht käuflich? Sollte es tatsächlich möglich sein, allein durch den Erwerb von Ablassbriefen oder großzügige Stiftungen sein Seelenheil zu sichern? Und weiter: Reichte der Eintritt in ein Kloster, ein Leben in Armut und Keuschheit allein aus, um ins Himmelreich zu kommen? Konnten Nonnen und Mönche tatsächlich eine »qualitativ höherwertige« Frömmigkeit für sich beanspruchen als all diejenigen, die »in der Welt« verblieben, verheiratet waren und eine Familie versorgten?

Lange Zeit hatte sich Martin Luther (1483 bis 1546), selbst seit vielen Jahren und aus freiem Willen Mönch bei den Augustiner-Eremiten, mit solchen Fragen beschäftigt, in der Bibel nach Antworten gesucht und dort schließlich auch gefunden: Allein durch den Glauben an Christus, so heißt es im Paulusbrief an die Römer, kann der Mensch Gnade vor Gott erlangen. Weder mit Geld noch mit Gelübden oder guten Taten lässt sich das Seelenheil erringen – nein, Gott ist nicht käuflich und auch nicht bestechlich! Entsprechend war Luthers Schlussfolgerung: Die Ordensleute führten also nicht das bessere, das »wahre« christliche Leben – ganz abgesehen davon, dass die Zustände in den Klöstern bei weitem nicht immer regelgemäß waren und die Gelübde mitunter recht großzügig ausgelegt wurden. Jedenfalls erschienen Luther der Rückzug »aus der Welt« sinnlos und die Klöster folglich überflüssig...

Solche klare Ablehnung des Ordenslebens blieb natürlich nicht ohne Auswirkung auf die Konvente; Auswirkungen, die freilich höchst ambivalent waren: So mancher Mönch, so manche Nonne, die ihr Leben nicht aus freien Stücken hinter Klostermauern verbrachten, fühlten sich durch Luthers Sicht der Dinge von einer schweren Last befreit. Schon 1521 verließen daher in Wittenberg erste Gruppen von Mönchen ihre Klöster; 1522 gaben die Meißener und die Thüringer Provinz der Augustiner-Eremiten jedem Ordensangehörigen die Freiheit zu gehen, und nicht wenige machten davon Gebrauch. Luther selbst, der die entsprechende theologische Position schon um 1519 formuliert hatte, zog die persönliche Konsequenz allerdings erst 1524, als er die Mönchskutte ablegte, um kurz darauf Katharina von Bora zu heiraten, eine ehemalige Nonne, der eben erst mit mehreren Schwestern die Flucht aus dem Zisterzienserinnenkloster Nimbschen gelungen war, in das man sie als erst Neunjährige abgeschoben hatte.

*Papst, Bischof und Mönch fahren in den Höllenrachen. (Ausschnitt aus einem Kupferstich der Reformationszeit.)*

Die nunmehr 26jährige Katharina hatte Glück, denn die Ehe mit Luther bewahrte sie vor einem Schicksal, das zahlreiche Leidensgefährtinnen erwartete: Fanden entlaufene Nonnen nämlich keine Aufnahme bei ihren Familien oder verständnisvolle Freunde oder konnten heiraten, dann blieb ihnen oft nur ein Ausweg, wollten sie in ihrem neuen Leben »in der Welt« nicht verhungern: die Prostitution. Vor vergleichbaren Schwierigkeiten fanden sich auch etliche entwurzelte Exmönche, die ihr Dasein als Bettler oder Diebe fristeten...

Luther hatte indes vorausgeahnt, dass das Verlassen der Klöster, mochte es auch in seinem Sinne sein, nicht ohne mannigfache Probleme ablaufen würde. Er hatte daher zur Einsicht gemahnt und vor allzu großer Eile gewarnt. Und niemand sollte nach Auffassung des Reformators gezwungen werden, sein Kloster zu verlassen; der Verbleib war vielmehr jedem freizustellen. Da keine Novizen mehr aufgenommen werden sollten, würde der Konvent langsam aussterben. Bis dahin aber sollte man die Verbliebenen freundlich behandeln und berücksichtigen, dass sie in vielen Fällen nie gelernt hätten, für ihren Lebensunterhalt zu sorgen!

Das war eine sehr ausgewogene und realistische Sicht der Dinge; die Wirklichkeit indes nahm oftmals andere Züge an. Die Geister, die Luther gerufen hatte, ließen sich nicht so einfach bannen. Tatsächlich lösten sich nur wenige Klöster so freiwillig und harmonisch auf, wie Luther es erhofft hatte. Die meisten verschwanden recht abrupt durch Zwangsmaßnahmen protestantischer Landesherren, wobei der Bauernkrieg von 1524/25 entsprechende »Vorarbeit« leistete: Da in vielen Fällen die Mönche als Ziel des Hasses und der Rache der aufgebrachten Massen herhalten mussten, wurden viele Klöster gestürmt, geplündert und verwüstet, und für manchen Konvent bedeuteten die Schäden das Aus. Und nur wenig später schickte sich in vielen Landen die Obrigkeit selbst an, das Zerstörungswerk zu vollenden und den erfolgten »Klostersturm« gewissermaßen zu legalisieren.

Nachdem sich die Luther anhängenden Fürsten auf dem Reichstag von Speyer 1526 zusammengeschlossen hatten, um ihre Anliegen durchzusetzen, war fortan die Konfession der Untertanen Entscheidung der Landesherren. Für Mönche und Nonnen bedeutet dies, dass es nun in der Regel nicht mehr ihre persönliche Angelegenheit war, ob sie im Kloster bleiben wollten oder nicht. Landgraf Philipp von Hessen, der »Kopf« der neuen »protestantischen« Gruppierung, begann noch im Herbst desselben Jahres mit der Aufhebung und Säkularisation von Klöstern, und andere taten es ihm bald nach. Es liegt auf der Hand, dass die Landesherren sich dabei nicht allein von religiösen Beweggründen leiten ließen. Die Trennung von der alten Kirche brachte ihnen die Verfügung über deren Reichtum wie auch allerlei weit reichende Rechte ein und damit einen nicht unerheblichen Machtzuwachs. Es bestand also durchaus die Gefahr, dass protestantische Landesherren übers Ziel hinausschossen. Luther hatte auch das vorausgesehen: »Dabei ist aber darauf zu achten«, mahnte er seine Anhänger, »dass die verlassenen Güter der Stifte nicht zum Beutegut werden und jeder an sich reißt, was er erlangen kann…« Dennoch wurde die Auflösung der Klöster in vielen Fällen ein nur zu gern genutzter Vorwand, um sich persönlich zu bereichern. Als ein Beispiel sei hier nur Markgraf Georg von Brandenburg-Kulmbach genannt, der 1530 aus den Kirchen und Klöstern seines Landes alle goldenen und silbernen Gefäße, Monstranzen, Bilder, Messgewänder, Perlen und Edelsteine fortschaffen ließ, um sie zu Geld zu machen. Mit dem Erlös zahlte er die rund 50.000 Gulden Spielschulden, die sein verstorbener Bruder Kasimir hinterlassen hatte, und weitere Verbindlichkeiten…

Mitunter erstreckte sich der Prozess der Aufhebungen über mehrere Jahrzehnte, denn nicht alle Ordensbrüder und -schwestern ließen sich kampflos aus ihren Klöstern vertreiben. Nicht wenige Nonnen und Mönche weigerten sich, ihr Gelübde zu brechen, und wehrten sich im wahrsten Sinn des Wortes mit Händen und Füßen gegen die Zwangsmaßnahmen der Obrigkeit, die sich mitunter nicht scheute, den aufgehetzten Pöbel zu Hilfe zu nehmen. Besonders couragiert verteidigten sich die frommen Schwestern des Zisterzienserinnenklos-

*Der von der Armut geplagte Bauer stopft dem von den Lastern des Hochmuts, der Wollust und des Geizes geführten Mönch die Bibel in den Rachen. (Holzschnitt von Hans Sebald Beham.)*

ters Dobbertin, die ihren Widersachern mit Steinen und Kübeln heißen Wassers zu Leibe rückten und damit zumindest eine zeitweilige Verlängerung ihres Verbleibs im Kloster erreichten. Noch bis in die 1570er Jahre gab es daher in den protestantisch gewordenen Ländern, insbesondere in Mecklenburg, Überreste katholisch-monastischen Lebens.

Letztlich aber hatte die Obrigkeit den längeren Atem, und Mönchtum und Klöster verschwanden aus weiten Teilen Deutschlands. Viele Gebäude verfielen, andere wurden neuen, profanen Zwecken zugeführt – bisweilen als Schulen und Spitäler, nicht selten aber auch als Pferdestallungen und Waffenkammern...

Lediglich die Frauenklöster Norddeutschlands lebten als »Damenstifte« weiter, das allerdings weniger aus religiösen als aus sozialen und gesellschaftlichen Gründen. Schließlich waren die Frauenklöster schon in der Vergangenheit vielfach nur Versorgungsstätten für verwitwete und unverheiratete Frauen gewesen, und es erschien den protestantischen Landesherren ratsam, diese Tradition fortzusetzen. Einige dieser Frauenstifte bestehen noch heute, so zum Beispiel das ehemalige Zisterzienserinnenkloster Heiligengrabe, das 1549 in ein evangelisches Stift umgewandelt wurde und heute die einzige nahezu vollständig erhaltene Klosteranlage Brandenburgs bietet.

Der »Klostersturm« wehte nicht nur im Ursprungsland der Reformation mit Macht, auch die übrigen Länder Europas, die der alten Kirche den Rücken gekehrt hatten, erfuhren tief greifende Umwälzungen. In England kam es unter Heinrich VIII. (1509–1547) binnen weniger Jahre (1536–1541) zur vollständigen Auflösung, und das nicht nur, weil die Krone neue Geldquellen suchte. Nachdem sich der Tudor-König mit dem Papst überworfen hatten, waren ihm die Klöster naturgemäß ein Dorn im Auge – als Fremdkörper in der neuen Königskirche zum einen und als latente Quelle für Aufstände zum anderen. Heinrich ließ rund 600 Klöster schließen und machte damit 8.000 Mönche und Nonnen

Der von dem Mönch Tetzel organisierte Ablasshandel wurde 1516/17 zum Symbol all dessen, was faul an der Kirche war, und zu einem Auslöser von Luthers Thesen. (Flugblatt von Hans Holbein d. J.)

heimatlos. Der Besitz fiel natürlich an die Krone, der Wert der Beute wurde auf 1,5 Millionen Pfund geschätzt, was heute wohl ungefähr 1,5 Milliarden gleich käme. Hauptnutznießer dieses ungeheuren Besitzerwechsels wurden allerdings nicht die Tudors, sondern die kleinen und mittleren Edelleute – und auch Bürger –, die mit dem Erwerb ein gutes Geschäft machten; das relativ schlechte zahlte sich für die Krone dennoch aus: Die breite Schicht der neuen Landbesitzer war der sicherste Schutz gegen eine Umkehr der Reformation!

So tragisch der »Klostersturm« für die katholische Kirche auch gewesen sein mag, rückblickend erweist er sich doch als eine Art heilsamer Schock: Allzu lange hatte man über die mannigfachen Missstände in den Klöstern scheinbar gleichgültig hinweggesehen; nun aber galt es Stellung zu beziehen und den längst überfälligen Neubeginn in Angriff zu nehmen. Dem abendländischen Mönchtum bot sich damit eine großartige Chance zur vollständigen Erneuerung…

# Rievaulx und andere

## Die Rache des liebestollen Königs

Nicht neuer Theologie und nicht einer anders gearteten Gläubigkeit Einzelner oder des Volkes verdankt England seine Hinwendung zur Reformation, sondern seinem liebestollen Monarchen Heinrich VIII., der sich mit absolutistischem Machtanspruch die Kirche unterwarf und damit einer blühenden Klosterlandschaft den Garaus machte. Willfähriges Werkzeug des königlichen Machtrauschs war der Kronsekretär Thomas Cromwell. Dieser hatte bei seinem Amtsantritt einen nahezu bankrotten Staat vorgefunden. Das Volk stöhnte unter der Steuerlast, Adel und Bistümer unter den drakonischen Lehnsabgaben. Nur die Klöster in ihrer Mehrheit verfügten noch über Reichtümer, die sie durch den Fleiß und das Geschick ihrer Mönche und vor allem durch reiche Schenkungen erworben hatten. Der König plante eine neue Kriegsflotte, die Anlage neuer Häfen und eine bessere Ausstattung der alten. Für Cromwell hatten sich die Mönchsgemeinschaften überlebt. Als Bildungsstätten hatten sie – wie er verkündete – ihre Berechtigung verloren, nachdem der Staat zu einem Großteil an ihre Stelle getreten war. Ihre geistlichen Hospize schienen ihm »heruntergekommen«, und auch als Almosengeber taugten sie – seiner Meinung nach – nicht mehr. Obendrein schienen die Klöster verdächtig, den Suprematseid, d. h. die Anerkennung des Königs als höchster weltlicher und geistlicher Autorität, unaufrichtig geleistet zu haben. Kurzum – für den König waren sie zu einem »Fremdkörper im Staat« geworden. Und da die Ordensniederlassungen außerdem wehrlos waren, nachdem sie die Oberaufsicht durch die Bischöfe verloren hatten, wurden sie eine leichte Beute des geldgierigen Monarchen.

Das System Cromwells war perfekt: Durch Visitatoren, die es nicht an Bestechungen fehlen ließen, kamen auch Selbstbezichtigungen der Klosterinsassen zustande, dass sie sich des finanziellen Missbrauchs und moralischer Verfehlungen schuldig gemacht hätten. Ein »Schwarzbuch« Cromwells lieferte zunächst den Vorwand für die Schließung kleinerer Klöster, von der 376 Ordenskonvente betroffen waren. 2.000 Mönche wurden vertrieben. Noch kamen eine Reihe von ihnen in größeren Abteien unter, einigen anderen wurde eine kleine Rente ausgesetzt, die aber nur selten ausgezahlt wurde. Die Unzufriedenheit, die diese Maßnahmen im frommen Volk auslösten, spielten dann letztendlich Cromwell in die Hände: 60.000 Rebellen forderten die Wiederherstellung der alten kirchlichen Ordnung, einschließlich der Bestrafung der abtrünnigen Bischöfe und des verhassten Cromwell. Doch das Heer der Aufständischen ließ sich von Drohungen der Krone einschüchtern. Die Rädelsführer wurden ausgeliefert. Sie wanderten in den Londoner Tower, einige davon, darunter sieben Weltgeistliche und 14 Mönche, auch an den Galgen. Eine neue Revolte brachte König Heinrich in größere Schwierigkeiten. Der Monarch sah sich einer Fronde gegenüber, die das ganze Land und Irland erfasst hatte. Unter der Führung des Rechtsanwalts Richard Aske zogen im Oktober 1536 9.000 Mann gegen York, besetzten bereits aufgelassene Klöster wieder mit Mönchen und trumpften mit neuen Forderungen an die Krone auf. Verschärft wurde der Konflikt noch durch eine Demarche Papst Pauls III., der Kaiser Karl V. und den französischen König Franz I. zu einer Invasion Englands zu bewegen versuchte mit dem Ziel, den König abzusetzen.

Aber es kam nicht zum Äußersten. Durch eine List versicherte sich Heinrich des Anführers Aske. Nach einem persönlichen Gespräch mit dem König überredete der Rebellenführer reumütig die Aufständischen zur Aufgabe. Königliche Truppen nahmen ihn dennoch fest; Richard Aske endete auf dem Block des Henkers.

Für König Heinrich war dies das Signal, Rache an den aufsässigen Untertanen, vornehmlich an denen im Ordenshabit, zu nehmen. Die restlichen Klöster wurden geschlos-

sen, ihr Vermögen wurde eingezogen. Konvente, die noch zeitig genug von ihrer Austreibung erfahren hatten, versuchten, den mobilen Teil der kirchlichen Kunstschätze so gut wie nur eben möglich zu verkaufen. Für die meisten war es zu spät. Im Kloster Walsingham ging ein berühmtes Marienbild in Flammen auf. In Canterbury wurde das Grabmal des heiligen Thomas Becket abgetragen, die Reliquien wurden verbrannt, die Wallfahrergeschenke aus 250 Jahren wanderten ins englische Schatzamt. Ein besonders schöner, großer Rubin zierte von nun an des Königs rechte Hand...

Die Schreckensbilanz dieser englischen Säkularisation sah so aus: Über 700 Klöster und Stifte wurden geschlossen; der größte Teil von ihnen war von nun an dem Verfall preisgegeben. 6.521 Mönche und 1.500 Nonnen waren obdachlos. Nur 50 Angehörige der Männerorden und zwei Frauen legten die Kutte freiwillig ab. Alle übrigen blieben ihrem Glauben und ihrer Profess treu und tauchten unter. Darüber hinaus machten die Gewaltaktionen des Königs 1.200 Laienbedienstete der Klöster arbeitslos. Die Gesamteinnahmen des Königs durch den Raub der Kirchenschätze und die Vereinnahmung des klösterlichen Grundbesitzes bezifferte das Schatzamt auf rund eineinhalb Millionen Pfund Sterling. Nun zeigte sich der König großzügig gegenüber denen, die künftig seine Macht stützen sollten: Dem Landadel und einer Reihe von Großbürgern vermachte er kostenlos oder gegen geringen Erlös einen Teil des ehemals klösterlichen Grunds und Bodens. Cromwell selbst erwarb sechs Abteien mit Jahreseinkünften von 2.293 Pfund. Sechs weitere Klöster erhielten die mittlerweile »anglikanischen« Bischöfe. Vom verbliebenen Rest des geraubten Vermögens verwendete der König das meiste für den Schiffsbau und die neuen Häfen. Einen gehörigen Teil steckte er jedoch auch in die Schlösser Westminster, Chelsea und Hampton Court; den kleinsten Teil verwendete er für soziale Zwecke. Die Absicht seiner generösen Schenkungen und Verkäufe wurde aber erreicht: Die geförderte und neu geschaffene Kleinaristokratie wurde von nun an eine wesentliche Stütze des Hauses Tudor.

Von den einstigen Klosteranlagen blieben meist nur Ruinen übrig. Eine der größten und schönsten war die erste von französischen Zisterziensern aus Clairvaux auf englischem Boden gegründete Abtei Rievaulx nahe York (1132/33). In einer Chronik heißt es von den Mönchen: »Sie stellten Hütten in der Nähe von Hemsley, dem Gut ihres Beschützers Walter Espec, eines bedeutsamen Mannes und eines der führenden Barone von König Heinrich I., auf. Der Ort lag an einem mächtigen Strom mit Namen Rie in einem sich beidseitig ausdehnenden weiten Tal. Der Name ihrer kleinen Niederlassung und des Ortes, wo sie lag, wurde von dem Namen des Flusses und des Tales abgeleitet: Rievallis – Rievaulx. Das Tal ist von hohen Hügeln umgeben, die es wie eine Krone einfassen. Von den höchsten Felsen schlängelt und stürzt sich das Wasser des Tals hinunter...« In dieser landschaftlichen Idylle legten Archäologen in den letzten Jahren die Ruinen der ehemaligen Abtei frei. Neben dem Langhaus der Kirche mit seinen noch gut erhaltenen Kreuzschiffen, deren Ausmaß dem der Kathedrale von Durham gleichkommt, ist der Chor mit seinen mächtigen Säulen und hochaufragenden Bögen die Hauptsehenswürdigkeit des Klostergeländes. Wie das Refektorium gehört der Chor in die Epoche des Early-English-Style aus der Mitte des 13. Jahrhunderts. Der Nachwelt erhalten blieben aber auch das große Kapitelhaus und Teile des Kreuzgangs.

*Zisterzienserabtei Rievaulx; die Ruine der Kirche von Nordwesten.*

Rievaulx machte auch Kirchengeschichte. Einer seiner bedeutendsten Äbte war der später heilig gesprochene Edelmann Aelred (geb. 1110). Ausgebildet in den Benediktinerschulen von Hexham und Durham sowie am Hofe König Davids I. von Schottland, machte er dort alsbald Karriere. Als Vertrauensmann des Königs wurde er dessen Palastverwalter. 1134 trat Aelred in den Konvent von Rievaulx ein, der ihn einige Zeit später in einer Streitsache mit dem Erzbischof von York nach Rom entsandte. Auf dem Wege dorthin traf er zweimal mit Bernhard von Clairvaux zusammen, der ihm wertvolle Anregungen für sein Erstlingswerk »Speculum caritatis« (Spiegel der Liebe) gab. Auch mit seinen übrigen Werken und Predigten prägte Aelred als

Künder eines christlichen Humanismus das kontemplative Leben seines Ordens und der Kirche seiner Zeit. 1147 wählten ihn seine Mitbrüder zum Abt von Rievaulx, wo er zwanzig Jahre später nach äußerst verdienstvollem Wirken starb. Die Abtei von Rievaulx war damals die führende in ganz England. 150 Mönche und 500 Laienbrüder gehörten dem Konvent an. Aber auch wirtschaftlich hatte die Abtei durch ihre Landbaumethoden eine Spitzenstellung gewonnen. Aelreds Mitbruder und Biograph Walter Daniel schrieb über ihn: »Alles hat er verdoppelt: Mönche und Konversen, Grundstücke, Güter und Gerät; die Ordenszucht und Liebe hat er verdreifacht.« Rievaulx wurde Gründungskloster von fünf Tochterkonventen, darunter der ersten Zisterzienserabtei in Schottland, Melrose.

1537 war die glanzvolle Zeit von Rievaulx zu Ende. Der »Bannstrahl« Heinrichs VIII. hatte auch dieses Kloster getroffen. Dem langsamen Verfall der Gebäude gebot niemand mehr Einhalt.

Ein gleiches Schicksal traf auch Tintern Abbey (acht Kilometer nördlich von Chepstow/Wales), ein 1131 gegründetes Zisterzienserkloster im friedlichen Tal des Wye-Flusses. Die noch vorhandenen Gebäudereste der Anlage deuten auf eine ansehnliche Abtei hin: normannische Tore, Teile der hochgotischen Klosterkirche (1270–1301), ein 19 Meter hohes Ostfenster und schöne Ornamente. Bemerkenswert ist, daß bereits kurz nach der Auflösung der Abtei durch König Heinrich VIII. das bleigedeckte Dach der Klosterkirche abgetragen und für die königliche Schiffsrüstung eingeschmolzen wurde. In einem Museum auf dem Klostergelände sind noch heute bedeutende Funde und Dokumente des alten Klosters zu sehen.

Als der rachsüchtige König auch den Konvent von Fountains Abbey in North Yorkshire – in den Royal Gardens von Studley gelegen – 1539 auflöste, traf er eines der reichsten und größten Klöster des Landes. 1132 war die Abtei von Mönchen der St. Mary's Abbey in York gebaut worden. Es waren Klosterbrüder, die der laschen Ordenszucht ihres Ordens entflohen waren und nach strengeren klösterlichen Regeln leben und arbeiten wollten. In Fountains Abbey übernahmen sie den Ritus des Zisterzienserordens. Sehr bald nahm das Kloster einen wirtschaftlichen Aufschwung, seine Ländereien dehnten sich weit in der Grafschaft aus. Heinrich VIII. plante nach Vertreibung der Mönche zunächst, aus der ehemaligen Abteikirche den Bischofssitz der neuen Diözese Lancashire zu machen. Doch das Vorhaben scheiterte. 1611 waren bereits große Teile der Abtei, u. a. auch das Hospital, abgerissen. Das Baumaterial diente der Errichtung von Fountains Hall, einem Herrenhaus mit Museum, in dem noch Dokumente des alten Klosters aufbewahrt werden.

Auch die Abtei Melrose in Schottland, die von Mönchen aus Rievaulx gegründet worden war, ist heute weitgehend ein Ruinenfeld. Der aus dem 7. Jahrhundert stammende keltische Klosterbau, dessen Stelle der spätgotische Neubau aus dem Jahre 1385 einnahm, hatte ein hartes Schicksal erlitten. So hatten marodierende Soldaten Edwards II. den ersten Klosterbau 1322 geplündert. Unter Richard II. (1377–1399) waren Angehörige seines Heeres über die Abtei hergefallen und hatten sie verwüstet. Kirche und Konventsgebäude mussten erneuert werden. Keine 200 Jahre konnten sich die Mönche von Melrose am blühenden Wachstum des Klosters erfreuen. 1545 fiel ein Heerhaufen Heinrichs VIII. in das reich gewordene Kloster ein und zerstörte die gesamte Anlage. Der Grund war die Weigerung des schottischen Hofes, die dynastischen Heiratspläne des englischen Königs zu unterstützen. Von der Klosterkirche blieben der östliche Teil, der Chor, beide Querschiffe und Teile des Turms erhalten. Aber auch die Ruinen geben noch Zeugnis von der hervorragenden Steinmetzarbeit, vermutlich französischer Bauleute. Dazu zählen die fein ziselierten Kapitelle und der große Einfallsreichtum bei der Bearbeitung der Skulpturen. Auch die Perfektion bei der Gestaltung des Maßwerkes beweist die Meisterschaft damaliger Baukünstler. Von den Klostergebäuden blieben gleichfalls Teile erhalten, so vom Kreuzgang Teile der Arkaden und vom großen Kapitelsaal der gekachelte Fußboden. Ein Museum erläutert die Geschichte der einst so großen Klosteranlage.

*Rievaulx Abbey aus der Vogelperspektive. Die Ruinen dieser großen Abtei stehen stellvertretend für das Schicksal einer ganzen Reihe bedeutender Klöster wie Tintern, Fountains und Melrose.*

# Maria Einsiedeln

## Von der Klause zum Wallfahrtskloster

Das Kloster Maria Einsiedeln ist nicht nur eine der schönsten kirchlichen Barockschöpfungen Europas – es zählt auch zu den größten Wallfahrtszentren des Kontinents. Das »Wunder von Einsiedeln« war der Grund für die Faszination so vieler Christen in der damals bekannten Welt. Die Weihe des ersten Klosters 934, so erzählt die Legende, habe niemand anders als Christus selbst vollzogen. Der Abt, der in feierlichem Zeremoniell den Weiheakt habe vollziehen wollen, sei durch einen Engel daran gehindert worden, da Christus in der Nacht zuvor der kleinen Kapelle bereits den Segen erteilt habe. Jahrhunderte lang bezeugten fromme Pilger jenem Stein mit den fünf Löchern über dem Portal der Gnadenkapelle ihre Verehrung, weil sie daran ein Handzeichen Christi zu erkennen glaubten.

Ein adliger Eremit und ehemaliger Benediktinermönch des Klosters Reichenau – angeblich aus der Familie Karls des Großen – stand am Anfang der Klostergründung. In der urtümlichen Landschaft im Hochtal der Sihl hatte sich dieser Meinrad an einer Quelle niedergelassen, dort, wo heute vor der Basilika der barocke Liebfrauenbrunnen steht. Marodierende Räuberhaufen, die in der Klause des Einsiedlers vergeblich nach Kostbarkeiten gesucht hatten, hatten den frommen Gottesmann 861 erschlagen.

Als einige Jahrzehnte später der Straßburger Dompropst Eberhard mit mehreren Gefährten und einem ansehnlichen Vermögen in die Gegend gelangte, fand er bereits eine Anzahl von Eremiten vor, die sich dort zur Verehrung des heiligen Meinrad niedergelassen hatten. Unter ihnen war auch der geblendete Bischof Benno von Metz. Eberhard versammelte die verstreut lebenden Einsiedler um sich, und der kleine Konvent nahm 934 die Regel des heiligen Benedikt an, Eberhard wurde ihr erster Abt. Die Mönche von Einsiedeln fanden prominente Förderer, zu denen der deutsche König und Kaiser Otto I. und der Herzog von Schwaben gehörten. Otto I. gewährte 947 die freie Abtswahl und die Reichsunmittelbarkeit. Als Reichsfürsten waren die Äbte nur dem Kaiser unterstellt.

*Zum barocken »Fest des Glaubens« spielen die Putten aus der Klosterkirche von Maria Einsiedeln auf.*

Zwar lebte das »Wunder von Einsiedeln« in der gläubigen Bevölkerung fort, doch gilt Bischof Konrad von Konstanz, zu dessen Sprengel das Kloster ursprünglich gehörte, als historisch belegte Persönlichkeit, die 948 die Weihe der Klosterkirche vornahm. Einer der bedeutenden frühen Äbte war Gregor (964–996), unter dessen Novizen der später heilig gesprochene Wolfgang war, der einem Ort und See im Salzburgischen den Namen gab.

Heute verbindet das Kloster mit dem Kanton Schwyz eine friedliche Koexistenz. Das war nicht immer so. Bereits im frühen 12. Jahrhundert stritten sich die Äbte und die Bauern um den Grenzverlauf. Im Jahre 1314 fielen die Schwyzer gar in das Klosterterritorium ein und nahmen die Mönche gefangen. Der Konflikt endete mit einem Sieg des Kantons 1350 und dem Verlust der Hälfte des ehedem 230 Quadratkilometer großen Klosterareals. Lange Auseinandersetzungen gab es auch mit dem Bischof von Konstanz, dem Einsiedeln in der kirchlichen Jurisdiktion unterstand. 1512 war erst eine befristete Trennung erreicht, die 1518 in eine endgültige umgewandelt werden konnte. 1782 kam es zu einem neuerlichen Streit, der erst nach mehr als einem Jahrhundert 1907 beigelegt wurde. Papst Pius X. erhob Maria Einsiedeln zu einer »Abbatia nullius«, die damit direkt dem Hl. Stuhl unterstellt ist; 1947 wurde der Friedensschluss noch einmal bestätigt.

So wie der Stammvater des Klosters, der hl. Meinrad, einem adligen Haus entspross, waren auch seine Nachfolger im Mönchskonvent von edler Geburt. Aber immer weniger adlige Söhne wählten den schwarzen Habit der Benediktiner. Schon um die Mitte des 14. Jahrhunderts lebten in der Mönchsgemeinschaft von weit über hundert Patres nur noch drei bis fünf mit aristokratischem Stammbaum.

Unterdessen hatte aber das Wallfahrtswesen, das seit 1314 überliefert ist, seinen Höhepunkt erreicht. Weltpriester besorgten den geistlichen Dienst an den Pilgern, die sich aus der ganzen Schweiz, aus Schwaben und Bayern, aus Wien, Italien, aus dem Norden Europas, aus den Niederlanden und Burgund auf den weiten Weg nach Maria Einsiedeln gemacht hatten. 400 Beichtväter waren um die Mitte des 15. Jahrhunderts rund um die Uhr tätig; innerhalb von 14 Tagen wurden 130.000 Beichtende gezählt!

Als so genannter »Leuteprediger« war unter ihnen auch in den Jahren 1516/17 Ulrich Zwingli, der wenige Jahre später als einer der großen Reformatoren von sich reden machte. Mit ihm fiel im Übrigen der letzte Abt der vorreformatorischen Klosterperiode, Diebold von Geroldseck, 1531 in der Schlacht zu Kappel. Die Reformation machte dem Kloster Einsiedeln vorläufig ein Ende.

Sechsmal waren seit der Gründung 948 Kirche und Kloster abgebrannt; viermal hatten die Klostervögte gewechselt – nach den Grafen von Nellenburg die Grafen von Rapperswil (1090), die Habsburger (seit 1283) und der Kanton Schwyz (seit 1424). Doch schon 1526 zog neues Leben in die verwüstete Abtei ein. Ludwig Blarer von Wartensee warb um Ordensnachwuchs. Mit bürgerlichen Novizen und Laien begann er seine nachreformatorische Arbeit, deren vornehmliches Ziel die Wiederbelebung des Wallfahrtsgedankens war – gegen den Trend der Zeit. Alte Traditionen waren bewusst zerstört worden, neue Ideale galten. Die Menschen suchten eine neue Beziehung zu Gott und der Kirche. Klöster – einst Träger des Wallfahrtswesens – waren geplündert oder ausgebrannt. Mit dem Kloster war auch die Wallfahrt gestorben…

Bis zur Reformation war die Gnadenkapelle das Gotteshaus, in dem nach dem »Wunder von Einsiedeln« der am Kreuz verstorbene Christus in allen persönlichen Anliegen angerufen wurde. Da ein Engel in der Legende eine wesentliche Rolle spielte, war auch das Fest der »Engelweihe« ein Hochfest der Wallfahrer gewesen. Mit dem kirchlichen Umbruch hatte sich die Motivation der Wallfahrtsbewegung geändert. Nicht mehr Christus stand jetzt im Vordergrund der Pilgerfahrt, sondern die Gottesmutter, die als besonders begnadeter Mensch den Bedrückten im Pilgergewand näher war. Eine neue Form der Glaubensbewegung hatte begonnen. Dem Gnadenbild, einer schwarz bemalten spätgotischen Madonna aus dem 15. Jahrhundert – stehend, mit sehr menschlichen Zügen, schweizerischen Frauenbildnissen der Zeit vergleichbar –, wurden kostbare Geschenke gemacht: Stoffe, Kleider, Juwelen. Die Zeit der Votivtafeln beginnt, auf denen Bitte und Dank um Heilung von Krankheit oder Befreiung aus Notlagen malerisch dargestellt werden.

Noch einmal mussten die Mönche aus ihrer Abtei fliehen. 1798 verjagten sie die Truppen Napoleons, nachdem diese die Gnadenkapelle zerstört und das Kloster geplündert hatten. 1801 kehrten die Söhne Benedikts jedoch wieder in ihr Kloster zurück. Die Wallfahrt war nur kurzfristig unterbrochen worden. Seitdem folgen ihr jährlich weit über Hunderttausend gläubige Besucher. Die Benediktiner von Maria Einsiedeln wirken heute auch als Missionare in Nord- und Südamerika. 1854 entstanden die Tochterklöster St Meinrad, New Subiaco und weitere in den USA sowie das Priorat von Los Toldos in Argentinien.

Bis auf die Grundmauern hatten die wiederholten Brände die Klosteranlagen in Mitleidenschaft gezogen. Notdürftige Umbauten reichten aber längst nicht mehr, den zahlreichen Pilgern gerecht zu werden. Abt Augustin II. Reding von Biberegg (1670–1692) fasste daher den Entschluss zu einem größeren Klosterbau. Aus Vorarlberg kam als Baumeister Johann Georg Kuen, der in einer ersten Bauphase (1674–1676) den neuen Chor gestaltete. Die im Querbau eingerichtete Beichtkirche und die Sakristei folgten. Innerhalb der nächsten Jahrzehnte entstanden die Magdalenen-Kapelle und der Liebfrauenbrunnen auf dem Vorplatz der Basilika. Das heutige Aussehen der weltberühmten Klosteranlage verdankt Einsiedeln einem Schüler Johann Georg Kuens, dem seit 1682 der Abtei angehörenden Laienbruder Caspar Moosbrugger. 1702 hatte der Konvent den Neubau beschlossen. In dem 150 mal 130 Meter umfassenden Komplex nahm die Kirche einen

*An beiden Seiten der mächtigen Klosterkirche sind um vier Innenhöfe die Wohn- und Wirtschaftsgebäude der Benediktinerabtei Einsiedeln angeordnet.*

Großteil der Mittelachse ein. Vier Pavillons schmücken die Eckpunkte des Gevierts mit vier Innenhöfen; beherrschender Akzent der 1770 vollendeten Anlage ist die Doppelturmfassade mit der konvexen Ausbuchtung des Portalbereichs, für den die Salzburger Kollegienkirche Fischer von Erlachs als Vorbild diente. Moosbruggers Pläne für die Neugestaltung der Abteikirche gingen aus von den täglich ankommenden Pilgerscharen: Um die Gnadenkapelle herum sollte die neue Basilika entstehen. Die Marienkapelle war trotz aller Brände und Verwüstungen unversehrt geblieben und wurde erst durch den Franzosenüberfall 1798 vernichtet; das Gnadenbild der Madonna wurde nach Vorarlberg gerettet. Moosbrugger schuf ein Oktogon, das den Pilgern erlaubte, in Prozessionen um die Gnadenkapelle herumzugehen. 1815 bis 1817 wurde die zerstörte Kapelle mit der schwarzen Marmorverkleidung des Vorgängerkirchleins in einer verkürzten Form im klassizistischen Stil wieder aufgebaut.

An das Oktogon schloss sich die dreischiffige Pfeilerbasilika an, sodass der Gesamtkirchenkomplex im Grundriss eine sich zum Chor hin verjüngende Form bot. Zeitgenossen fanden dafür den musikalischen Begriff der »Decrescendo«-Form. Johann Wolfgang von Goethe äußerte in »Dichtung und Wahrheit« seine Faszination über die Gnadenkapelle: »Das Kirchlein in der Kirche, die ehemalige Einsiedlerwohnung des Heiligen (Meinrad) mit Marmor inkrustiert und so viel als möglich zu einer anständigen Kapelle verwandelt, war etwas Neues, von mir noch nie Gesehenes, dieses kleine Gefäß, umbaut und überbaut von Pfeilern und Gewölben. Es muss ernste Betrachtungen erregen, dass ein einzelner Funke von Sittlichkeit und Gottesfurcht hier ein immer brennendes, leuchtendes Flämmchen angezündet, zu welchem gläubige Scharen mit großer Beschwerlichkeit heranpilgern sollten, um an dieser kleinen Flamme auch ihr Kerzlein anzuzünden.«

Der Besucher der Basilika wird es kaum bei diesem Eindruck belassen, öffnet sich doch das Gotteshaus in seinem barocken Schmuck zu einem Gesamtkunstwerk der Raumgestaltung. Moosbrugger hatte für die Innenausstattung den Italiener Diego Francesco Carlone und die Gebrüder Asam aus München gewinnen können, die die Basilika zu einem der schönsten und originellsten Barockräume gestalteten. Während Egid Quirin Asam, der geniale Meister der Stuckatoren, das Gotteshaus zu einem Juwel ineinander fließender, schwungvoller Formen an Gewölben und Pfeilern machte, schuf sein Bruder Cosmas Damian die monumentalen, farbenprächtigen Gemälde. Der Hochaltar aus verschieden kostbarem Marmor mit einem großen Altarbild der Himmelfahrt Mariens (Franz Anton Kraus) wurde von Domenico Pozzi (1749–1751) geschaffen. Er enthält die Reliquie mit dem Haupt des heiligen Meinrad. Von Pozzi stammt auch das Bronzerelief der Altarmensa mit einer Abendmahlsszene. Zu den Kostbarkeiten des Innenraums zählt weiter die prunkvolle Barockkanzel von Egid Quirin Asam. Für acht Seitenaltäre schuf der aus Bayern stammende Joseph Anton Feuchtmayr die Tafelgemälde, während die Chorgitter mit den perspektivischen Torbögen von dem Ordensbruder Vinzenz Nußbaumer (1675–1685) entworfen wurden. Die prachtvolle zweiteilige Orgel (1751–1754) richtete Viktor Ferdinand Bossart ein; zuletzt wurde sie 1961 restauriert. (Die derzeit benutzte Hauptorgel wurde 1933 eingebaut.)

Zu den Stiftsgebäuden gelangen Besucher über die Eingangshalle im Süden. Der »Große Saal«, der einstige »Fürstensaal« im Mittelbau des Südflügels, erinnert an jene höfischen Zeiten, als die Äbte von Einsiedeln noch Reichsfürsten waren. Im Bibliothekssaal (Nordtrakt) begegnen wir noch einmal dem Wirken Feuchtmayrs, der die herrlichen Stuckaturen schuf. Eine schmiedeeiserne Brüstung schmückt die umlaufende Galerie. Die Bibliothek enthält kostbare Handschriften und Miniaturen aus dem 9. – 16. Jahrhundert sowie Dokumente zur Geschichte der Abtei und ihrer Wallfahrt. Besondere Beachtung verdient die Platzgestaltung (1748/49) vor der Basilika, für die der Mailänder Paolo Bianchi die Pläne entwarf. Auf leicht ansteigendem Gelände bietet die Klosterfront mit den beiden konkav ausschwingenden Arkadenflügeln den Eindruck eines Bühnenprospekts – eines in der Barockzeit viel

*Geistliche Musik war ein wichtiger Bestandteil der sinnlichen Glaubensvermittlung im Zeitalter des Barock. (Blick zur Orgel von Einsiedeln.)*

verwendeten Stilelements. Zur Klosterfront hinauf führt eine breite Freitreppe, flankiert von den Figuren der beiden Sachsenkaiser Otto I. und Heinrich II., der ersten Förderer der Abtei von Maria Einsiedeln. Prunkstück des Platzes ist der Liebfrauenbrunnen (1684) mit seinen vierzehn Wasserspeiern. Unter einem hohen Baldachin befindet sich die bronze-vergoldete Marienstatue – ein Pendant zur Gnadenmadonna im Innern der Basilika.

### Zwei Raben auf Mörderjagd

*Das Kloster Maria Einsiedeln im Kanton Schwyz ist über die Nationalstraße 8 und über Schwyz gut erreichbar. Von Zürich her erfolgt die Zufahrt am südlichen Seeufer entlang. Der Ort selbst hat drei Längsachsen, die auf den weiten Klosterplatz zulaufen. Dieser besteht aus einer Reihe von Bankgebäuden, Hotels und Versicherungsbauten sowie von Zunfthäusern, die mit stattlichen Wohnhäusern, farbigen Hausfassaden und schönen Portalen abwechseln. Im Wappen der Stadt und des Klosters sind zwei Vögel (Raben) erkennbar, angeblich zur Erinnerung an den Einsiedler Meinrad, der von Räubern erschlagen wurde. Zwei Raben seien im »Finsterwald«, wie die Gegend bis ins hohe Mittelalter hieß, den Mördern mit lautem Geschrei gefolgt, bis diese aufgegriffen werden konnten. Zur Zeit ist das Kloster von rund 100 Mönchen bewohnt, die jährlich 150.000 Wallfahrer betreuen. Patronatsfest ist der 15. August, Mariä Himmelfahrt.*

SPIRITU.

# X.
# Fest des Glaubens
## Das Mönchtum der Gegenreformation

**Neue Wege**

Angesichts des desolaten Zustands der römischen Kirche im ausgehenden Mittelalter waren es nicht allein Martin Luther und seine Anhänger gewesen, die aus tiefem Unbehagen und bitterer Enttäuschung heraus einen Neubeginn forderten – es brodelte überall. »Verweltlicht ist sie ganz und gar«, hatte man bereits im 14. Jahrhundert geklagt, und wie dringend eine Reform von innen heraus war, das war insbesondere südlich der Alpen auch für loyale Kirchenmänner keine Frage mehr.

Schon vor der Reformation war es so in Italien und Spanien zu ernsthaften Neuansätzen gekommen, das Christentum zu seinen Ursprüngen zurückzuführen, den Glauben wieder wirklich zu leben. Vielerorts fanden sich damals kleine Kreise gleich gesinnter, frommer Laien zusammen, die sich regelmäßig zu Gedankenaustausch, gemeinsamem Gebet, Meditation und Lesung aus der Heiligen Schrift trafen. Diesen Bruderschaften oder »Oratorien« war eines gemeinsam: Sie verbanden die eigene Frömmigkeit mit tätiger Nächstenliebe: Der Dienst am armen, kranken und Not leidenden Mitmenschen war für sie die unerlässliche Konsequenz ihres Glaubens und sichtbarer Ausdruck der Nachfolge Christi: »Was ihr dem geringsten eurer Brüder getan habt, das habt ihr mir getan!«

Mit der ausschließlichen Linderung der leiblichen Not war es freilich nicht getan. Angesichts weit verbreiteter religiöser Unwissenheit oder gar Gleichgültigkeit war, das wurde rasch deutlich, eine ganzheitliche Seelsorge gefragt – doch hier waren die frommen Laien verständlicherweise überfordert. Und trotzdem: Aus diesen eher unscheinbaren Ansätzen an der Kirchenbasis entstand schließlich jene Bewegung, der es gelingen sollte, dem dahinsiechenden Ordensleben neuen Atem einzuhauchen und die so lange geforderte Kirchenreform »an Haupt und Gliedern« doch noch in die Tat umzusetzen.

Die Erfolge von Luthers Reformprogramm, das Deutschland wie im Sturm eroberte und die katholische Kirche in ihren Grundfesten erschütterte, wirkte so wie ein befreiendes Fanal, auf das man lange gewartet hatte. Der Schock, den der Abfall weiter Bevölkerungskreise von der katholischen Kirche ausgelöst hatte, beendete denn auch alsbald den Zustand der Lähmung. Nun wurden die neuen Kräfte endlich gebündelt und mobilisiert – spätestens nach dem verheerenden »Sacco di Roma«, der Plünderung Roms durch kaiserliche Landsknechte im Mai 1527, die nicht wenigen als ein verdientes Strafgericht Gottes erschien!

Mittlerweile waren etliche Priester und Kleriker auf die frommen Bruderschaften aufmerksam geworden und hatten sich ihnen angeschlossen – und nun wurden sie aktiv: Sich am Beispiel der Bruderschaften orientierend und die Reformansätze des späten Mittelalters aufgreifend, gründeten sie zunächst in Italien neue Kongregationen, die Seelsorge und karitative Tätigkeit miteinander verbanden. Ein neuer Ordenstyp war geboren: der des Weltgeistlichen oder »Regularklerikers«. Ihre Priestergemeinschaften fanden sich zwar auf der Basis des traditionellen Ordenslebens zusammen; sie passten die herkömmlichen Ordenspflichten aber den neuzeitlichen Formen der Seelsorge an und nahmen

*Die frohe Botschaft des Glaubens verkündet dieser Engel aus St. Gallen den Besuchern der ehemaligen Abteikirche.*

die priesterliche Tätigkeit »in der Welt« von vornherein in ihr Programm auf. Bereits 1524 gründeten Cajetan von Thiene und Giovanni Pietro Caraffa – der spätere Papst Paul IV. – mit den Theatinern den ersten dieser Reformorden und zugleich die erste Gemeinschaft von Regularklerikern. Die Ausbreitung dieses Ordens über Italien hinaus blieb zwar ausgesprochen gering, doch auf der Apennin-Halbinsel wurden die Theatiner zu einem wichtigen Träger der katholischen Gegenreformation – besonders, nachdem Caraffa 1555 den Heiligen Stuhl bestiegen hatte...

Weitere Gemeinschaften folgten rasch: 1528 die Kapuziner als Reformkongregation der Franziskaner, 1533 die Barnabiten, die sich durch systematische Predigtarbeit um die Erneuerung des religiösen Lebens bemühten, 1540 die Somasker, die sich hauptsächlich karitativer Tätigkeit wie Krankenpflege und Erziehungsarbeit widmeten, ähnlich wie die 1584 gegründeten Kamillianer. Dieser letztere Orden wirkte besonders verdienstvoll während der häufigen Pest- und Seuchenjahre. Er verbreitete sich in weiten Teilen Europas; in Deutschland wurden die Kamillianer erst im 19. Jahrhundert tätig, wo sie übrigens die erste Trinkerheilanstalt errichteten. Eine veränderte Welt hatte dem Ordensleben neue, praktische Aufgaben gestellt. Asketische Sonderleistungen waren nicht mehr gefragt, ebenso wenig wie die »stabilitas loci«, auf die die neuen Orden ebenso verzichteten wie auf das gemeinsame Chorgebet. Nicht mehr Rückzug aus der Welt, sondern bewusstes Hineingehen, aktives Engagement für den Glauben – so lautete das Gebot der Stunde!

Neue Ansätze gab es auch bei den Frauenorden. Hatten sich Frauengemeinschaften bislang nur parallel zu den Männerorden gebildet, so trat nun mit den Ursulinen und Angeliken ein neuer Typ des Nonnenlebens auf: Diese Schwester lebten ohne Klausur (wenn auch nicht auf Dauer); sie setzten sich für das »tätige Leben« ein und übernahmen Aufgaben in der Erziehung und in der Krankenpflege. So waren die Ursulinen, 1535 von Angela Merici »zur Übung der christlichen Liebe durch Unterricht und Erziehung der weiblichen Jugend« gegründet, von Anfang an ein ausgesprochener Schulorden.

**Die »Soldaten Jesu«**

Die zweifellos wichtigste Gründung jener Zeit ist aber die des Jesuitenordens (1540), einer Gemeinschaft von Epoche machender Bedeutung. Wenden wir uns daher nun dem Gründer zu, einem Mann, dem ursprünglich ein alles andere als gottgefälliges Leben vorgeschwebt hatte: Ignatius von Loyola. Geboren um 1491 auf dem Stammsitz der altadeligen baskischen Familie Loyola, war Ignatius seiner Herkunft entsprechend zum Offizier bestimmt und erzogen worden. Die niederen Weihen erhielt er nur, weil sie ihn zum Besitz von kirchlichen Pfründen berechtigten. Tatsächlich waren seine Zukunftspläne rein weltlicher Natur – bis er als Offizier des Herzogs von Navarra bei der Verteidigung Pamplonas gegen die belagernden Franzosen eine Verletzung erlitt, die sein ganzes Leben veränderte: Eine Kanonenkugel hatte sein rechtes Bein gebrochen, und mehrere Operationen wurden notwendig, um die Knochen wieder einigermaßen richtig zusammenzufügen. Monatelang ans Bett gefesselt, vertrieb Ignatius sich die Langeweile mit der Lektüre der »Vita Christi« und der »Legenda aurea«, einer Sammlung von Heiligengeschichten, da in der väterlichen Burg nichts anderes Lesbares aufzutreiben war. Hatte Ignatius zunächst eher missmutig mit der frommen Lektüre begonnen, so war er doch bald vom Beispiel der Heiligen fasziniert und wollte ihrem Vorbild folgen. Wenn er mit seinem verletzten Bein schon keine

Heldentaten auf dem Schlachtfeld mehr vollbringen konnte, dann, so wird er sich gedacht haben, eben solche als »Soldat Christi«!

Der Weg, den Ignatius nun beschritt, war mühsam und soll hier nicht im Einzelnen geschildert werden. Dem baskischen Edelmann wurde jedenfalls klar, dass er als »Streiter Gottes«, als der er sich sah, zunächst einmal Priester werden musste. Nach dem Besuch der Lateinschule in Barcelona 1526/27 ging er zum Weiterstudium nach Paris, wo er seine späteren Mitbrüder Petrus Faber und Franz Xaver kennenlernte, beide ebenfalls Spanier. Bald fand sich unter Ignatius' Leitung eine Gruppe von sechs Theologiestudenten zusammen – man kann sie bereits als Bruderschaft bezeichnen –, die sich zu einem streng religiösen Leben entschlossen hatten und aktiv an der Ausbreitung des Evangeliums mitwirken wollten. 1534 legten die Männer ein freiwilliges Gelübde ab, in dem sie sich zur Mission verpflichteten, oder, falls dies nicht möglich wäre, zur freien Verfügung des Papstes bereit erklärten. Mit der Mission als eindeutiger Zielsetzung der neuen Gemeinschaft war freilich weniger an das christliche Europa gedacht, sondern vorwiegend an die Bekehrung der »Heiden« im Heiligen Land. Dieser Plan, der den Beifall von Papst Paul III. gefunden hatte, zerschlug sich aber, denn die Türken lagen mit dem Kaiser und der Republik Venedig im Krieg, und die Schiffahrt ins damals osmanische Palästina war eingestellt worden. So blieb man in Rom, und 1540 erfolgte die päpstliche Bestätigung des neuen Priesterordens, dessen offizielle Bezeichnung »Regulierte Kleriker der Gesellschaft Jesu« lautete. (Der Begriff »Jesuit« taucht erst ein Jahr später auf – als ironische Bezeichnung von Seiten Calvins und anderer Gegner. Ignatius selbst hat ihn nie benutzt; erst nach seinem Tod nahm der große Erfolg seiner Gründung dem Namen den ursprünglichen negativen Beigeschmack.)

*Ein Schlüsseldatum für das neue Ordensleben wurde die Bestätigung des Jesuitenordens im Jahr 1540. (Die Abbildung zeigt Ignatius von Loyola vor Papst Paul III.)*

Rom blieb Hauptsitz der Gesellschaft, die sich außergewöhnlich rasch ausbreitete – Ignatius' Konzept hatte einen Nerv der damaligen katholischen Welt getroffen. Zwischen 1547 und 1552 legte der Gründer die Verfassung des Ordens fest, die mit geringfügigen Änderungen noch heute gilt: An der Spitze steht der »General«, der mit beinahe monarchischer Gewalt und umfassenden Vollmachten ausgestattet ist; unter ihm die »Provinzialen« als Leiter der Ordensprovinzen, unter diesen die »Rektoren« als Vorsteher der Ordenshäuser. Vor dem Eintritt in den Orden forderte Ignatius ein zwei-

*Wie zu Anfang ihrer Geschichte waren auch zum Ende ihrer »klassischen« Epoche die Klöster Hort und Pfleger des Wissens. (Blick in die 1738 von Joseph Anton Feuchtmayr stuckierte Bibliothek des Stifts Einsiedeln.)*

jähriges Noviziat, das den Anwärter über die Ziele und die Disziplin der Gesellschaft informierte, ihn zu geistlichen Übungen und zu niederen Verrichtungen anhielt – jeder Novize musste einen Monat in einem Siechenhaus arbeiten –, was ihm »heiligen Gehorsam gegen seine Oberen« beibrachte. Der Papst, der damals nördlich der Alpen als Wurzel allen Übels, bisweilen gar als der Antichrist angefeindet wurde, war für die Gesellschaft Jesu unumstrittene Autorität und Kristallisationspunkt einer erneuerten katholischen Kirche. Ihm zu dienen war oberstes Gebot.

Auf einen geschlossenen Ordensverband legten die Jesuiten keinen Wert; sie vertrauten bei aller disziplinarischen Strenge auf die individuellen Fähigkeiten jedes einzelnen Mitglieds. Deshalb fehlten bei ihnen auch die traditionellen monastischen Kennzeichen wie Chorgebet, Ordenstracht und Ortstreue. Auch »Jesuitenklöster« im eigentlichen Sinne gab und gibt es keine, nur Ordenshäuser, die nach den jeweiligen Bedürfnissen konstruiert sind. Neben der Mission hatte sich nämlich schon bald das Schul- und Universitätswesen zu einem Schwerpunkt der Tätigkeit der Jesuiten entwickelt. Ignatius hatte zwar anfangs nicht daran gedacht, seine Gesellschaft zu einem Institut von Erziehung und Wissenschaft zu machen, doch musste er bald erkennen, dass hier ein besonders zukunftsträchtiges Aufgabenfeld lag, galt es doch, die Kräfte der katholischen Kirche auch intellektuell zu sammeln und zu stärken, zweifelnde und abtrünnige Gläubige durch seelsorgerliche Unterweisung wiederzugewinnen und überhaupt der religiösen Unwissenheit und Gleichgültigkeit der Massen entgegenzuwirken. Die Jesuiten konzentrierten sich so schon früh auf die höhere Bildung und gründeten eigene Hochschulen, von denen es 1556, als Ignatius starb, bereits über 100 gab. Mit Recht kann man sagen, dass die Jesuiten die großen Erzieher ihrer Zeit wurden – und damit zum »Motor der Gegenreformation«, auch wenn Gründung und Zielsetzung des Ordens ursprünglich von Martin Luthers Bewegung völlig unabhängig waren.

**»Haus Gottes und Himmels Pforte«**

Es war nicht mehr zu übersehen: In die katholische Kirche war Bewegung gekommen. Das Konzil zu Trient (1545–1563) hatte zahlreiche Dekrete gegen die eingerissenen Missstände erlassen, und die Kirchenreform »an Haupt und Gliedern« war – nicht zuletzt dank des tatkräftigen Wirkens der Jesuiten – in vollem Gange. Die katholische Glaubenslehre wurde scharf gegen die reformatorische abgegrenzt und die Stellung des Papstes erheblich gestärkt. So fand man schließlich doch noch zu einer inneren und äußeren Geschlossenheit zurück, und ab etwa 1570 gelang es der alten Kirche auch, einige der an die Reformation verlorenen Gebiete zurückzugewinnen. Rom triumphierte, und dieses Gefühl des Triumphs sollte nun auch allen gläubigen Katholiken vermittelt werden. Der Sieg des »rechten Glaubens« sollte allgemein spürbar werden, die Menschen sollten den Jubel teilen – und welches Mittel war dazu besser geeignet als die bildende Kunst?

Schon beim Bau der großen Jesuitenkirche Il Gesù in Rom (1568–1577), die als Gründungsbau der barocken Sakralarchitektur gilt, war man entschlossen, dem neuen, triumphalen Lebensgefühl durch die künstlerische Gestaltung sichtbaren Ausdruck zu verleihen: Der Innenraum präsentiert sich mit unerwartet reichem Schmuck, vielfarbigem Marmor, Skulpturen, Statuetten, Stuckdekorationen, Vergoldungen und Fresken… Der Besuch der Kirche, so der Ausgangspunkt der Baumeister, sollte nicht länger eine eher lästige, allein von Verstand und Moral diktierte Pflicht darstellen. Die katholischen Christen sollten vielmehr, von der Pracht angezogen, gerne kommen und sich der Schätze ihres Glaubens erfreuen. Gott, so hieß es, habe die Welt erschaffen, damit der Mensch ihn lobe, ihm diene, aber ebenso an seiner Herrlichkeit Anteil habe. Auch die Kunst wurzele letztlich in der Religion, und so sollten sämtliche Künste – Architektur, Bildhauerei, Malerei, Musik und Dekoration – im Dienst der Verkündigung des Glaubens stehen. So begann das Zeitalter des Barock; das Rationale trat in den Hintergrund, der Mensch sollte und wollte die Religion mit allen Sinnen und Gefühlen erleben. Zur Ehre Gottes und zum Vergnügen der Gläubigen wurde der Glaube sinnenfroh; man holte sich ein Stückchen Himmel auf die Erde… Es wäre freilich falsch zu behaupten, Barock sei der »Kunststil der Jesuiten« gewesen. (Im Rheinland und in Westfalen z. B. baute der Orden noch spätgotisch.) Doch die Patres der Gesellschaft Jesu hatten den Geist der Zeit und des neuen Katholizismus getroffen. Von Italien aus breitete sich der Barock schließlich über ganz Europa aus – und keineswegs nur in den katholischen Ländern.

Während des 18. Jahrhunderts erlebten dann nicht nur die neu gegründeten Gemeinschaften ihre Blüte, auch die alten Orden erreichten nun einen weiteren Höhepunkt. Fast alle Klöster gingen daran – sofern ihnen ihr Grundbesitz und andere Einnahmen die finanzielle Basis dafür lieferten –, ihre alten, beengten und unbequemen Gebäude abzureißen und durch großzügige Neubauten zu ersetzen. Der Anstoß zum »Bauboom« unter den Klostergemeinschaften ging Anfang des 18. Jahrhunderts vom Augustiner-Chorherrenstift St. Florian bei Linz und von der Benediktinerabtei Melk aus. Mit großem Enthusiasmus wurden beide Klöster neu erbaut und ähnelten schließlich mehr Palastanlagen als Abteien.

Dieses eifrige Bauen war keineswegs nur verfallsbedingt und auch nicht nur deshalb notwendig geworden, weil das Mönchtum in dieser Zeit auch zahlenmäßig seinen Höchststand erreichte – es war von einem neuen Geist beseelt. Eine neue theologische Grundhaltung, die besagte, dass der ganze Mensch an der ganzen Schöpfung teilhaben sollte, ermöglichte es den Mönchen – ja verpflichtete sie geradezu –, sich nicht nur mit dem Glauben, sondern mit allen Disziplinen der Kunst, der Musen und der Wissenschaft zu befassen, um dem Willen Gottes gerecht zu werden. Der Barockdichter Daniel von Czepko verdeutlicht dieses Einheitsdenken in seinem Gedicht:

*Gut: die Weisheit in der Natur nachschlagen;*
*Besser: die Seligkeit in der Schrift erfragen;*
*Am besten: Natur und Schrift vergleichen*
*Als der göttlichen Wahrheit festes Zeichen!*

Diese neue Sicht der Dinge hatte ihre Auswirkungen auch auf die Architektur der Klosteranlagen: Die ehemals von der Welt abgeschlossenen Abteien wurden im Barock zum ausstrahlenden geistigen Mittelpunkt, beruhend auf der Einheit von Glaube und Wissen. In noch nie da gewesenem Maße hielten selbst bei den kontemplativen Orden die Wissenschaften Einzug, was zwangsläufig zu Erweiterungen und Neubauten führen musste. Um die Kirche herum, die, prächtigst ausgeschmückt, jeden Palast in den Schatten stellte, gruppierten sich nun oft ebenso aufwändig gestaltete Gebäude. Eine umfangreiche Bibliothek als Zeichen wissenschaftlichen Interesses fand sich in jedem Barockkloster und gehörte neben der Kirche und der Prälatur zu den prachtvollst ausgestatteten Räumen – so beispielsweise in Kremsmünster, in Melk, Wiblingen oder Waldsassen.

Die Mönche, denen nun auch geräumige Einzelzellen zur Verfügung standen, beschränkten sich selbstverständlich nicht allein aufs Lesen. Naturwissenschaftliche Kabinette, astronomische und physikalische Gerätschaften bis hin zu großen Sternwarten, wie sie z. B. die Benediktinerabtei Kremsmünster besaß, zeugten von außerordentlich vielseitigen Interessen. In Ottobeuren starteten Klosterbrüder den ersten Heißluftballon Deutschlands!

Doch es war nicht nur das eigene Bildungsstreben, das die Mönche beschäftigte. Aufgrund der Forderung nach einer elementaren religiösen Unterweisung des Volkes unterhielt nahezu jedes Benediktinerkloster auch eine öffentliche Schule. Die benediktinische Gelehrsamkeit erlebte so im 18. Jahrhundert ihre neue, ihre eigentliche Glanzzeit, und der schon beinahe in Vergessenheit geratene Satz »Ein unwissender Benediktiner ist ein Widerspruch in sich selbst« bewies endlich wieder seine Richtigkeit. Und man las, lehrte und lernte nicht nur in den Barockklöstern, man feierte auch: Ein prächtiger Saal bot kirchlichen Feierlichkeiten, musikalischen Darbietungen und selbst Theateraufführungen den würdigen Rahmen – das Kloster war zum »Festsaal des Glaubens« geworden…

Das großartigste der im 18. Jahrhundert wiederaufgebauten Klöster dürfte die Benediktinerabtei von Ottobeuren in Bayerisch-Schwaben sein – gewissermaßen die Summe der deutschen Barockkunst. Was die Klosterkirche vermitteln sollte, besagt die Inschrift über dem Eingang: »Haus Gottes und Himmels Pforte«, und tatsächlich: Allein die perspektivische Deckenmalerei führt die Architektur gleichsam bis in den Himmel weiter, sodass die Herrlichkeit Gottes für jedermann sinnenhaft fassbar wurde… So glich die barocke Religiosität in vieler Weise einem rauschenden Fest, einem Feuerwerk, das hell und prachtvoll zum krönenden Abschluss emporstieg, das aber bald ausgebrannt war: Noch am Ende des 18. Jahrhunderts ging ihr die Kraft aus, und die scheinbare Einheit von Himmel und Erde löste sich wieder auf…

*Die Aufforderung, die gedruckten Schätze auch zu studieren, verkündet dieser kleine Putto aus der St. Galler Stiftsbibliothek.*

# Ottobeuren und Melk

## Paläste des lieben Gottes

Keine künstlerische Epoche hat der Kirche so prunkvollen Glanz verliehen wie die Zeit nach den blutigen Wirren des Dreißigjährigen Krieges. Und kaum anderswo kam die strahlende Pracht des Barock und später des Rokoko so zur Geltung wie im südlichen deutschsprachigen Raum des alten Reiches, wo mit der Gegenreformation ein neues religiöses Lebensgefühl entstanden war. Entfalten konnte sich hier die neue geistige Bewegung vor allem durch das Erstarken der katholischen Vormacht Europas, des Hauses Österreich, dessen kaiserliche Vorgänger schon seit Jahrhunderten eine enge Beziehung zu den alten Klöstern und Abteien gepflegt hatten. Zwei von ihnen – Ottobeuren im bayerischen Allgäu und Stift Melk in der österreichischen Wachau – mögen als Beispiele für den strahlenden kirchlichen Triumphalismus des Barockzeitalters dienen.

Dem grandiosen Klosterkomplex von Ottobeuren wird sich der Besucher über die breite Straße nähern, die vom Markt der 7.000-Seelen-Gemeinde im sanft hügeligen Unterallgäu heraufführt. Das sicherlich imposanteste Benediktinerkloster Bayrisch-Schwabens geht in seinen Anfängen auf die Zeit der Karolinger zurück: Karls des Großen Gemahlin Hildegard war eine Nachfahrin des schwäbischen Herzogs Gottfried; dadurch mag das Interesse des Frankenkaisers an dieser Landschaft und dem 764 gegründeten Kloster geweckt worden sein. Stifter war der schwäbische Herzog Silach, dessen Söhne – beide im geistlichen Stand – an der Gründung beteiligt waren. Der eine – Gauzibert, Bischof von Vienne – verstarb in Saint-Maurice im Wallis beim Überbringen von Reliquien. Sein Bruder Toto, der nach der Hauschronik (um 1200) der erste Abt wurde, übernahm am Sterbeort des Bruders die kostbare Fracht und übergab die sterblichen Überreste des römischen Märtyrers Alexander seinen Mitbrüdern. Seitdem feiern die Benediktiner von Ottobeuren den Namenstag des heiligen Alexander am 10. Juli als Patrozinium. Später kamen die Reliquien des heiligen Theodor hinzu (Namenstag am 9. November).

Zwölf adlige Söhne, »Freie«, bildeten die erste geistliche Kommunität der Abtei. Erst mit der Hirsauer Reform öffnete sich der Konvent auch den »Nichtfreien«. Herausragende Persönlichkeiten wie die späteren Bischöfe von Augsburg, Neodegar und Ulrich, der Sieger gegen die Ungarn auf dem Lechfeld 955, waren einst Mönche in Ottobeuren. Auf Abt Ulrich geht u. a. die Befreiung des Klosters von den Abgaben an den Kaiser zurück. Otto I. erteilte dem Kloster ein entsprechendes Privileg. Zwei verheerende Feuersbrünste zerstörten sämtliche Klosterbauten (1153 und 1217), doch die Mönche von Ottobeuren blieben der »stabilitas loci« ihrer Ordensregel treu. Eine neue Abtei entstand, die schließlich unter Abt Konrad (1296–1312) die Reichsunmittelbarkeit erreichte. Doch mit der äußeren Entwicklung hielt die innere nicht Schritt. Im 14. und 15. Jahrhundert verfiel die Klosterdisziplin zusehends. Reformversuche der Äbte scheiterten an den Konventualen. 1447 kam es sogar zu einem Aufstand der Mönche gegen die Klosterleitung, um eingekerkerte Mitbrüder zu befreien. Die Bischöfe von Augsburg und Herzog Georg von Bayern griffen schließlich in die Auseinandersetzungen ein und bemächtigten sich zeitweilig der Abtei. Erst mit Abt Nikolaus Ellenbog (†1543) gelangte Ottobeuren zu neuer Blüte. Ellenbog, ein gefeierter Humanist, der thomistische Wissenschaftlichkeit mit aufrichtiger Frömmigkeit verband, gab dem Kloster neues Ansehen; Künste und Wissenschaften florierten. Ellenbog selbst gilt als hervorragender Stilist der lateinischen Briefform. 888 Briefe sind von ihm überliefert. 1509 hatte Abt Leonhard Widmann sogar eine Buchdruckerei erworben, doch während der Bauernkriege wurde das fortschrittliche Vervielfältigungsgerät vernichtet.

*Schon von außen vermittelt die Kirche der Abtei Ottobeuren den Eindruck vollendeterHarmonie.*

1543 wird die Ottobeurer Akademie, eine gemeinsame Lehranstalt der schwäbischen Benediktinerklöster, gegründet; sie ist die Vorgängerin der späteren Universität Dillingen a. d. Donau. Während der Reformationswirren bleibt das Kloster unberührt. 1558 entsteht nochmals ein völliger Neubau der Abtei, dessen sich die Mönche aber nur wenige Jahrzehnte erfreuen können. Die Schweden fallen während des Dreißigjährigen Kriegs in Ottobeuren ein, und ihr Oberst Melchior Wurmbrand läßt sich gar die Klostergebäude zum Geschenk machen. Dreimal müssen die Mönche während dieser Schreckenszeit das Kloster verlassen.

Ein neuerlicher Aufschwung der Abtei kam erst mit Rupert Neß (1710–1740), einer der genialsten Persönlichkeiten der Klostergeschichte. Ihm verdankt das Kloster seinen heutigen prunkvollen Bau. Ehe Abt Rupert das gewaltige architektonische Werk begann, schuf er zunächst politisch klare Verhältnisse. Noch immer übten die Augsburger Bischöfe das Schutzvogteirecht über die Abtei aus. Abt Rupert löste 1710 für 30.000 Gulden die bisherigen Augsburger Rechte ab; die Abtei erhielt dadurch volle politische Unabhängigkeit.

Schon ein Jahr später ging der rastlose Abt an die Planung der neuen Abtei, die nunmehr seit fast 300 Jahren in ihrer großartigen Schönheit die Landschaft beherrscht. Der Besucher sollte von der bewaldeten Höhe hinter dem Kloster die harmonische Geschlossenheit der gesamten Bauanlage betrachten. In einem Rechteck von 140 mal 125 Metern gleicht sie einem festlich geschmückten Palast des lieben Gottes. Abt Rupert begann seinen Bau mit Plänen des Mitbruders Christoph Vogt (1712–1720). Weitere Entwürfe lieferten der damals im Kloster tätige Oberitaliener Andrea Maini sowie Dominikus Zimmermann, der Architekt der weltbekannten »Wieskirche«. Schon 1715 konnten die Konventsgebäude bezogen werden. Sie waren als erste in Angriff genommen worden. Zum Baumeister des ersten Bauabschnitts machte Rupert den schwäbischen Maurer Simpert Kramer, der die Klosteranlagen 1732 auch vollendete. Abt Rupert beabsichtigte, anschließend die Bauarbeiten an der Kirche fortzusetzen. Aber die Mitbrüder streikten, weil sie einen finanziellen Engpass fürchteten. Vier Jahre dauerte die Ruhepause am Bau. Dann ergriff Simpert Kramer erneut Kelle und Stein und machte sich an die Arbeit. Zugrunde lag der Plan von Pater Vogt, der eine kreuzförmige Kirche mit abgerundeten Kreuzarmen vorgesehen hatte. Da starb Abt Rupert (1740), und mit ihm endete auch Simpert Kramers Tätigkeit.

*Geradewegs in die himmlische Herrlichkeit führt den staunenden Betrachter der Blick in die Gewölbekuppel der Kirche von Ottobeuren…*

Der Nachfolgeabt berief den Baumeister Johann Michael Fischer, der sich mit dem Klosterbau von Dießen am Ammersee einen Namen gemacht hatte. Fischer knüpfte an Kramers Bearbeitung der ursprünglichen Pläne an. Änderungen erfolgten bei der Gestaltung der Fassade und bei den Querabschlüssen, um eine bessere Belichtung des Kircheninneren zu erreichen. Die sich zwischen den Türmen vordrängende Fassade gliederte Fischer durch eine Pfeilerkonstruktion. Die Vierungskuppel wurde zur Klammer der übrigen Teile des Kirchenraums. Sie erhielt eine Flachdecke, die ein Fresko zeigt, das in der perspektivischen Darstellung den Eindruck eines Hohlraums erweckt und einem sich scheinbar nach oben verjüngenden Himmel Raum gibt. Wer die Abteikirche betritt, erlebt die faszinierende Raumwirkung: drei große Kuppelräume mit Seitenkapellen und einem Altarraum, die zu einem grandiosen Gesamtkunstwerk verschmelzen.

Mit dem Deckenabschluss der Hauptkuppel war 1755 der Kirchenrohbau beendet. Nun konnten Maler und Stuckateure ihr Werk beginnen. In den Brüdern Feuchtmayr fand die Abtei zwei begnadete Stuckkünstler: Während Johann Michael für das gesamte Stuckdekor der Basilika, die Altäre und die großen Figurengruppen sowie die Stuckarbeiten an der Kanzel verantwortlich zeichnete, schuf Bruder Joseph Christian die Putten, Engel und Heiligen am Hochaltar, die Taufgruppe an einem Vierungspfeiler sowie die großartigen Lindenholzreliefs am Chorgestühl. Meister des Kuppelfreskos in der Vierung sind die Brüder Johann Jakob und Franz Anton Zeiller. Ein Großteil der Bemalung innerhalb der Basilika geht gleichfalls auf sie zurück. Mit der Ausmalung erhielt die Hauptkuppel nicht nur architektonisch, sondern auch malerisch einen dominierenden Akzent für das gesamte Bauwerk.

Zu den schönsten Orgeln Deutschlands zählen die beiden Instrumentenwerke von Karl Riepp. Sie besitzen 66 klingende Register und vier Manuale. Eine dritte Orgel (Marienorgel), im Nordteil der Kirche, kam 1957 hinzu.

Um drei Innenhöfe gruppieren sich die übrigen Klosterbauten, die fürstlich ausgestatteten Äbtezimmer, die Bibliothek mit 15.000 in Schweinsleder gebundenen Folianten, der Kapitel- sowie der Kaisersaal mit überlebensgroßen Statuen der Habsburger-Herrscher. (Die Räume sind innerhalb des Museums zumeist der Öffentlichkeit zugänglich.)

Seit 1920 unterhalten die Ottobeurer Benediktiner auch ein Progymnasium. Die Wissenschaften zählten zu allen Zeiten zu den vielbeachteten Arbeiten des Klosters. Als die Salzburger Universität eröffnet wurde, gehörten sechs Patres aus Ottobeuren zu den Gründungsprofessoren. In Ottobeuren selbst machten sich der Naturwissenschaftler Ulrich Schiegg und der Historiker Maurus Feyerabend einen Namen. Auch der Luther-Disputant Johannes Eck gehörte einst zum Konvent der Ottobeurer Mönche.

Kaum mehr als ein Jahrhundert jünger ist das Wahrzeichen der Wachau, das auf steilem Felsen über der Donau gelegene Stift Melk. Den strategisch bedeutsamen Platz hatten schon Slawen, Awaren und Bajuwaren besiedelt. Zu Karls des Großen Zeit taucht auf dem Wachauer Felsrücken ein karolingischer Markgraf auf, der hier eine Burg baute (831 erste urkundliche Erwähnung). Beim Ansturm der Ungarn um die Mitte des 10. Jahrhunderts wurde sie jedoch wieder zerstört. Kaiser Otto II. überließ dem Babenberger Leopold I. 976 den Platz für eine neue Burgenresidenz, die das erste österreichische Herrschergeschlecht bis zu seiner Übersiedlung nach Klosterneuburg als Regierungssitz bewohnte.

Leopold I. siedelte 985 ein Kanonikat von Weltgeistlichen auf dem Melker Bergrücken an. Ihr Schutzpatron war der irische Pilger und Märtyrer Koloman. In Melk wurde er begraben. 1089 gründeten Mönche aus Lambach (Oberösterreich) ein neues Kloster, das Leopold III. 1113 mit dem Stiftsbrief für eine Niederlassung der Benediktiner bestätigte. Schon bald wurden auch die Klosterschule und ihre Schreibstube bekannt. Hier entstanden die »Annales Medelicenses« und das »Melker Marienlied« sowie das »Melker Osterspiel«. Die blühende Klosterära ging mit einem Brand 1297 jäh zu Ende. Die Abtei verschuldete trotz großzügiger Schenkungen. Erst mit der auf dem Konstanzer Konzil 1414 beschlossenen Reform der Benediktinerklöster, die von Melk ausging, erhielt die Abtei eine neue Ordnung. Sie machte Melk im 15. Jahrhundert zu einem geistlich-religiösen Zentrum besonderer Art. 1429 war ein neuer Kirchenbau mit einem Tafelaltar von J. Breu d. Ä. (1499–1502) entstanden. Ein Flügel des Altars, der die Dornenkrönung Christi darstellt, blieb erhalten.

Zwei Drittel aller Handschriften, die aus Stift Melk stammen, wurden in diesem 15. Jahrhundert geschrieben. Doch wieder unterbrachen äußere Ereignisse das fruchtbare Wirken der Melker Mönche. Reformation und Türkenkriege setzten dem Kloster im 16. und 17. Jahrhundert bedrohlich zu. Doch mit der Gegenreformation, die in Melk vor allem von Abt Caspar Hofmann und zwei Benediktinern aus dem Tegernseer Tal getragen wurde, trat auch eine geistige und wirtschaftliche Erneuerung ein, die schließlich zum Bau des jetzigen Klosters führte, dessen barocke Pracht seitdem Besucher aus aller Welt anzieht.

Im Jahre 1700 hatte der erst 30-jährige Abt Berthold Dietmayr den St. Pöltener Architekten Jacob Prandtauer mit Plänen für einen neuen Klosterbau beauftragt, nachdem die fast 300-jährige bisherige Stiftsanlage ernsthafte Witterungsschäden aufwies. Als Prandtauer 1726 verstarb, setzte sein Schüler Joseph Munggenast die Bauarbeiten fort. Und wieder drohte Unheil: Die Säkularisation des aufklärerischen Kaisers Joseph II. brachte auch Stift Melk in Gefahr. Das Gymnasium des Klosters musste nach St. Pölten verlegt

*Benediktinerstift Melk an der Donau; Ansicht von Südwesten.*

werden. Erst 1804 kehrten Lehrer und Schüler nach Melk zurück. Heute hat das Stiftsgymnasium 650 Schüler in 24 Klassen und ein Konvikt mit 120 Insassen. Zweimal machten zudem napoleonische Truppen im Kloster Station. Neue Schulden drückten das Stift, deren der Konvent erst um 1900 Herr wurde. Eine strenge Mönchsreform, die vom schwäbischen Kloster Beuron ausging, und eine fast spartanische Sparsamkeit schufen die Voraussetzung für einen neuen Aufschwung. Heute präsentiert sich Stift Melk in altem Glanz. Die Jubiläumsfestlichkeiten im Jahre 1960 erlebten rund 380.000 Besucher. Zur Abtei gelangt der Besucher über ein barocke Gartenanlage mit einem hübschen Pavillon (von Munggenast 1748/49), ehe er das von zwei Basteien (aus der Festungszeit von 1650) flankierte Portal erreicht. Durch einen überkuppelten Torraum führt der Weg weiter in einen Vorhof, der auch die beiden Babenberger Türme im Norden des Stifts sichtbar werden lässt. Es folgen die Benediktistiege, der trapezartig angelegte Prälatenhof mit der Kaiserstiege. Gegenüber liegt die für Besucher verschlossene Prälatur mit den Arbeits- und Wohnräumen des Abts. Der Besucher folgt dem fast 200 Meter langen Kaisergang mit den Gemälden österreichischer Herrscher von den Babenbergern bis zum letzten Habsburger, Kaiser Karl I. Heute beherbergt dieser Gang das Stiftsmuseum.

Die kaiserlichen Repräsentationsräume und der ursprüngliche Speise- und Betraum für die Gäste des Stifts schließen sich an. Von der Prandtauerschen Terrassenanlage geht der Blick weit ins bewaldete Donautal, aber auch auf die kuppelgekrönte, zweitürmige und vielfach gegliederte Kirchenfassade, die zu den schönsten des Barockzeitalters zählt. Von der Donauterrasse aus erreicht man die zweigeschossige Bibliothek mit ihren 85.000 Bänden und über eine Wendeltreppe schließlich die Stiftskirche. Der günstigere Zugang zur Kirche erfolgt jedoch von Süden; der Zutritt von Westen geht über den Kolomanihof zum kleinen, von Engeln bekrönten Hauptportal. Darüber zieren die Statuen von Petrus und Paulus sowie eine Skulptur des auferstandenen Christus die Portalsfront.

Nach einem Brand veränderte Munggenast leicht die beiden Kirchtürme, angepasst der Prandtauerschen Fassade. Langjährige Renovierungsarbeiten haben dem Kircheninneren die geniale Harmonie von Architektur, Licht und Farbe, wie sie einst von Prandtauer konzipiert war, zurückgewonnen. Dem Besucher öffnet sich ein mächtiges Mittelschiff mit drei Seitenkapellen. Die Emporengestaltung stammt von Antonio Benuzzi und Antonio Galli-Bibiena. Darüber spannt sich in Segelgewölben das Deckenfresko von Johann Michael Rottmayr, die Verherrlichung des heiligen Benedikt darstellend. Die Vierungskuppel zeigt Rottmayrs Fresko mit der Vision vom himmlischen Jerusalem (1716/17). Von der gleichen Hand stammen das Deckenfresko über dem Presbyterium und ein Teil der Tafelgemälde an den Seitenaltären, während Gaetano Fanti die dramatische Farbwirkung des Kircheninnern durch Architekturmalerei ergänzte. Eine bewegende Szene stellt der marmorne Hochaltar von Benuzzi dar: den Händedruck der Apostelfürsten Petrus und Paulus, ehe sie den Märtyrertod erleiden. Ein Prunkstück des Stifts ist die Kanzel. Peter Widerin hat nach Entwürfen von Galli-Bibiena in allegorischen Figuren den Sieg des Glaubens dargestellt.

Der Schutzpatron des Klosters, St. Koloman, liegt im linken Querschiff in einem von einem Baldachin überdachten Hochgrab bestattet, das einst Herzog Rudolf IV. 1362 den Benediktinern von Melk zum Geschenk gemacht hatte. 1735 wurden zwischen der Wintersakristei und der Kirche in einer barocken Grabstätte die Gebeine aller Babenberger Herrscher zur letzten Ruhe gebettet. Rudolf IV. vermachte dem Kloster auch das berühmte Melker Kreuz, eine Arbeit in vergoldetem Silber mit Edelsteinen und Perlen sowie mit einer römischen Kamee. Stift Melk, abgeschirmt gegen die Stadt, ist in seiner palastartigen Gestalt die künstlerische Ausprägung der absolutistischen Ära, in der Kirche und weltliche Macht eine einmalige, nie wiedergekehrte Verbindung eingingen.

**Im Allgäu und in der Wachau**

*Ottobeuren: Eingebettet in sanfte Hügel des Unterallgäus liegt der 7.000 Einwohner zählende Kneipp-Kurort Ottobeuren. Erreichbar über die B 18 Memmingen – Mindelheim, Abzweigung Memmingen. Von dort sind es noch elf Kilometer bis zum Kloster. Autofahrer, die über die A 7 kommen, sollten bei der Anschlussstelle Memmingen-Süd die Straße verlassen; von da sind es noch 13 Kilometer. Schon von weitem ist der palastartige Abteikomplex sichtbar (rund 250 Zimmer, 20 Säle, sieben Treppenhäuser und fünf Prachtaufgänge). Heute leben in Ottobeuren noch 25 Mönche, davon zehn Patres mit dem Abt, die übrigen sind Laienbrüder.*

*Stift Melk: Das »Wahrzeichen der Wachau« liegt auf einem 57 m breiten Bergrücken. Die Anreise ist mit Auto, Bus und auch mit dem Schiff möglich. Wer gut zu Fuß ist, sollte den »Bettlersteig«, die steile Stiege zum Stift, benutzen. Es gibt auch eine Busverbindung aus der Stadt Melk (5.100 Einwohner) am Fuß des Berges.*

*Sankt Michael triumphiert über den Teufel (Statue am Zugang zum Stift Melk) – diese Botschaft suchten die Architekten und Künstler der Barockklöster in vielfältiger Form den Gläubigen zu vermitteln.*

# XI.
# Untergang und Neubeginn
## Von der Säkularisation in die Neuzeit

»Heute ist der 10. Januar 1610. Die Menschheit trägt in ihr Journal ein: Himmel abgeschafft!« Diese ketzerischen Worte, die Bertolt Brecht dem italienischen Astronomen Galileo Galilei (1564–1642) in seinem bekannten Schauspiel in den Mund legt, sind so sicherlich nie gefallen. Tatsächlich aber hat Galilei damals mit Hilfe eines Fernrohres Jupitermonde entdeckt, die es nach der bis dahin gültigen Hypothese von schalenförmigen Planetensphären, die sich unter dem Firmament um die Erde drehen, gar nicht hätte geben dürfen. Dem alten geozentrischen Weltbild hatte er damit den endgültigen Todesstoß versetzt...

War es nicht scheinbar geradezu widersinnig, dass man ausgerechnet in einer Zeit, in der die barocke Frömmigkeit triumphierte, in der man versuchte, die Religion mit Herz und Sinnen zu erleben und vermittels der »Festsäle des Glaubens« gewissermaßen ein Stück Himmel auf die Erde zu holen, diesen Himmel plötzlich »abschaffte«?

So widersprüchlich, wie es scheint, war es natürlich nicht. Schon seit längerem hatte man im Bereich der Naturwissenschaften neue Wege beschritten, Wege, die von der katholischen Kirche freilich nicht mitgegangen wurden. Bereits Nikolaus Kopernikus (1473–1543) hatte bekanntlich nachgewiesen, dass die Erde keineswegs im Mittelpunkt des Weltalls steht, wie es dem altüberlieferten christlichen Weltbild entsprach. So wie er waren viele seiner Zeitgenossen nicht mehr bereit, jahrhundertealte christliche Überlieferung als gottgegeben hinzunehmen, sondern fingen an, Altes in Frage zu stellen und kritisch zu überprüfen. Ausschlag gebendes Kriterium für die rechte Erkenntnis konnte nun also nicht mehr der Glaube sein, sondern die von jedermann nachprüfbare Erfahrung – Naturbeobachtung, Experiment – sowie die Regeln der Vernunft.

»Cogito ergo sum – Ich denke, also bin ich«, formulierte der französische Mathematiker und Philosoph René Descartes (1596–1650) die Quintessenz der neuen rationalistischen Sichtweise, die den Menschen nicht mehr allein als bloßes Objekt in einem von Gott bestimmten Weltgeschehen begriff, sondern als handelndes Subjekt, das die Natur beherrschen konnte, nun, da sich ihre Gesetze jedermann offenbarten. In der römischen Kirche indes sah man das nach wie vor ganz anders. Galilei wurde, als er die Theorien des Kopernikus aufgriff und sie durch Naturbeobachtung bestätigte, 1633 von der Inquisition zum Widerruf gezwungen. Nur so entging er dem Schicksal des Philosophen Giordano Bruno (1548–1600), dessen Leben vor nicht allzu langer Zeit wegen ähnlich »ketzerischer« Gedanken auf dem Scheiterhaufen geendet hatte.

Warum? So fragten nicht nur kritische Geister. Weshalb weigerte sich die Kirche so hartnäckig, offensichtliche Tatsachen anzuerkennen? Versuchte man etwa wider besseres Wissen, die Menschen absichtlich dumm zu halten? Misstrauen machte sich breit, jahrhundertealte kirchliche Lehrsätze wurden argwöhnisch hinterfragt. Die Skepsis ging sogar noch weiter: Der Franzose Pierre Bayle (1647 bis 1706), gewissermaßen »Vater der Aufklärung«, sprach aus, was viele Menschen damals bewegte, besonders nach den blutigen Religionskriegen des 16. und 17. Jahrhunderts: Wenn, wie die Kirche lehrt, tatsächlich ein gütiger und allmächtiger Gott existiert, der das Weltgeschehen lenkt, warum läßt er es dann zu, dass es so viel Hader, Not und

Elend auf der Welt gibt? Kann man unter diesen Umständen überhaupt noch an Gott glauben?

Zum ersten Mal seit seinem Bestehen wurde der christliche Glaube massiv attackiert. Schon in Humanismus und Renaissance hatte sich das Denken aus der starken Bindung an die Kirche gelöst und damit die Gedankenwelt der Aufklärung vorbereitet, nach der die Welt auf Naturgesetzen beruht, die vom menschlichen Verstand nachvollziehbar sind. Die neue Weltanschauung ging von den Niederlanden aus und verbreitete sich über England und Frankreich schließlich in ganz Europa. Der deutsche Philosoph Immanuel Kant (1724–1804) formulierte das neue Ideal schließlich in programmatischer Form: »Aufklärung ist der Ausgang des Menschen aus seiner selbstverschuldeten Unmündigkeit. Unmündigkeit ist das Unvermögen, sich seines Verstandes ohne Leitung eines anderen zu bedienen... Sapere aude! Habe Mut, dich deines Verstandes zu bedienen, ist also der Wahlspruch der Aufklärung.« Da weite Teile der katholischen Kirche der neuen europäischen Geistesrichtung verschlossen blieben, wurde das Band, das die Menschen bislang so fest mit dem christlichen Glauben verbunden hatte, mehr und mehr gelockert und bisweilen sogar ganz zerschnitten. Zwar wurde die Existenz Gottes nur von den wenigsten Aufklärern geleugnet, doch kirchliche Lehrsätze wie die Erbsünde oder der Wunderglaube standen plötzlich zur Disposition...

In dieser Atmosphäre konnte es nicht ausbleiben, dass auch das Ordensleben einer äußerst kritischen Überprüfung unterzogen wurde. Zunächst war es der Jesuitenorden, der seinerzeit so kraftvoll angetreten war, um für den katholischen Glauben zu kämpfen, der ins Kreuzfeuer der Kritik geriet. Und das lag nicht allein an der Tatsache, dass auch die Gesellschaft Jesu die Zeichen des geistigen Umbruchs nicht erkannt hatte – oder nicht hatte erkennen wollen – und insofern nicht in der Lage war, Ideale und Werte der Aufklärung aufzugreifen. Der Kampf gegen den Jesuitenorden war in erster Linie ein Kampf gegen die Herrschaftsansprüche der Kirche im weltlichen, staatlichen Bereich. Wie kein anderer Orden hatten es die Jesuiten verstanden, sich in den katholischen Ländern zielstrebig in einflussreiche Positionen vorzuarbeiten. Nun aber, in der Zeit der Aufklärung, begannen die europäischen Monarchen, sich allmählich von den alten kirchlichen Fesseln zu befreien. Zugleich war das Papsttum von seiner ehemals beherrschenden Stellung im 13. im mittlerweile ausgehenden 18. Jahrhundert zu einer nahezu bedeutungslosen Macht herabgesunken. Ob in Frankreich, Spanien oder Österreich – überall war der Papst in Abhängigkeit von der weltlichen Macht geraten, und die Jesuiten hatten als entschiedene Verteidiger des Papstes keinen Platz mehr im neuen Kräftespiel.

Portugal machte den Anfang, indem es die missliebig gewordenen Ordensleute bereits 1759 auswies, Frankreich folgte diesem Beispiel 1764, Spanien drei Jahre später. Und damit nicht genug. Zusätzlich forderten die Staaten ein allgemeines und endgültiges Verbot dieses reichen und mächtigen Ordens, und Papst Clemens XIV. sah schließlich keine andere Möglichkeit mehr, als dem internationalen Druck nachzugeben und 1773 das Aufhebungsedikt zu unterzeichnen. Die Liste der Anklagepunkte gegen die Jesuiten war lang genug und durchaus nicht aus der Luft gegriffen: Sie reichte von der Einmischung in weltliche Angelegenheiten über den Streit mit anderen Orden bis zum verbotenen Betreiben von Handelsgeschäften...

Die Aufhebung der Gesellschaft Jesu war nur ein erster Schritt. Auf dem Prüfstand stand ebenso das Schicksal anderer Kongregationen. Denn welchen Nutzen, so fragte man sich, hatten Klöster noch in dieser aufgeklärten Welt? Waren sie nicht lediglich ein Sammelbecken weltfremder, entbehrlicher Müßiggänger, ohne Nutzen für Staat und Gesellschaft? Und hielten nicht gerade die Mönche, jene selbst ernannten Hüter zahlloser Reliquien, das Volk in finsterstem Aberglauben? So ganz war diese Kritik der Vertreter der aufgeklärten Vernunft gewiss nicht von der Hand zu weisen. Die barocke Frömmigkeit, die das Leben in den Klöstern über viele Jahre geprägt hatte, war gegen Ende des 18. Jahrhunderts weitgehend verbraucht und hatte nicht selten einer geistigen Leere Platz gemacht. Gleichzeitig war die Zahl der Ordensleute rapide zurückgegangen, viele Klöster standen bereits leer oder wurden nur noch von einer Hand voll alter Mönche am Leben erhalten. Spirituelle Erfüllung fanden dort nur noch die wenigsten, denn auch für Ordensleute war es mitunter nicht leicht, die erstaunlichen Erkenntnisse der neuen Zeit mit ihrem alten Glauben in Einklang zu bringen...

In Frankreich arbeitete seit 1766 eine »Regulierungskommission« einschneidende Reformprogramme aus, die schon vor der Revolution zur Aufhebung von etlichen Klöstern führten. Ähnliche Wege beschritt man auch in anderen Staaten. Selbst in Österreich, dem katholischen Land par excellence, setzte schon Kaiserin Maria Theresia (reg. 1740–1780) die Zahl der Klöster herab, bevor ihr Sohn Joseph II. (reg. 1780–1790), ganz dem aufgeklärten Geist seiner Zeit verbunden, die Säkularisationsmaßnahmen massiv verstärkte. Unter seiner Regierung wurden von rund 2.000 Klöstern etwa 700 geschlossen und alle kontemplativen Orden aufgehoben. Denn nach dem Willen des aufgeklärten Monarchen hatten sich die »Müßiggänger in nützlichere und Gott wohlgefälligere Bürger des Staates« zu verwandeln, wie die Kirche überhaupt als Werkzeug staatsbürgerlicher Erziehung fungieren sollte...

**Die »Stunde Null« des Mönchtums**

Der große »Klostersturm« aber kam dann mit der Französischen Revolution. Im Jahr 1790 wurden in Frankreich sämtliche Klöster mit Ausnahme derjenigen, die sich der Krankenpflege, Erziehung und Wissenschaft widmeten, aufgehoben, und auch diese folgten zwei Jahre später. Bis zum Frühjahr 1793 emigrierten mindestens 30.000 Geistliche ins Ausland, etwa 2.000 wurden deportiert, rund 300 in Pariser Gefängnissen ermordet. Auch nach Napoleons Machtübernahme änderte sich die Situation nicht wesentlich. Die Orden blieben verboten, und nur wenige Frauenkongregationen durften unter strenger staatlicher Überwachung tätig sein. Nicht nur für das berühmte Kloster Cluny, das zu Beginn des 12. Jahrhunderts Zentrum der benediktinischen Reformbewegung gewesen war, war damit das endgültige »Aus« gekommen...

In ganz Europa begann man gegen Ende des 18. und zu Beginn des 19. Jahrhunderts mit der Säkularisation von Klöstern. In Bayern erhoffte sich Kurfürst Max Joseph von der Verstaatlichung der rund 400 Klöster in den Jahren 1802 und 1803 eine erhebliche Verbesserung der Staatsfinanzen, musste aber später einsehen, wie sehr man doch übers Ziel hinausgeschossen war: Der altbayerischen Kultur war schwerer Schaden zugefügt worden, Kirchen wurden verwüstet, Bibliotheken zerstört und zahllose Kunstwerke vernichtet... Max Joseph selbst meinte schließlich selbstkritisch: »Was sind wir doch für Hornochsen gewesen, alle Klöster aufzugeben!« Nichtsdestotrotz: Der Reichsdeputationshauptschluss von 1803, der die Säkularisation sämtlicher geistlicher Territorien verfügte, bedeutete auch im übrigen Deutschland die Aufhebung fast aller Ordensniederlassungen. Spanien schloss seine Klöster 1809, Italien 1811. Die berühmte Abtei Montecassino wurde damals in ein staatliches Archiv umgewandelt...

Zu Beginn des 19. Jahrhunderts hatte das Ordensleben damit den absoluten Tiefstand in seiner langen Geschichte erreicht, und es schien fraglich, ob die Klöster die Wirren dieser Zeit überstehen würden. Doch wie schon bei der letzten großen Krise in den Jahren der Reformation dauerte es auch diesmal nicht lange, bis sich wieder neues Leben unter der Asche zu regen begann. Überhaupt sollte der Katholizismus, der in den vergangenen Jahrzehnten einen Rückschlag nach dem anderen hatte hinnehmen müssen, schon bald eine neue Blütezeit erleben! Es war sicherlich nicht von geringer Bedeutung, dass die katholische Kirche nach der Französischen Revolution und dem Zusammenbruch des napoleonischen Systems nun als unschuldiges Opfer staatlicher Gewalt gesehen wurde. Schließlich waren in den Revolutionsjahren zahllose Kirchenleute verschleppt und ermordet worden, ja, den Papst selbst hatte man gefangen gesetzt! Im Februar 1798 waren siegreiche französische Revolutionäre in Rom eingerückt und hatten den 80-jährigen Papst Pius VI., als dieser sich weigerte, die Stadt zu verlassen, festgenommen und nach Frankreich verschleppt. Nur ein Jahr später war der greise Heilige Vater in einem Gefängnis im südfranzösischen Valence gestorben, und mancher hatte gespottet, dieser Pius sei »der Letzte« gewesen…

Doch die Zeiten hatten sich wieder einmal grundlegend geändert. Nun sollte der Wiener Kongress (1814/15) nach all den Jahren der Umwälzungen wieder für Ruhe und Ordnung sorgen und eine dauerhafte Friedensordnung in Europa aufrichten, und welche Ordnungsmacht schien da geeigneter gegenüber den zerstörerischen Kräften der Vergangenheit als der Katholizismus!? Ein erstes Zeichen war die offizielle Wiedererrichtung des Jesuitenordens im Jahre 1814 durch Papst Pius VII. So ganz hatte die Gesellschaft Jesu freilich nie zu bestehen aufgehört, denn etliche Exjesuiten hatten sich zwischenzeitlich zu privaten Priestervereinigungen zusammengeschlossen und so die Ideale ihres Ordens lebendig gehalten. Hinzu kam, dass man auch einen Großteil des jesuitischen Besitzes hatte retten können, sodass die Bedingungen für einen erfolgreichen Neubeginn kaum hätten günstiger sein können. Um 1820 zählte der Orden bereits wieder 2.000 Mitglieder!

Überhaupt setzte nach der »Stunde Null« des Ordenslebens im 19. Jahrhundert ein regelrechter »monastischer Frühling« ein, wohl eines der erstaunlichsten Phänomene dieser Epoche. Vor allem hatten Frauenorden regen Zulauf, die karitativ tätig waren und damit eine Lücke füllten, die der Staat nicht zu schließen vermochte. Viele der erst im 17. Jahrhundert entstandenen Kongregationen, die sich neben der Seelsorge auch der Alten- und Krankenpflege, der Kinder- und Jugendbetreuung sowie der Sozialfürsorge verpflichtet hatten, erlebten nun ihren eigentlichen Aufschwung. Bis zum Ende des Jahrhunderts gab es rund 100 Neugründungen, die ihre Aufgaben vornehmlich auf karitativem Gebiet sahen, wie die Oblaten, Schulschwestern, Pallottiner, Salesianer, Salvatorianer, Kreuzschwestern, um nur einige wenige zu nennen.

Doch auch das benediktinische Leben wurde erneuert. Mit der Neugründung von Beuron an der Oberen Donau durch die beiden Brüder Maurus und Placidus Wolter im Jahr 1863 erlebte das alte kontemplative Benediktinertum eine Wiedergeburt, nachdem in Bayern bereits König Ludwig I. (reg. 1825–1848) damit begonnen hatte, die große Säkularisationsaktion seines Vaters rückgängig zu machen. Unter ihm kam es zu einer Neugründung alter Klöster wie Metten, Andechs, Scheyern, Weltenburg und Schäftlarn, in denen außer der Seelsorge vor allem der Schulbetrieb im Vordergrund stand, zum Teil bis in unsere Tage.

*Chorgebet in der Benediktinerabtei St. Josef, Gerleve.*

Selbst in England begann im 19. Jahrhundert ein langsamer Prozess des Wiederaufbaus monastischer Tradition: Ordensgemeinschaften, die mehrere hundert Jahre lang im Frankreich im »Exil« gelebt hatten, durch die Französische Revolution aber gezwungen gewesen waren, ihr Gastland zu verlassen und auf ihre Heimatinsel zurückzukehren, gründeten dort neue Niederlassungen, darunter Ampleforth und Downside, zwei Benediktinerabteien, von denen die Wiedergeburt der britischen Klöster ausgegangen ist…

**Ausklang: Neue Formen für die neue Zeit?**

Mit dem Beginn des 20. Jahrhunderts war die Phase der Wieder- und Neugründungen der Kongregationen im Wesentlichen abgeschlossen – und damit ging der unerwartete »monastische Frühling« so langsam seinem Ende entgegen. Nachdem das Ordensleben jeweils nach den beiden Weltkriegen einen gewissen Aufschwung erfahren hatte, machte sich spätestens seit den 1960er Jahren ein immer stärkerer Nachwuchsmangel bemerkbar. Mittlerweile sind Menschen in Ordenstracht aus unserem Straßenbild weitgehend verschwunden. Viele Orden kämpfen ums Überleben oder haben sich bereits stillschweigend selbst aufgelöst.

Die katholische Kirche sah und sieht sich damit wieder einmal einer großen Herausforderung gegenüber, die es anzunehmen gilt, soll das europäische Mönchtum mit seinen tiefen spirituellen Wurzeln auch im 3. Jahrtausend weiter bestehen. Das II. Vatikanische Konzil (1962–1965) hat sich daher dieser Herausforderung gestellt und, dem von Papst Johannes XXIII. formulierten Motto des »Aggiornamento« (der Hinwendung zum Heute) folgend, eine zeitgemäße Erneuerung des Ordenslebens befürwortet, eine Erneuerung im Spannungsfeld zwischen dem Festhalten am Althergebrachten und der Anpassung an moderne Entwicklungen. Dies sind die Rahmenbedingungen, doch wie sie von den Ordensleuten unserer Zeit mit Leben gefüllt werden können, gleicht eher einem ständigen Wagnis.

Ein Beispiel für derartiges »monastisches Experimentieren« sind die im 20. Jahrhundert entstandenen »Säkularinstitute« oder »Weltgemeinschaften«. Dabei handelt es sich um einen Verband von Christen, die ihren Glauben »in der Welt« leben, nicht im klösterlich abgeschirmten Bereich, und ganz ohne Verpflichtung zum gemeinsamen Leben. Ähnlich wie seinerzeit die Jesuiten verzichten auch die Mitglieder der Säkularinstitute auf wesentliche Elemente des Ordenslebens wie die dauernde Gemeinschaft des Zusammenlebens oder eine bestimmte Tracht. Sie verpflichten sich zwar zum Zölibat, doch bleibt es ihnen überlassen, wie sie ihr Leben gestalten wollen, ob allein, in kleineren oder größeren Gruppen. Im Unterschied zu den Jesuiten aber unterhalten sie keine eigenen Schulen, Krankenhäuser, Altenheime oder Ähnliches, sondern arbeiten gewissermaßen »inkognito« in ihrem weltlichen Berufsverhältnis, an einem ganz »normalen« Arbeitsplatz. Es ist nicht auszuschließen, dass diese »Ordensleute« von ihren Mitmenschen und Arbeitskollegen tatsächlich eher akzeptiert werden als scheinbar weltfremde »Kuttenträger« und dass man den Mitgliedern der Säkularinstitute mehr Kompetenz zutraut, wenn sie ihren Glauben leben und den anderen Menschen vermitteln...

Zu den neuen Wegen gehören aber auch weitere »Experimente«, wie beispielsweise das »Kloster auf Zeit«. Schon vor etlichen Jahren haben auch die kontemplativen Orden beschlossen, sich verstärkt für Laien zu öffnen, und das nicht nur, indem sie interessierten Besuchern die Besichtigung ihrer Klosterkirche und weiterer Sehenswürdigkeiten gestatten oder in den Klosterläden ihre hochwertigen Produkte – Weine, Liköre und andere Spezialitäten – anbieten. Gemeint ist das »Kloster auf Zeit«, ein Angebot an Einzelne oder Gruppen, für eine begrenze Zeit unter geistlicher Betreuung in der Ordensgemeinschaft mitzuleben. Mittlerweile gönnen sich zahlreiche »gestresste Großstadtmenschen« – und nicht nur diese – gern eine »Auszeit« von der Hektik des Alltagslebens und versuchen, durch Muße und Meditation wieder ein wenig zu sich selbst und hin und wieder auch zurück zu Gott zu finden...

Auch wenn davon auszugehen ist, dass sich die Zahl der Ordensleute in Europa demnächst noch weiter verringern wird und noch etliche Gemeinschaften vollends verschwinden, so ist doch anzunehmen, dass das Mönchtum, das zeit seines Bestehens schon etliche Krisen bestand, auch noch im 3. Jahrtausend eine gute Chance hat, seine Weiterexistenz zu sichern. Vielleicht haben ja gerade in dieser Zeit, in der die Verweltlichung nie gekannte Ausmaße erreicht hat, in der moderne Technik und Kommunikationsmittel eine immer größere Rolle spielen und der Mensch als solcher mitunter gar nicht mehr richtig wahrgenommen wird, die Klöster eine ganz besondere Berechtigung. Kritikern, die beanstanden, das Ordensleben sei »von gestern«, kann man entgegenhalten, dass immerhin die 1997 verstorbene Ordensgründerin Mutter Teresa, die so selbstlos in den Armenvierteln Indiens gewirkt hat, 1979 mit dem Friedensnobelpreis ausgezeichnet worden ist...

# Maria Laach

## AVANTGARDE KIRCHLICHER ERNEUERUNG

Von der Jahrhunderte währenden Ruhe rund um den Laacher See können die Mönche des heiligen Benedikt, deren Vorgänger hier vor 900 Jahren ihr erstes Kloster bauten, nur noch in alten Chroniken lesen. Zu ahnen ist sie an stillen Wintertagen. Denn die berühmte Abtei inmitten einer idyllischen Eifellandschaft musste ihren Tribut an den Tourismus zahlen. Hunderte von Blechkarrossen bevölkern an Wochenenden und an Ausflugstagen den großen Parkplatz. Ihre Insassen ergießen sich über das Klostergelände, die nahen Gastronomielokale und das Ufer des Sees, der mit seinen 3,33 Quadratkilometern als das größte Eifelmaar vor rund 10.000 Jahren in vulkanischer Landschaft entstand.

Kelten hatten schon hier gesiedelt und Römer, die die Umgebung des Laacher Sees in ihr Heerstraßennetz einbezogen hatten. Um das Jahr 400 tauchten die Franken auf, und die Grafen von Laach, die auf einem Felsvorsprung am südöstlichen Seeufer ihre Burg hatten, waren in der Frühzeit des Heiligen Römischen Reiches Deutscher Nation geachtete Lehnsleute des Kaisers; Graf Heinrich II. war einer von ihnen. Um die Jahrtausendwende hatten die Vorfahren des Eifeler Edelmanns ein ansehnliches Vermögen erworben, und einige Jahrzehnte später war er selbst sogar zur Pfalzgrafenwürde aufgestiegen. Zu eigenem und zum Seelenheil seiner Familie sann er nunmehr darauf, ein Kloster zu stiften. Großzügig sollte es mit Ländereien ausgestattet werden. So entstand unweit des Sees das Kloster zu Ehren der Gottesmutter und des heiligen Nikolaus, eine der reinsten und schönsten Schöpfungen deutscher romanischer Baukunst. Graf Heinrich hatte 1093 dazu den Grundstein gelegt. Zur Seite stand dem edel gesinnten Fürsten seine Gattin Adelheid von Orlamünde, die auch den Klosterbau weiterführte, als Heinrich bereits 1095 das Zeitliche segnete. Noch ragten die Mauern erst drei Meter aus dem Boden, und die Gräfin fürchtete um die Zukunft des Unternehmens, wenn es auf das Wohlwollen ihres Sohnes aus erster Ehe, Siegfried von Ballenstedt, angewiesen sein sollte. Dieser, ein ehrgeiziger Erbe, hatte zunächst nichts mit dem Klosterbau im Sinn, obwohl er sich zur Vollendung und Erhaltung des Bauwerks verpflichtet hatte. Für andere Projekte hatte er sich gar an den Stiftungsgütern des Vaters vergriffen. Mutter Adelheid reiste daher im Jahre 1100 nach Rom, um vom Papst einen Schutzbrief zu erbitten. Auf dem Weg dorthin verstarb sie; im luxemburgischen Echternach liegt sie begraben.

*Benediktinerabtei Maria Laach;*
*Blick auf »Paradies« und Westfront.*

Pfalzgraf Siegfried kümmerte sich lange nicht um die übernommene Verpflichtung. Erst 1112, ein Jahr vor seinem eigenen Tode, nahm er die Bauarbeiten wieder auf. Eine gewaltige Kirchenanlage der Hochromanik entstand, mit sechs Türmen, davon zwei Vierungs- und je zwei Flankentürmen Als Erzbischof Hillinus von Trier 1156 die Weihe des Klosters vollzog, fehlten noch die oberen Hälften der Türme und der Ostchor, vor allem aber das »Paradies«, die Vorhalle, einzigartig nördlich der Alpen und künstlerisch der bedeutsamste Teil des Gesamtbauwerks (1230). Die ersten Mönche kamen von St. Maximin in Trier. Ihnen folgten fromme Brüder aus dem vom Pfalzgrafen Siegfried gestifteten Brabanter Kloster Afflighem. Dieser Abtei unterstellte er auch die neue Ordensgemeinschaft von »Maria ad lacum«. In einer Bulle Innozenz' III. wird der Laacher Konvent auf die cluniazensische Reform des Benediktinerordens festgelegt. Sie schrieb der Mönchsgemeinschaft die strenge Einhaltung von Gebet, Lesung und Arbeit im Tagesablauf vor. Erster Abt nach 35 Jahren Priorat wurde 1127 Gilbert, der nach seinem Tode 1152 in der Krypta bestattet wurde. Sein Epitaph zeugt noch heute von der hohen Mosaikkunst des 12. Jahrhunderts.

Der Besucher betritt das Kloster durch die Vorhalle des »Paradieses«. Es öffnet sich durch seine nach innen und außen geöffneten Arkadengänge mit ihren paarweise aufgerichteten dunklen Schiefersäulchen. Zu den anonymen spätromanischen Steinmetzkünstlern an Portal, Kapitellen und Säulen zählt auch der »Samsonmeister«, genannt nach einer Figurenskulptur, die den Kopf des alttestamentlichen Richters zeigt. Hintergründigen Witz verrät ein Kapitell links vom Portal: Ein Teufelchen notiert »peccata populi«, die Sünden der eintretenden Besucher – der nicht ernst gemeinte bildhauerische Versuch einer Art »Seelenreinigung«. In der Mitte des quadratischen Innenhofes der »Brunnen des Lebens«: Vier Löwen aus Travertinstein tragen die Wasserschale – einst zur Reinigung der Kirchenbesucher.

Kein Besucher kann sich beim Eintritt in die Basilika des Eindrucks der erhabenen Schlichtheit eines hochromanischen Kirchenraums erwehren. Der leicht abfallende Boden des Langhauses in der dreischiffigen Kirche läßt den Raum länger erscheinen, als er in Wirklichkeit ist. Das nur wenig veränderte architektonische Innere vermittelt bis heute das stimmungsvolle Erlebnis monastischer Ruhe. Wenngleich die Zeitläufte sich änderten, Krieg und Verwüstungen über das Kloster hereinbrachen – zwei hochmittelalterliche Kunstwerke blieben erhalten. Zu ihnen gehört an erster Stelle das Stiftergrab im Westchor – ein frühgotischer, bemalter, drei Meter langer Steinsarkophag, auf dem die überlebensgroße, um 1275 in Nussbaum geschnitzte Figur des Pfalzgrafen Heinrich liegend dargestellt ist, das Modell des Klosters in der Hand. Einmalig diesseits der Alpen ist auch der frühgotische, sechseckige »Baldachin« aus der Mitte des 13. Jahrhunderts. Lange Zeit überdachte er das Stiftergrab im hochgelegenen Westchor, ehe er wieder seinen Platz über dem Hauptaltar einnahm, wo er ursprünglich gestanden hatte. Als Symbol des Himmelsgewölbes ragt das »Ciborium«, wie Kunstwerke dieser Art genannt werden, acht Meter hoch auf sechs schlanken, nach innen geneigten Säulen über den Altar hinaus. Die beiden vorderen Säulen stammen noch aus dem Kalkgestein der römischen Wasserleitung, die von der Eifel nach Köln führte.

Auf Abt Gilbert war Abt Fulbert (1152–1277) gefolgt, der den Grund für eine Bibliothek legte. Bei der Auflösung der Abtei 1802 hatte sie 140.000 Bände, die dann in alle Welt zerstreut wurden. Für die Staatsbibliotheken von Berlin und Darmstadt lieferten die Codices aus Maria Laach den Grundstock des heutigen Bestandes. Auf Abt Fulbert geht auch die erste Schreibstube des Klosters zurück, in der wertvolle Buchmalereien der Laacher Mönche entstanden. Abt Fulbert aber machte sich nicht minder um die Infrastruktur des Klosters verdient. Er veranlasste die Anlage eines Abflussstollens, der quer durch einen Bergwall in den See führte. Von diesem Stollen sind heute noch 750 Meter in gutem Zustand erhalten.

Erste wirtschaftliche Schwierigkeiten stellten sich zu Beginn des 12. Jahrhunderts ein. Das rasche Aufblühen der Städte und ihre wachsende Selbständigkeit trafen die ländlichen Grundherren und auch deren Spendebereischaft empfindlich. Hinzu kam die Begehrlichkeit adliger Nachbarn, die die Schutzherrschaft über die Laacher Abtei zu gewinnen suchten. Mit rücksichtslosen Forderungen setzten sie das Kloster unter Druck, sodass dieses sich von den Schutzrechten loskaufen und einen Teil seiner Güter veräußern musste. Doch mit Abt Theoderich von Lehmen (1256) kam die Rettung. In den 40 Jahren seiner Amtszeit konnte er den Klosterbesitz erneut vermehren und die Abtei von ihrer schweren Schuldenlast befreien. Abt Theoderich war auch der Initiator des Stiftergrabs, für dessen Herstellung er vermutlich Meister der Kölner Dombauhütte gewann.

Mit dem wirtschaftlichen Aufschwung lockerte sich jedoch auch der religiöse Eifer der Ordensgemeinschaft. Diesem inneren Verfall konnte über ein Jahrhundert lang keine geistliche Leitung des Klosters Einhalt gebieten. Deutliche Ansätze einer Reform des Klosterlebens wurden erst unter Abt Wilhelm von Leutesdorf erkennbar, doch es dauerte noch mehrere Jahrzehnte, ehe sich wirkliche Fortschritte zeigten. Sie waren verbunden mit dem Beitritt der Abtei zur Bursfelder Union (1474), einer Erneuerungsbewegung für strengeres klösterliches Leben, für gegenseitige Hilfen und Kontrollen (Visitationen), ausgehend vom braunschweigischen Kloster Bursfeld. Der neue Geist breitete sich in Deutschland, Belgien, den Niederlanden und in Dänemark aus, sodass sich schon bald 25 Klöster zur Bursfelder Union bekannten. Maria Laachs Äbte übten vom 15. bis 17. Jahrhundert wiederholt das Amt des Präsidenten der Union aus. Einher mit der Erneuerung des klösterlichen Lebens ging das Aufblühen eines christlichen Humanismus, wie er besonders in den rheinischen Klöstern gepflegt wurde. Wissenschaft, darunter auch die alten Sprachen, als Förderung der neuen geistlichen Ordnung war das Ziel. Prominentester Vertreter der Laacher Mönchsgemeinschaft war der 1478 in Miltenberg geborene Johannes Butzbach, der als 22-Jähriger nach Laach kam, sieben Jahre später Prior der Abtei wurde und sich durch die Herausgabe wissenschaftlicher und anderer Werke (»Wanderbüchlein«) einen Namen machte. Er starb 1516.

*Das Kloster am See;*
*Maria Laach aus der Vogelperspektive.*

»Ora et labora«, das Leitmotto der Benediktiner, erstreckte sich auch in Laach nicht nur auf die Pflege von Kunst und Wissenschaft. Die Priestermönche legten auch in der Haus- und Landwirtschaft mit Hand an. Ein jähes Ende dieser fruchtbaren Zeit kam mit der französischen Besetzung der Abtei. 1802 wurden Kloster und Konvent aufgelöst.

Die Kirche ging 1815 in den Besitz des preußischen Staates über, während die Klostergebäude und übrigen Liegenschaften private Käufer fanden. 1855 verwüstete ein Brand einen Großteil des Klosterareals. In diesem desolaten Zustand fanden 1862 die Jesuiten die Abtei vor. Nach dem Erwerb richteten sie hier ein Studienhaus ein. Eine neue Bibliothek entstand, und eine intensive, jesuitisch geprägte literarisch-wissenschaftliche Tätigkeit war nunmehr mit dem Namen Maria Laach verbunden. Hier begannen die Ignatius-Jünger mit ihrer 13-bändigen Reihe »Philosophia Lacensis« (1870), mit ihrer »Konziliensammlung« (sieben Bände ab 1870) und den »Stimmen aus Maria Laach« (1871), einer renommierten Zeitschrift, die noch heute unter dem veränderten Titel »Stimmen der Zeit« vom Jesuitenorden herausgegeben wird. Das Jesuiten-Intermezzo endete nach kaum mehr als zehn Jahren, als infolge des Kulturkampfs 1873 die Patres der Societas Jesu aus Maria Laach vertrieben wurden. Nochmals zwei Jahrzehnte vergingen, ehe sich neues Leben in der alten Abtei regte und 1892 wieder Benediktinermönche einzogen. Sie kamen aus dem hohenzollerschen Beuron, in dem auf Geheiß Papst Pius' IX. die Grundlage für das benediktinische Leben nach der napoleonischen Ära gelegt worden war.

Prior Willibrord Benzler wurde 1893 der 42. in der Reihe der Laacher Äbte. Er hatte die Aufgabe, eine Klostergemeinschaft zu bilden, die nach dem Willen der Beuroner Kongregationsgründer vor allem der Liturgie den ihr gebührenden ersten Platz im monastischen Tagesablauf einräumen sollte. Als Abt Willibrord 1901 sein Amt seinem Nachfolger Fidelis von Stotzingen übergab – er selbst war Bischof von Metz geworden –, standen bereits 26 Priestermönche und 39 Laienbrüder zur Profess an. Abt Fidelis setzte die geistigen und organisatorischen Bemühungen seines Vorgängers mit Eifer fort. Als ihn 1913 seine Mitbrüder im Abtsamt zum Primas der Benediktiner wählten, hatte er den Laacher Konvent um 63 Brüder erweitert.

*Die Klosterbibliothek von Maria Laach wurde – und ist bis heute – mit ihren 230.000 Bänden ein Zentrum theologischer Forschung und Glaubensvermittlung.*

Einen Höhepunkt in der geistigen und geistlichen Entwicklung erreichte die Abtei mit Stotzingens Nachfolger Ildefons Herwegen (1913–1946). Die liturgische Bewegung erhielt in ihm ihren größten Förderer. Im feierlichen Gebet und liturgischen Opfer sollten alle menschlichen Anliegen, Stimmungen und Gefühle vor Gott hingetragen werden. Jedem Klosterangehörigen wurde die Teilnahme an den liturgischen Tageszeiten und der feierlichen Messe zur obersten Pflicht gemacht. Die »liturgisch-monastische Forschung«, zu deren Gegenständen auch der Gregorianische Choral gehört, wird seit 1948 in dem nach Herwegen benannten Institut betrieben. Weitere Disziplinen dieses Instituts sind Theologie, Bibelwissenschaft, Kirchengeschichte, kunstwissenschaftliche Arbeiten, Philologie und Naturwissenschaften. In viel beachteten Beiträgen regelmäßiger Publikationen wie »Ecclesia orans«, in den »Liturgiewissenschaftlichen Quellen« und im »Jahrbuch für Liturgiewissenschaft« finden die Forschungen ihren Niederschlag. Abt Ildefons trat im Übrigen mit Beiträgen zur »Geschichte des alten Mönchstums und des Benediktinerordens« hervor. Großen Einfluß hatte die liturgische Erneuerung auch auf die kirchliche Laienbewegung, insbesondere auf die Jugend der 1920er und 1930er Jahre, die sie begeistert aufnahm. Pius XI. würdigte die Laacher Verdienste, indem er die Klosterkirche zur »Basilica minor« erhob.

Praktische Kunst und Kunstfertigkeiten sind in Maria Laach ebenso zu Hause wie die Wissenschaften. So arbeiten Mönche und Laienbrüder in den »Studios« des Klosters als Architekten, Bildhauer und -schnitzer, Maler und Radierungskünstler. Musikalisch werden der Chorgesang und das Orgelspiel gepflegt.

Mit der Neubesiedlung des Klosters stand für die Äbte und ihre Mitbrüder auch die Neueinrichtung der Abteigebäude und der Basilika an. Abt Willibrord scheute sich nicht, für die Ausmalung der Kirche sogar die Unterstützung des protestantischen Kaisers Wilhelm II. in Anspruch zu nehmen (1894), von dem er wusste, dass er den Benediktinern besonders zugetan war. Kaiser Wilhelm hatte deutschen Benediktinern auch die Abtei auf dem Sionsberg von Jerusalem gestiftet; ein Laacher Mönch war ihr erster Abt geworden.

In den 1890er Jahren erhielten die Abtei neue Fenster und die Westtürme ein neues Geläute. Eine neue Abts- und Hauskapelle entstand. Für den Kapitelsaal schufen Werkleute des Klosters ein neues Gestühl. In den Kreuzgang wurden die Epitaphe der Äbte verlegt. Die neue Sakristei wurde mit einem Gewölbe überspannnt, die Wände wurden mit Fresken versehen. Aber auch die Kirche sollte den Besuchern ein neues Aussehen bieten. Für die Choranlage gestalteten klostereigene Künstler ein neues Gestühl. Ein goldgeschmiedeter Aufsatz für den Bonifatiusaltar wurde vom Laacher Pater Andreas Göser entworfen. Um im Inneren der Basilika dem Gesamteindruck des 12. Jahrhunderts wieder nahe zu kommen, löste man den Putz von den steinernen Wänden; hervor trat das optische Wechselspiel von blauer Basaltlava und gelbem Tuff, die seit jeher in der Umgebung des Klosters abgebaut werden.

Die stärkste Veränderung erfuhren die drei Ostapsiden, die in 15-jähriger Arbeit ihren eindrucksvollen Mosaikschmuck erhielten. Unter dem Thema »Christi Selbstentäußerung und Erhöhung« entstand ein figürlicher Zyklus, der in der nördlichen Apsis mit Darstellungen der Geburt Christi und der Anbetung der Könige beginnt. Über dem Sakramentsaltar in der Südapsis hält Gott-Vater dem Betrachter den gekreuzigten Sohn mit der Heilig-Geist- Taube entgegen. Ekklesia und Synagoge nehmen Außenpositionen ein. Gestalten des Alten Testaments und eine Figur des Täufers finden sich im Mittelteil. Das Mosaik des Pantokrators in der Hauptapsis deutet die Erhöhung und Verherrlichung Christi an. Der Erlösergott ist der Mittelpunkt der Welt, auf den auch der Christus umgebende Tierkreis sowie die Geschöpfe der Natur wie Phönix, Greif, Pfau und Adler in der unteren Bildzone hinweisen. Das Motto auf dem Blendbogen faßt die majestätische Verherrlichung Christi zusammen: »Christus vincit, regnat, imperat«.

Heute leben wieder 65 Mönche – Priester und Laienbrüder – in der Abtei. In der »Ökonomie«, den Gärten und der Landwirtschaft, arbeiten Laienbrüder und private Angestellte. Sie liegt in unmittelbarer Umgebung des Klosters und dient der Erzeugung und Verarbeitung von Naturprodukten, in der Hauptsache für den Eigenverbrauch. Während der nationalsozialistischen Herrschaft war das Maria Laacher Kloster ein Asyl für Verfolgte des Naziregimes; 1935 fand hier auch Konrad Adenauer zeitweilige Unterkunft.

### Das Kloster am See

*Das Naturparadies Laacher See, an dessen Ufer die Benediktinerabtei liegt, hat bei elliptischer Form einen Umfang von 7,3 Kilometern. An der schmalsten Stelle ist der See 1,4 km breit. In der Länge erreicht er 2,3 km. Die tiefste Stelle beträgt 51 Meter.*

*Von der linksrheinischen Autobahn A 61 zweigt die Straße bei Niedermendig ab. Von hier aus sind es noch 2,5 km bis zum Kloster. Vom Parkplatz an der Ostseite des Klosters erreicht der Besucher die Abtei über eine Fußgängerunterführung. Führungen durch einen Benediktinermönch bietet das Kloster von 9 Uhr bis 18.30 Uhr, an Sonn- und Feiertagen von 13 bis 18.30 Uhr an.*

*Die liturgische Bewegung, in der Maria Laach nach wie vor führend ist, findet ihren Ausdruck u. a. in den »Laacher Kunstwerkstätten«. Sie bieten liturgische Geräte, Bilder, Denkmäler und sogar Grabsteine an. Zum Kloster gehören weiter eine Buchhandlung mit eigenem Verlag und das Seehotel, das von weltlichen Angestellten betrieben wird.*

*Maria Laach; Abteikirche nach Osten.*

# Kann man heute wieder Mönch werden?

## Ein Nachwort von Elmar Salmann OSB

Es sieht so aus, als hätte in einer global vernetzten Welt, in welcher jeder etwas Besonderes ist und alle gleich sind, eine so entlegene Institution wie das Kloster jede Daseinsberechtigung und -möglichkeit verloren, eben weil alle schon als Monaden herumlaufen und andererseits die Mönche kaum der allgemeinen Kommunikationswut entgehen können. Niemand ist den neuen Dogmen von Political correctness und Marktgesetzen, dem Standard von Wellfare und Wellness enthoben, und alle sind Singles, versuchen in ihrer fröhlichen Ich-Wüste anschlussfähig zu bleiben. Da kann das ausgehöhlte, unterhöhlte Mönchtum kaum mehr bedeuten als eine der vielen Merkwürdigkeiten in der bunten Allerleigesellschaft. Es stirbt an seiner surrealen Unwirklichkeit. So scheint es zumindest in Europa und der restlichen westlichen Welt zu sein.

Wie aber, wenn man die Perspektive einmal umkehrte und danach fragte, ob und wie eine Lebensform, die seit 1700 Jahren viele Wandlungen erlebt hat, womöglich doch etwas Neues (oder wieder zu Entdeckendes) zu sagen und darzustellen hätte?

Denn es ist eine der wenigen Lebensformen, in denen die sonst anonym bleibende religiöse Dimension des Menschen noch sichtbar und öffentlich greifbar zum Beruf wird, der zugleich die private Sphäre umschließt und beansprucht; eine denkwürdige Weise, etwas vom absoluten Atem des Religiösen anschaulich zu machen. Religion geht beim Ordenschristen in die spontane Selbstgegenwart und -definition ein (etwa wie früher auch das eheliche Wir-Band, und war der Andere noch so fern). Ohne Zweifel eine gewagte Sache, das Unbegreifliche und Ungreifbare, das uns heute so Ferne und Anonyme Gottes zu Horizont und Anker, Raum und Gebot eines Lebens zu machen. Angesichts der üblichen Teilung der Daseinssphären scheint hier eine Monokultur zu herrschen, in der Beruf und Freizeit, familiäres und privates Leben sich im selben Raum abspielen und Gott gastfreundliche Offenheit und Gehör gewährt wird. Der gesamte Lebensfaden hängt an etwas so Unsolidem wie dem Gottesbezug. Eine ziemlich abenteuerliche Art der Lebensplanung, zumal diese jede allgemeine Akzeptanz und Selbstverständlichkeit verloren hat. Vielleicht hat sie aber gerade darin etwas vom Salz des Ursprungs zurückgewonnen.

Welches sind nun die Koordinaten eines solchen Lebensentwurfs, und was können sie für die anderen Menschen besagen?

Da ist einmal die Einsamkeit. Der »monachus« erfährt bewusst, wie sehr jeder Mensch einsam ist und bleibt, eben weil er einmalig ist. Einsamkeit ist hier also bar jeden melodramatisch depressiven Tons, obwohl auch solche Anfechtung durchgestanden werden muss. Vielmehr kann man in ihr entdecken, wie sehr ein jeder sich zugedacht, zugetraut und zugemutet ist, ein ihm zugesprochenes Stich- und Losungswort, an dem er freilich sein ganzes Leben lang herumbuchstabiert, um es zu entziffern und zu verstehen. Der Mönch versucht, den Menschen als Widerhall und Ant-Wort des Wortes Gottes zu begreifen, sich als vom Schöpfer her wahrgenommen und begabt zu sehen. Er lebt eine nicht verdrängte oder betäubte, sondern fruchtbare Einsamkeit.

Je tiefer man in den Brunnenschacht der Einsamkeit taucht, desto mehr schöpft man aus dem gemeinsamen Grundwasser, entdeckt man jene Tiefenschicht, in welcher die Menschen einander verwandt und zugetan sind. Wo wir weinen und lachen, noch Kind und schon alt sind und um die Grundrhythmen und -gesetze des Lebens wissen, da verstehen wir einander. Wir stehen gemeinsam vor Gott, wissen, wie sehr ein jeder begabt und zugleich vom Geschick gezeichnet ist. Die Ordenschristen versuchen deshalb, gemeinsam vor Gott all-einig zu sein.

Jedes Gesicht hat etwas Leuchtendes, Großes, Geheimnisvolles und ist zugleich von Scheitern, Endlichkeit und Minderung geprägt. Niemand ist immer »super« und »Spitze«; es gibt kein Leben, dem nicht die Niederlage als Wasserzeichen eingeprägt wäre. Alles ist relativ; diese Feststellung wird oft in dumpfe Indifferenz führen, kann aber auch ermutigen, diese anders zu betonen: Alles ist bezogen auf etwas Größeres, ist eröffnende In-Differenz für jede Art von Differenz und Verschiedenheit. Denn in Gott hat auch das, was sich für uns ausschließt, Platz. Mönchtum versucht, dieser Einsicht im Lebensalltag Raum zu geben. Es ist wohl doch kein Zufall, dass in unseren römischen Ordenshäusern während der Weltkriege Christen aus allen Nationen miteinander ausgehalten haben. Und auch heute teilen hier »hautnah« Menschen aus allen Völkern ihren beruflichen und häuslichen Alltag miteinander. Fast ist man versucht zu sagen: Die Grünen fordern die multikulturelle Gesellschaft, die Ordenschristen der uralten und scheinbar überalterten Kirche leben sie.

Raum und Rahmen eines solchen Lebensstils bilden Gebet und Liturgie. In Dank, Lob, Klage, Bitte bedenken die Betenden das menschliche Geschick vor Gott, um nicht Ressentiments und Stimmungsschwankungen restlos anheimzufallen. Vorab pflegt das Mönchtum das Gotteslob. Von Pindar über Augustinus und Hölderlin bis Rilke gab es in unserer Kultur die Kunst der Preisung das Daseins; sie war der Golfstrom und Himmel, an dem die den Stürmen und Flauten ausgesetzte Existenz sich orientieren, Maßstäbe für ihr Werten und Handeln gewinnen konnte. Sollte dieser Raum der Rühmung ganz zusammengeschrumpft sein auf kritische Analyse und Selbstbehauptung? Im benediktinischen Mönchtum wird das Chorgebet zumeist gesungen. Denn der Gesang erinnert, wie Augustin sagt, inmitten unserer nächtlichen Wanderung an den Morgen, und singend wird die Seele zur Hoffnung gestimmt.

Noch ein letzter Punkt sei berührt. Es geht beim Mönchtum nicht um Doktrin und direkte Verkündigung. Es ist vielmehr eine gastfreie und -freundliche Lebensform. Der Ordenschrist weiß sich selbst als aufgenommener Gast Gottes und der Gemeinschaft und ist deshalb, wie die Regel Benedikts einschärft, selber gastfrei. Alle sollen wie Christus aufgenommen werden. Gastfreundliche Fremdheit und Zugewandtheit, die die Welt (auch in sich selbst) und Gott (auch in seiner Ferne) leiden mag, das scheint mir für eine Christenheit, die sich seit langem zum ersten Mal als Minderheit erfährt, eine gute Formel und Weise der Präsenz zu sein. Nicht Sekte, sondern eine offene, qualifizierte Minderheit, das wäre das »mönchische« Programm, das man der westeuropäischen Kirche für die nächsten Jahrzehnte nahelegen möchte. In welchen Formen sich dabei Religion als Beruf darstellen wird, ob unsere Großklöster in Europa Bestand haben, wissen wir nicht. Dennoch ist zu erwarten, dass ein so verstandenes Mönchtum ein gelebter Archetyp von Religion und eine unverzichtbare Form christlicher Lebensführung bleibt.

*Als die Mönche von Canterbury im 12. Jahrhundert daran gingen, die Wasserversorgung ihres Klosters neu zu bauen, schufen sie dafür diese Planskizze mit den Zu- und Ableitungen. Ihr verdanken wir einen seltenen und authentischen Einblick in Aufbau und Organisation einer hochmittelalterlichen Klosteranlage. (Handschrift in der Bibliothek des Trinity College, Cambridge.)*

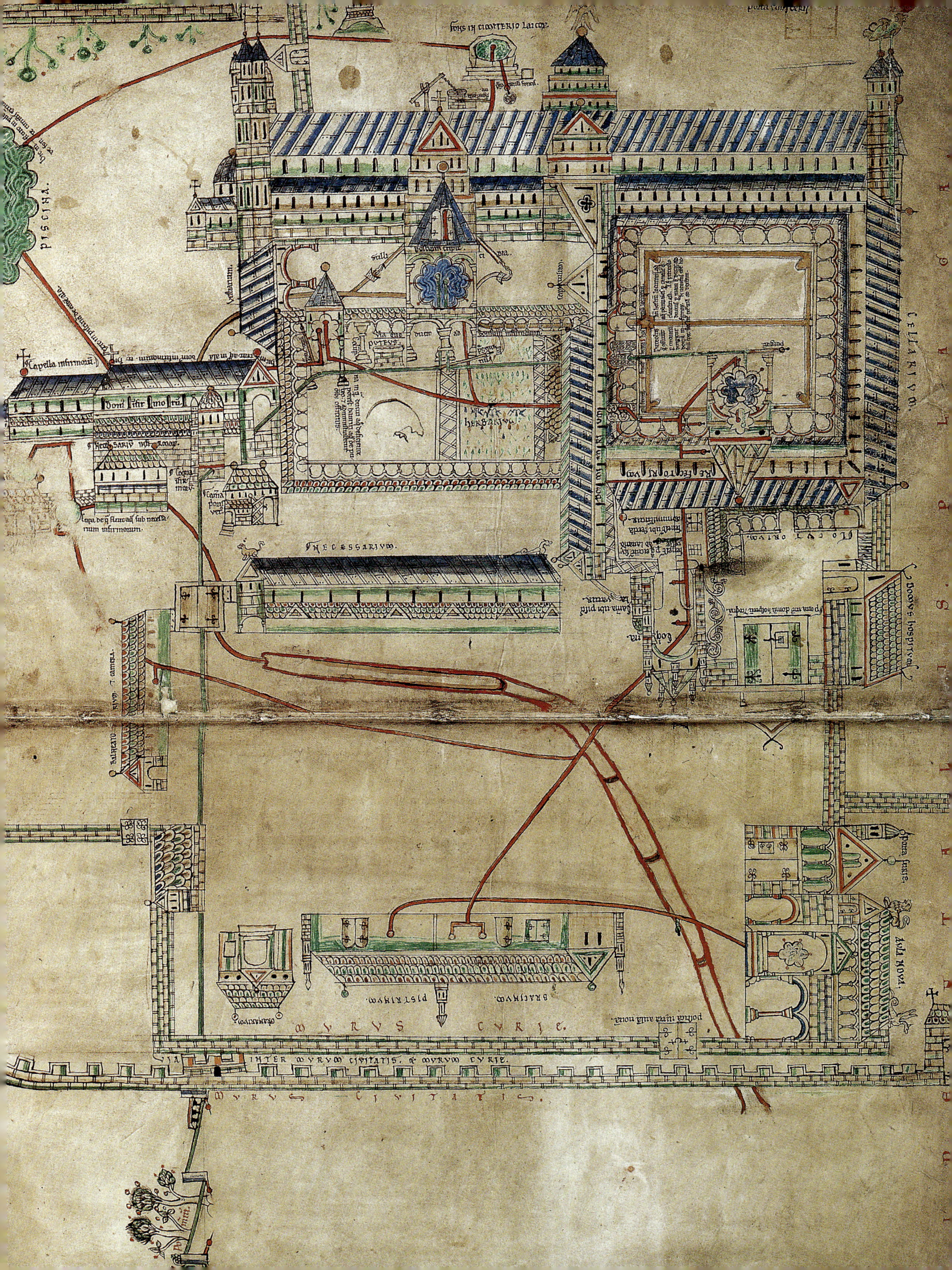
FONS IN CIMITERIO LAICOR
PISCINA
Capella infirmorum
CELLARIUM
HERBARIUM
NECESSARIUM
AULA NOVA
PISTRINUM
BRACINUM
MURUS CURIE
INTER MURUM CIVITATIS & MURUM CURIE
MURUS CIVITATIS

# Grundlegende Literatur


Affeld, Werner/Kühn, Annette (Hg.): Frauen in der Geschichte Bd. VII (Düsseldorf 1986)

Aland, Kurt: Geschichte der Christenheit
Bd.1: Von den Anfängen bis an die Schwelle der Reformation (Gütersloh 1980)
Bd.2: Von der Reformation bis in die Gegenwart (Gütersloh 1982)

Angenendt, Arnold: Das Frühmittelalter. Die abendländische Christenheit von 400–900 (Stuttgart 1990)

ders., Heilige und Reliquien. Die Geschichte ihres Kultes vom frühen Christentum bis zur Gegenwart (München 1994)

Angerer, Joachim: Klösterreich. Die Stifte in Bayern, Österreich und der Schweiz (Wien 1978)

Badstubner, Ernst: Kirchen der Mönche. Die Baukunst der Reformorden im Mittelalter (Wien 1981)

Bainton, Roland: Frauen der Reformation. Von Katharina von Bora bis Anna Zwingli, 10 Portraits (Gütersloh 1995)

Balthasar, Hans-Urs von: Die großen Ordensregeln (3. Aufl., Einsiedeln 1974)

Bauer, Herrmann: Klöster in Bayern. Eine Kunst- und Kulturgeschichte in Oberbayern, Niederbayern und der Oberpfalz (München 1985)

Benedikt von Nursia: Die Klosterregel des hl. Benedikt (Beuron 1954)

Bernstein, Marcelle: Nonnen. Leben in zwei Welten (München 1977)

Boockmann, Hartmut: Einführung in die Geschichte des Mittelalters (München 1978)

Borst, Arno: Religiöse und geistige Bewegungen im Hochmittelalter, in: Weltgeschichte, Band 5 (Gütersloh o. J.)

Brecht, Martin: Martin Luther, 3 Bde. (Stuttgart 1981ff.)

Brooke, Christopher: Die große Zeit der Klöster (1000–1300) (Freiburg 1976)

Demurger, Alain: Die Templer, Aufstieg und Untergang 1118–1314 (München 1982)

Dinzelbacher, Peter/Hogg, James Lester (Hg.): Kulturgeschichte der christlichen Orden (Stuttgart 1997)

Ennen, Edith: Frauen im Mittelalter (München 1984)

Falkner, Andreas: Ignatius von Loyola und die Gesellschaft Jesu 1491–1556 (Würzburg 1990)

Fink, Humbert: Die Botschafter Gottes. Eine Kulturgeschichte der Heiligen (München 1983)

ders.: Franz von Assisi. Der Mann, das Werk, die Zeit (München 1981)

Fichtenau, Heinrich: Lebensordnungen des 10. Jahrhunderts (München 1992)

Fleckenstein, Josef (Hg.): Die geistlichen Ritterorden Europas (Sigmaringen 1980)

Frank, Karl S.: Geschichte des christlichen Mönchtums (5. Aufl., Darmstadt 1993)

Friedenthal, Richard: Luther. Sein Leben und seine Zeit (München 1967)

Gregoire, Reginald, u. a.: Die Kultur der Klöster (Stuttgart 1985)

Guillermon, Alain: Ignatius von Loyola in Selbstzeugnissen und Bilddokumenten (Reinbek 1962)

Gurjewitsch, Aaron J.: Das Weltbild des mittelalterlichen Menschen (München 1980)

Hackstein, Rolf: Der Aachener Beginenhof St. Stephan im Mittelalter (Aachen 1997)

Hansen, Susanne: Die deutschen Wallfahrtsorte. Ein Kunst- und Kulturführer zu über 1000 Gnadenstätten (Augsburg 1990)

Hawel, Peter: Klöster. Wie sie wurden, wie sie aussahen und wie man in ihnen lebte (München 1982)

ders.: Das Mönchtum im Abendland. Geschichte, Kultur, Lebensform (Freiburg 1993)

Hemmerle, Josef: Die Benediktinerklöster in Bayern (Augsburg 1970)

Herbers, Klaus: Der Jakobsweg. Mit einem mittelalterlichen Pilgerführer nach Santiago de Compostela (Tübingen 1990)

Herbers, Klaus/Plötz, Robert (Hg.): Nach Santiago zogen sie. Berichte von Pilgerfahrten »ans Ende der Welt« (München 1996)

Herwegen, Ildefons/Severus, Emmanuel von: Der heilige Benedikt (5. Aufl., Düsseldorf 1980)

Hilpisch, Stephanus: Benediktinisches Klosterleben in Deutschland. Geschichte und Gegenwart (Berlin 1929)

Holtz, Ludwig: Geschichte des christlichen Ordenslebens (2. Aufl., Zürich – Einsiedeln – Köln 1991)
ders.: Männerorden in der Bundesrepublik Deutschland (Zürich 1984)
Hogg, James: Die geheimnisvolle Welt der Klöster (Augsburg 1998)
Hümmeler, Hans: Helden und Heilige (Kempen 1979)
Hasenberg, J./ Wienand, A.: Das Wirken der Orden und Klöster in Deutschland (Köln 1957ff.)

Jungclaussen, Emmanuel: Benedikt von Nursia. Worte der Weisung. Die Regel des hl. Benedikt als Einführung in das geistliche Leben (Freiburg 1999)
Junghans, Helmar (Hg.): Die Reformation in Augenzeugenberichten (Düsseldorf 1967)

Klosterleben im Mittelalter. Nach zeitgenössischen Quellen von Johannes Bühler (Frankfurt 1989)
Kolb, Karl: Große Wallfahrten in Europa (Würzburg 1976)

Laepple, Alfred: Klöster und Orden in Deutschland (München 1985)
Lambert, Malcolm D.: Ketzerei im Mittelalter (München 1981)
Lexikon des Mittelalters (München – Zürich 1980 ff.)
Lexikon für Theologie und Kirche (3. Aufl., Freiburg 1993 ff.)
Little, Bryan: Abbeys and Priories in England and Wales (New York 1979)
Lortz, Joseph: Die Reformation in Deutschland, 6 Bde. (Freiburg 1939 ff.)
Lutz, Heinrich: Reformation und Gegenreformation (München 1979)

Marcuse, Ludwig: Ignatius von Loyola. Ein Soldat der Kirche (Zürich 1973)
Mayeur, Jean-Marie, u. a. (Hg.): Die Geschichte des Christentums (Freiburg 1993ff.)
Melchers, E. u. H. (Hg.): Das große Buch der Heiligen (Mainz 1975)
Meyer-Sickendiek, Ingeborg: Gottes gelehrte Vaganten. Auf den Spuren der irischen Mission und Kultur in Europa (Stuttgart 1980)
Mielenbrink, Egon: Wallfahrtsorte – Stätten des Gebets. Entstehung, Entwicklung, Bedeutung (Kevelaer 2000)
Moser, Bruno: Große Gestalten des Glaubens. Leben, Werk und Wirkung (München 1982)

Neuhardt, Johannes: 1500 Jahre St. Benedikt (Graz 1980)
Nigg, Walter: Benedikt von Nursia. Der Vater des abendländischen Mönchtums (Freiburg 1979)
Nottelmann, Annette: Von Beginen und Bayenamazonen. Frauengeschichte im Kölner Severinsviertel (Köln 1994)
Novak, Kurt: Geschichte des Christentums in Deutschland. Religion, Politik und Gesellschaft von der Aufklärung bis zur Mitte des 20. Jahrhunderts (München 1995)

Ohler, Norbert: Sterben und Tod im Mittelalter (München 1990)
ders., Pilgerleben im Mittelalter (Freiburg 1994)
ders.: Pilgerstab und Jakobsmuschel (Düsseldorf 2000)

Pernoud, Régine (Hg.): Die Kreuzzüge in Augenzeugenberichten (2. Aufl., München 1980)
Plötz, Robert: Unsere Wallfahrtsstätten (Frankfurt 1988)
Prinz, Friedrich: Frühes Mönchtum im Frankenreich (2. Aufl., Darmstadt 1988)

Rahner, Karl: Ignatius von Loyola (2. Aufl., Freiburg 1978)
Ritter, Gerhard: Die Neugestaltung Deutschlands und Europas im 16. Jahrhundert (Frankfurt 1967)
Rössler, Hellmuth: Europa im Zeitalter von Renaissance, Reformation und Gegenreformation 1450–1650 (München 1956)
Runciman, Steven: Geschichte der Kreuzzüge (München 1978)

Salzgeber, Joachim: Die Klöster Einsiedeln und St. Gallen im Barockzeitalter (Münster 1967)
Schieffer, Theodor: Winfried-Bonifatius und die christliche Grundlegung Europas (ND, Darmstadt 1980)
Schmugge, Ludwig: Die Pilger. Unterwegs im Spätmittelalter (o. O. 1985)
Schneider, Adam: Und sie folgten der Regel St. Benedikts. Die Cistercienser und das benediktinische Mönchtum (Köln 1981)
Schneider, Ambrosius/Bickel, Wolfgang: Die Cistercienser. Geschichte, Geist, Kunst (Köln 1977)
Schoeps, Hans-Joachim: Das Zeitalter der Reformation (Mainz 1977)
Schreiber, Hermann: Wie die Deutschen Christen wurden (Bergisch Gladbach 1984)
Schumacher, Johannes: Deutsche Klöster. Mit besonderer Berücksichtigung des Benediktiner- und Zisterzienserordens (Bonn 1928)
Schwaiger, Georg: Mönchtum, Orden, Klöster. Ein Lexikon (München 1993)

Shahar, Sulamith: Die Frau im Mittelalter (dt. Königstein 1981)
Sydow, Jürgen, u. a.: Die Zisterzienser (Stuttgart 1989)

Tschudy, Franz/Renner, Frumentius: Der heilige Benedikt und das benediktinische Mönchtum (St. Ottilien 1979)

Walloschek, Arnold: Zeugen aus benediktinischer Zeit. 60 ehemalige Benediktinerabteien im Süden Deutschlands. Ihre Geschichte, ihr früheres und gegenwärtiges Erscheinungsbild (St. Ottilien 1979)

Wehrli-Jones, Martina/ Opitz, Claudia (Hg.): Fromme Frauen oder Ketzerinnen? Leben und Verfolgung der Beginen im Mittelalter (Freiburg 1998)
Weinmann, Ute: Mittelalterliche Frauenbewegungen (Pfaffenweiler 1990)
Weismayer, J. (Hg.): Mönchsväter und Ordensgründer (Würzburg 1991)

Die Zisterzienser. Ordensleben zwischen Ideal und Wirklichkeit. Ausstellungskatalog (Köln – Bonn 1980)

## Literatur zu einzelnen Klöstern

**Alcobaça**
Faber, Gustav: Portugal (München 1972)
Faber, Gustav / Kasper, Otto: Portugal (München 1983)
Karst, Marita: Portugal-Handbuch – das Reisehandbuch für den äußersten Südwesten Europas (Rappweiler 1991)
Knaurs Kulturführer in Farbe: Portugal, hg. v. Marianne Mehling (München 1988)
Der Große Polyglott: Portugal mit Madeira und den Azoren (München 1985/86)
Rau, Werner: Quer durch Portugal (Stuttgart 1988)
Schwanfelder, Werner und Susanne: Portugal, Walter-Reiseführer (Olten/Schweiz 1986)
Strelocke, Hans: Portugal, Studienreiseführer mit Landeskunde (Stuttgart 1968)

**Assisi**
APA-Guides: Umbrien, hg. v. Paul Otto Schulz (Berlin 1992)
Chiarelli, Renzo: Assisi und die Basilika San Francesco (Firenze 1976)
Cianchetta, Romeo: Assisi. Kunst und Geschichte in den Jahrhunderten (Narni – Terni 1984)
Edschmid, Kasimir: Italien – von Verona bis Palermo (Stuttgart 1954)
Engler, Günter / Stuhler, Werner (Fotos): Rom – Mittelitalien – Sardinien (Bern – Stuttgart o. J.)
Fischer, Heinz-Joachim: Italien – richtig reisen (Köln 1990)
Fischer, Heinz-Joachim: Umbrien – ein Reisebegleiter (München 1989)

**Canterbury**
Catting, Christopher: Südost-England, APA Pocket Guides (Berlin u. a. 1983)
Chaucer, Geoffrey: Die Canterbury-Tales, übertragen von Martin Lehnert (München 1985)
Coobert, Geoffrey: Die Stadt Canterbury (Cathedral Gifts Ltd. 1989)
Knaurs Kulturführer in Farbe: Großbritannien und Irland (München 1983)
Lexikon der Kunst, Bd. 1 (Berlin 1981)
Rappel, Franz / Velbinger, Martin: Südengland (Gräfelfing b. München 1993)
Schaffke, Werner: Englische Kathedralen – Eine Reise zu den Höhepunkten der englischen Architektur von 1066 bis heute. DuMont Kunst-Reiseführer (Köln 1983)

**Einsiedeln**
Deuchler, Florens: Schweiz und Liechtenstein, Kunstdenkmäler und Museen. Reclams Kunstführer (Stuttgart 1979)
Eckert, Gerhard: Die Schweiz. DuMont Kunst-Reiseführer (Köln 1986)
Fink, Humbert: Auf Pilgerstraßen durch Europa – Ein Engel fliegt über den Kontinent (München 1980)
Gantner, Joseph / Reinle, Adolf: Kunstgeschichte der Schweiz, 3. Band, 1500–1820: Renaissance, Barock, Klassizismus (Frauenfeld 1956)
Hootz, Reinhardt (Hg.): Kunstdenkmäler in der Schweiz, Band 1 (Darmstadt 1969)

Kunstführer durch die Schweiz, Band 1, hg. v. d. Gesellschaft für Schweizerische Kunstgeschichte (Wabern 1975)
Langenmaier, Arnica-Verena: Kunsterlebnis Schweiz, Geschichte und Kunst in 428 Orten von A bis Z (München 1987)
Lexikon der Kunst, Architektur etc., Band II. (Leipzig 1989)

**Fleury**
Hansmann, Wilfried: Das Tal der Loire – Schlösser, Kirchen und Städte im »Garten Frankreichs«. DuMont Reiseführer (Köln 1989)
Knaurs Kulturführer in Farbe: Tal der Loire (München 1983)
Mosler, Axel M. / Droste, Thorsten: Die Schlösser der Loire (München 1991)

**Florenz, San Marco**
Baedekers Allianz-Reiseführer: Florenz (Ostfildern 1992)
Bonechi, Edoardo: Florenz (Firenze 1979)
Florenz – color collection Städte (Herrsching/Ammersee o. J.)
Jansen, Dieter: Toskana. Artemis – Kunst und Reisen (München 1992)
Merveldt, Eka von: 4mal Florenz (München 1988)
Palma, Annelie de: Florenz mit Fiesole und Settignano. Kunstdenkmäler in Italien (Darmstadt o. J.)
Partsch, Susanne / Benvenuti-Struckmann, Enrica: Florenz. Prestel-Führer (München 1991)

**Fontenay**
Bußmann, Klaus: Burgund – Kunst, Geschichte, Landschaft (Köln 1977)
Deuchler, Florens / Dräyer, Walter: Burgund (Königstein i. T. 1970)
Jaumonet, Leopoldo / Herbrecht, Dieter: Burgund – Landschaft, Kunst und Kultur (München o. J.)
Rieble, Max: Goldenes Burgund (Bern 1963)
Schreiber, Hermann / Wagner, Bernhard: Burgund (Bern – Stuttgart 1983)

**Fontevrault**
Domke, Helmut: Aquitanien (München 1978)
Knaurs Kulturführer in Farbe: Tal der Loire, hg. v. Marianne Mehling (München 1993)
Der Große Polyglott: Frankreich-Reiseführer (München 1991/92)

**Fossanova**
Edschmid, Kasimir: Italien – von Verona bis Palermo (Stuttgart 1954)
Henze, Anton: Reclams Kunstführer Italien, Band V.: Rom und Latium (Stuttgart)
Knaurs Kulturführer: Rom und Latium, hg. v. Marianne Mehling (München 1985)
Mathar, Ludwig: Primavera – Frühlingsfahrten ins unbekannte Italien (Stuttgart 1929)

**Grande Chartreuse**
Frankreich Süd. Die blauen Führer (Wien – München 1979)
Grieben: Provence – Cote d'Azur – Französische Seealpen (Stuttgart – Wien – Bern 1983)
Der große Polyglott: Frankreich (München 1993/94)
Serrou, Robert: Kartäuser. Vom Leben in der Wüste, mit Fotografien von Pierre Vals (dt. Würzburg 1997)

**Mailand, Sant'Ambrogio**
Burckhardt, Jacob: Der Cicerone (Leipzig o. J.)
Edschmid, Kasimir: Italien – von Verona bis Palermo (Stuttgart 1954)
Peterich, Eckhart: Italien I: Oberitalien (München 1963)
Potyka, Alexander: Oberitalien und Riviera. Die Blauen Führer (München 1984)

**Maria Laach**
Bogler, P. Theodor: Maria Laach, Vergangenheit und Gegenwart der Abtei am Laacher See (München – Zürich 1980)
Bermich, Walter: Die Eifel, damals und heute, Wanderungen zwischen Bonn, Koblenz, Trier und Aachen (Köln 1972)
Cremer, Drutmar / Kettenberger, Oswald: Maria Laach – Landschaft, Baukunst, Plastik (Würzburg 1971)
Dumler, Helmut: Wanderungen in der Eifel (München 1991)
Emonds, Hilarius: Maria Laach (Köln 1939)
HB-Bilderatlas Eifel (Hamburg 1979)
Pippke, Walter / Pallhuber, Ida: Die Eifel. DuMont Kunst Reiseführer (Köln 1984)
Schippers, P. Adalbert: Maria Laach, Benediktinisches Klosterleben in alter und neuer Zeit (Düsseldorf 1928)
Schramm, Josef: Die Eifel, Land der Maare und Vulkane (Essen 1964)

**Maulbronn**
Burkhardt, Hermann, u.a.: Baden-Württemberg – eine Heimat- und Landeskunde (Stuttgart 1988)

Eisle, Hans: Eine Reise durch das schwäbisch-alemannische Land (Mühlacker 1986)
Grieben Reiseführer Bd 307: Baden-Württemberg (Stuttgart – Wien – Bern 1991)
Handbuch der historischen Stätten Deutschlands: Baden-Württemberg, hg. v. Max Miller / Gerhard Taddey, Bd. VI. (Stuttgart)
Württembergisches Städtebuch, hg. v. Erich Keyser (Stuttgart 1962)

**Montserrat**
Baedekers Allianz-Reiseführer: Barcelona (Ostfildern – Kemnat 1992)
Buisman, Hanns: Spanien (Darmstadt 1972)
Eberhard, Horst: 15mal Spanien (München – Zürich 1973)
Müller-Gräffshagen, Klaus / Nerowski, Hans: Pilgerstätten und Heiligtümer der Christenheit in aller Welt (München – Zürich o. J.)
Neubauer, Dieter: Costa Brava kennen und lieben mit Costa Dorada und Barcelona (Lübeck 1990)
Termolen, Rosel: Wallfahrten in Europa – Pilger auf den Straßen Gottes (Aschaffenburg 1987)

**Ottobeuren und Melk**
Angerer, Joachim / Trumler, Gerhard: Klösterreich – Die Stifte und Klöster in Bayern, Österreich und der Schweiz (Wien 1978)
APA Guides: Österreich (Berlin – Gütersloh – München – Stuttgart 1991)
Feuchtmüller, Rupert: Kunst in Österreich. Vom frühen Mittelalter bis zur Gegenwart, Bd. 1 (Wien – Hannover – Basel 1972)
Gerndt, Siegmar: Unsere bayerische Heimat – Ein Kulturführer, Die Städte und Landkreise in Altbayern, Franken und Schwaben (München 1976)
Bosl, Karl: Bayern. Handbuch der historischen Stätten Deutschlands, Band 17 (Stuttgart 1961)
Grieben-Reiseführer, Bd 181: Allgäu – Bayerisch Schwaben – Kleines Walsertal (München 1980)
Knaurs Kulturführer in Farbe: Wachau – Nibelungengau – Waldviertel, hg. v. Marianne Mehling (München 1985)
Lautenbacher, Guntram: Bayerisches Schwaben. Vom Ries zum Allgäu – Landschaft – Geschichte – Kultur – Kunst (Siegmaringendorf 1987)
Lexikon der Kunst, Architektur etc., Band IV. (Leipzig 1992)
Schnell, Hugo: Ottobeuren, Basilika und Benediktiner-Abteikirche (München – Zürich o. J.)
Wagner, Helga: Bayerische Barock- und Rokokokirchen (München 1983)

**Pavia**
Burckhardt, Jacob: Der Cicerone, Eine Anleitung zum Genuß der Kunstwerke Italiens (Leipzig o. J.)
DuMont Reise-Taschenbücher: Lombardei (Köln 1993)
Engler, Günter: Oberitalien (Bern – Stuttgart 1980)
Grieben-Reiseführer: Oberitalien West (München 1974)
Morton, H. V.: Lombardei, Wanderungen durch Vergangenheit und Gegenwart (München 1964)
Der Große Polyglott: Italien (München 1992/93)

**Reichenau**
Berner, Herbert: Bodensee – Goldene Schale (Sigmaringen 1980)
Der Bodensee – eine Kulturlandschaft gestern und heute (Zürich 1981)
Gaßner, Gertraud / Schwarz-Gaßner, Rainald: Rund um den Bodensee – von Lindau nach Konstanz (München 1990)
Neuwirth, Hubert (Text) / Löbl-Schreyer (Fotos): Rund um den Bodensee (München 1986)
Zehnhoff, Albert von: Bodensee (Bern – Stuttgart 1978)

**Rievaulx**
APA Guides: Großbritannien, hg. v. Merin Wexler (München 1986)
Durant, Will: Das Zeitalter der Reformation in: Will und Ariel Durant: Kulturgeschichte der Menschheit, Band 9 (München 1978)
Lajta, Waltraud: Nordengland. Die schönsten Reiserouten, berühmte Städte, Sehenswertes. Goldstadt-Reiseführer, Band 4083 (Pforzheim 1988)
Knaurs Kulturführer in Farbe: Großbritannien und Irland, hg. v. Franz Mehling (München 1983)

**St. Gallen**
Gantner, Joseph / Reinle, Adolf: Kunstgeschichte der Schweiz, 1. Band: Adolf Reinle: Von den helvetisch-römischen Anfängen bis zum Ende des römischen Stils (2. Aufl., Frauenfeld 1968)
Neuwirth, Hubert (Text) / Löbl-Schreyer (Fotos): Rund um den Bodensee (München 1986)
Deuchler, Florens: Schweiz und Liechtenstein, Kunstdenkmäler und Museen. Reclams Kunstführer (Stuttgart 1979)
Speich, Klaus / Schläpfer, Hans R.: Kirchen und Klöster in der Schweiz (München 1978)
Zürcher, Richard: Reisen durch die Schweiz. Ein Führer (München 1971)

# Personenregister

# Ortsregister

# Sachregister

# Bildnachweis

Abtei St. Josef, Gerleve: 214
Archiv für Kunst und Geschichte, Berlin: 155, 156, 157, 169, 173
K. Feuerstein-Praßer, Köln: 138, 141, 177, 216
G. Fink: 207
Interfoto, München/Archiv: 197
Interfoto, München/D. Rose: 207
N. Kästner: 170
K. Kaiser: 31, 32, 33 oben und unten, 34, 38, 52, 55, 56 oben und unten, 57, 165, 188, 190, 193, 194, 198, 201
A. Lechtape, Münster: 220, 222
E. Lessing/Archiv für Kunst und Geschichte, Berlin: 155, 156, 157
F. K. M. von Linden, Waldsee (Pfalz): 54, 78, 81, 159, 184, 187, 203, 204, 219
A. Metzger, Nürnberg: 19, 23, 41, 46, 64, 74, 162, 181, 182
F. Müller: 69, 77, 104, 109, 142, 145, 146, 148, 151
B. Runne OP, Berlin: 114, 117, 119, 123, 131, 136
Sailer Verlag, Nürnberg, Archivbilder: 8, 11, 17, 25, 26, 44, 49, 62, 71, 72, 82, 87, 93, 96, 98, 101, 128, 135, 166, 178, 182, 197, 225
Scala Group S.p.A., Antella (Firenze): 29, 30
R. Sheridan/Ancient Art & Architecture Collection, Pinner (Mx.): 124, 160
G. Tortoli/Ancient Art & Architecture Collection, Pinner (Mx.): 127
Zodiaque La Pierre qui vire (Yonne): 12, 15, 58, 60